Online-Version inklusive!

Stellen Sie dieses Buch jetzt in Ihre „digitale Bibliothek" in der NWB Datenbank und nutzen Sie Ihre Vorteile:

► Ob am Arbeitsplatz, zu Hause oder unterwegs: Die Online-Version dieses Buches können Sie jederzeit und überall da nutzen, wo Sie Zugang zu einem mit dem Internet verbundenen PC haben.

► Die praktischen Recherchefunktionen der NWB Datenbank erleichtern Ihnen die gezielte Suche nach bestimmten Inhalten und Fragestellungen.

► Die Anlage Ihrer persönlichen „digitalen Bibliothek" und deren Nutzung in der NWB Datenbank online ist kostenlos. Sie müssen dazu nicht Abonnent der Datenbank sein.

Ihr Freischaltcode: **CICWSECHZZBVHMNXAB**

Fedtke, ALDI-Geschichten

So einfach geht's:

①　Rufen Sie im Internet die Seite **www.nwb.de/go/online-buch** auf.

②　Geben Sie Ihren Freischaltcode ein und folgen Sie dem Anmeldedialog.

③　Fertig!

Die NWB Datenbank – alle digitalen Inhalte aus unserem Verlagsprogramm in einem System.

www.nwb.de

ALDI Geschichten

Ein Gesellschafter erinnert sich

Von

Dr. Dr. Eberhard Fedtke
Rechtsanwalt

ISBN 978-3-482-**69751**-7 (online)
ISBN 978-3-482-**63731**-5 (print)

© NWB Verlag GmbH & Co. KG, Herne 2012
www.nwb.de

Satz: Griebsch & Rochol Druck GmbH & Co. KG, Hamm
Druck: Stückle Druck und Verlag, Ettenheim

VORWORT

Es ist an der Zeit, die ALDI-Geschichte im Detail zu erzählen; umfänglich und wahrhaftig. Geeigneter Anlass ist die bevorstehende 50. Wiederkehr der denkwürdigen Eröffnung des ersten ALDI-Ladens im Jahr 1962 in Dortmund.

ALDI ist Discount-Primus in Deutschland. Seit 1946 entwickelte sich aus den bescheidenen Anfängen eines elterlichen Krämerladens in Essen-Schonnebeck die bis heute ungebremste kaufmännische Erfolgsgeschichte des autodidaktisch veranlagten Brüderpaars. Karl und Theo Albrecht formten und prägten die heimische Discountlandschaft mit von Ihnen geschaffenen Regeln, schufen ein an den Grundbedürfnissen einer Familie orientiertes neuartiges Verteilungssystem für Lebensmittel – mit inzwischen weltweiter Geltung im Food- und Non-Food-Bereich.

Die Komplexität des „Discount-Systems ALDI" mit seinen originären betriebswirtschaftlichen und unternehmensstrategischen Strukturen sowie führungsspezifischen Besonderheiten lässt es lohnenswert erscheinen, mikroökonomische Feinheiten und makroökonomisches Beiwerk einer wissenschaftlichen Analyse zu unterziehen. Ein solches Vorhaben scheitert indes bislang daran, dass ALDI sein betriebliches Visier nicht öffnet. Verschlossenheit und Unzugänglichkeit sind unverrückbare Grundpfeiler seiner Firmenphilosophie.

Man kommt an den Kern dieses Mammutgebildes von außen schwerlich heran. Gelegentlich unternommene Versuche führten zu unscharfen und bruchstückhaften Ergebnissen, ließen allenfalls Konturen des Erfolgsgeheimnisses erahnen. Es verwundert nicht, dass sich in diesem Vakuum unergründeter Fakten Mythen bilden, Spekulationen ins Kraut schießen und verklärte Blicke der Betrachter die Gründer-Brüder in eine glorifizierende Aura getaucht sehen. Bislang ist – aus meiner Sicht – kein innerlich und äußerlich stimmiges Profil, vor allem kein fundierter und verlässlicher Einblick in die betrieblichen Raffinements dieses Großkonzerns gezeichnet worden, welcher sich funktional in zwei selbständige Bereiche, Nord und Süd, gliedert, die unternehmensspirituell und operativ deckungsgleich handeln.

Ich habe ALDI ein Jahrzehnt beruflich begleitet und beide Albrecht-Brüder sowie ihre Konzernteile aus nächster Anschauung erlebt; und das in einer firmengeschichtlich prägende Epoche, den goldenen 60ern und 70ern. Ab 1967 war ich anwaltlicher Mitarbeiter in einer Karl und Theo Albrecht beratenden Essener Rechtsanwaltskanzlei; dort verantwortlicher Sachbearbeiter der laufenden Rechtsangelegenheiten für ALDI-Nord und ALDI-Süd. Das Vertragswerk beispielsweise der ersten Auslandsübernahme „Hofer Österreich" durch Karl Albrecht ging über meinen Schreibtisch. 1972 betraute mich Theo Albrecht mit der kaufmännischen Leitung der neu entstehenden Regionalniederlassung Essen, wohin in die Eckenbergstrasse in Kray auch der omnipotente Verwaltungsrat von Herten aus zog.

Mein Buch ist ein persönliches Langzeitprotokoll meiner Zeit bei ALDI. Es fußt auf Fakten und situativen Begebenheiten, die meine Sicht auf das Unternehmen geprägt haben; vereint ALDI-Geschichte und ALDI-Geschichten. Es bedient keine Klischees, sondern hält Reales, Selbsterfahrenes aus autobiographischer Sicht fest. Facettenreiche Infrastrukturen und gültige Geschäftsabläufe bei ALDI werden in 42 ausgewählten Kapiteln beleuchtet; sie fügen sie sich zu einem Unternehmensportrait von ALDI-Nord, immer wieder mit einem Seitenblick auf ALDI-Süd.

Dargestellt wird vorrangig die ungewöhnliche kaufmännische Meisterleistung eines historisch einzigartigen Discount-Arrangements. Geschildert werden menschliche Verhaltensmuster und ALDI-typische Führungseigenheiten. Aufgezeigt wird Anekdotenhaftes. Kritik- und Fragwürdiges sowie Kuriositäten als amüsierliche Prise Salz in einer repräsentativen Gemengelage von ALDI-Alltagswirklichkeiten.

So kann der Leser erkennen, wie ergründlich und berechenbar alles und jedes am ALDI-Discount ist, dass der historische Erfolg, sich nachhaltig fortsetzend, ohne Zauberformeln ausschließlich mit konventionellem kaufmännischem Handwerkszeug bewirkt wurde; für dessen maßgebliche Charakteristika unter anderem Einfachheit organisatorischer Firmenstrukturen, zudem Gradlinigkeit, Selbstvertrauen, Bodenständigkeit, Stetigkeit und Begeisterungsfähigkeit der Gründer-Brüder stehen.

Die 42 aufgeblätterten Kapitel sollen nicht nur den Discounthistoriker ansprechen, auch dem an wirtschaftlichen Zusammenhängen interessierten Verbraucher transparent machen,

► wie und mit welchen Mitteln die ALDI-Brüder Discount-Maßstäbe setzten,

► was das Charisma beider ausmacht,

► welche ungebrochene Anziehungskraft ALDI auf seine Kunden ausstrahlt,

► welche kaufmännischen Gütesiegel seine perfektionistische Firmenkultur kreierte,

► warum ALDI zum beispielgebenden Glücksfall für den Discountmarkt wurde.

Der überragende wirtschaftliche Erfolg von ALDI, ermöglicht durch eine Fokussierung auf bewährte tradierte Kaufmannstugenden, animiert zur Nachahmung; nicht nur in der Discount-Branche. Dort sind die verschiedensten Adaptionsmodelle zu vermerken – vom simplen Systemverschnitt bis zum ALDI-Abziehbild. Manager beliebiger Couleur mögen außer Lesevergnügen Impulse verspüren, das eine oder andere aldianische Organisations-, Logistik- oder Führungsmuster für ihr Unternehmen zu zitieren. Die von mir erzählten skurril bis surreal anmutenden Anekdoten zeigen allerdings, dass auch eine ständig hochtourig drehende Umsatzmaschinerie wie ALDI menschliche Züge und Schwächen hat.

Mit diesem Buch ist die ALDI-Geschichte nicht zu Ende erzählt; manches schillernde Mosaiksteinchen gäbe es hinzuzufügen.

Dank gebührt meiner unermüdlichen und textkritischen Sekretärin Maria Kehren, Anerkennung gleichermaßen meinem Lektor Jörg Greck, der mit Geduld und Interpretationsgeschick dazu beitrug, diesen ersten Aufguss authentischer ALDI-Geschichte(n) in die richtige Fassung zu bringen. Die begleitenden Zeichnungen von Philipp Heinisch dekorieren bildhaft die mit meinen ALDI-Geschichten angestrebte Tiefenschärfe beim Blick in das traute ALDI-Milieu.

Aachen und Braga im September 2011

Dr. jur. Dr. rer. pol. Eberhard Fedtke, LL.M. oec.

INHALTSVERZEICHNIS

PHILOSOPHIE

| QUALITÄTS SORTIMENT | DAUER NIEDRIG PREISE | SPAREN KOSTEN- DISZI- PLIN | MOTI- VIERTE MIT- ARBEITER | GEFRAGTE FILIAL STAND ORTE |

5 Säulen des ALDi Konzerns

1. Die fünf Dimensionen des Unternehmenserfolgs

1 Analytische Deutungsversuche des Phänomens ALDI verunsichern. Das unternehmerische Selbstverständnis gibt Rätsel auf. Gewiss ist, dass die ALDI-Brüder mit der von ihnen geschriebenen Erfolgsgeschichte Projektionsfiguren professioneller und auch privater Neugier sind.

Die Bewertung des Wahrgenommenen variiert – geprägt durch das allgegenwärtig spürbare Sendungsbewusstsein der Gründerbrüder, Glücksverantwortung für den preisbewussten Massenkonsumenten zu tragen – zwischen geheimnisvoll, mystisch und kulthaft, Legendenbildungen und Spekulatives zuhauf. So verwundert es nicht, dass immer wieder Diskussionen aufflackern, zuletzt nach dem Tod des Jüngeren der beiden, Theo Albrecht, die sich als Beiträge zu seinem unternehmerischen Nachlass lesen.

Ursachenforschung

2 Ursachenforschung zu dem wegen seines Erfolgs verblüffenden „Discountkonzept ALDI" haben inzwischen viele Experten betrieben, selbsternannte und anerkannte; auch Personen aus den Reihen ehemaliger Mitarbeiter. Ergebnisse? Eher Verschwommenes, Bruchstückhaftes, auch Pseudowissenschaftliches. In jedem Fall nichts Ganzheitliches, das aus der Sicht eines Insiders den Versuch unternimmt, über eine kaleidoskopisch aufgefächerte Annäherung das Selbstverständnis des Unternehmens, die Atmosphäre seines Innenlebens und seine originäre Führungskultur einzufangen. Diesen Versuch, aus Geschichten retrospektiv Firmengeschichte erklärbar zu machen, will ich mit meinem Buch unternehmen, autobiographisch aufgearbeitet.

Vorab möchte ich zum Verständnis des ALDI-Discounts ein paar grundlegende Wesensmerkmale zur Unternehmensstruktur festhalten, um denjenigen Lesern Orientierung zu geben, die den geschichtlichen Hintergrund und die tragenden Eckpfeiler der Unternehmensphilosophie nicht einmal ansatzweise kennen. Reduziert man – ohne das landläufig verwendete Beiwerk unreflektierter Klischees und falscher Verklärung – die allenfalls schemenhaft erkennbaren Selbstzeugnisse des Unternehmenserfolgs auf gesicherte Fakten, wird die seit über 60 Jahren unverändert geltende ALDI-Erfolgsformel erkennbar, die das Fundament beider Konzerne bildet, Nord und Süd gleichermaßen:

► Mit einem qualitativ stets verbesserten begrenzten Sortiment,

► zu beharrlich niedrigen Preisen im Wettbewerb,

► auf der Basis strikter betrieblicher Sparsamkeit und Kostendisziplin,

► mit Hilfe ALDI-gestimmter und motivierter Mitarbeiter,

► an nachfragegerechten Filialstandorten

bietet ALDI im Discount Waren mit hoher Umschlagsgeschwindigkeit an. Nicht mehr und nicht weniger beinhaltet die Firmenphilosophie. Diese tragenden fünf Elemente im dynamischen Gleichgewicht zu halten, sie in ihren operativen Wechselwirkungen zueinander effizient abzusichern und im planerischen Verbund der Konzernteile kraftvoll wirken zu lassen, das war und ist die ALDI-Strategie; eine fortwährend logistische und administrative Herausforderung eines Zwillingskonzerns.

Wurzeln der ALDI-Strategie

Die ALDI-Strategie hat – im Zeitraffer betrachtet – ein klar definierbares Wurzelwerk: Zum richtigen Zeitpunkt im konsumhungrigen Nachkriegsdeutschland mit einem enormen Nachholbedarf speziell in der Lebensmittelversorgung erkannten die ALDI-Brüder nach eigenen entbehrungsreichen Kriegsjahren die neu erwachten Bedürfnisse des Marktes. Sie befriedigten diese zunächst, orientiert an dem damaligen Standard, durch eine Filialkette mit Bedienung über die Ladentheke, abgeschaut im elterlichen Betrieb, später dann unter selbstkreierten Discountgesichtspunkten, die sie ständig weiter entwickelten. Der Abschied vom Tante-Emma-Laden der Eltern mündete zunächst in eine auf den Umkreis von Essen-Schonnebeck begrenzte Kette ein. Ein kalkulierter, wohl dosierter Aufbruch zu neuen Marktstrukturen. Fürwahr ein unternehmerisches Wagnis zur damaligen Zeit, doch von den jungen ALDI-Brüdern voller Selbstgewissheit angegangen.

Die Umsetzung der Idee geriet im Ergebnis zu einer grandiosen strategischen Leistung, einem großen – weitsichtig geplanten – kommerziellen Wurf, der ALDI über Jahrzehnte unangefochten in die Vorreiterrolle für vergleichbare Vorhaben brachte, dessen Strahlkraft noch heute am globalen Handelsglobus ablesbar ist.

Beeindruckend sind von Anbeginn die puristische Konsequenz, die unbeirrte Zähigkeit, die beharrliche Strenge im Arbeitsethos sowie die rigorose Selbstdisziplin der beiden Gründerbrüder, ihr gemeinsames Werk kontinuierlich voranzubringen. Das hat nichts Unergründliches, Geheimnisvolles oder gar Mystisches an sich; auch Abgründiges vermag man nicht zu erkennen. Es erschien nicht plötzlich eine Supernova am Einzelhandelshimmel. Vielmehr zeigt sich dem Betrachter ein auf einer revolutionären Ausgangsidee beruhendes solide geerdetes unternehmerisches Vorhaben, das mit überzeugenden kaufmännischen Instrumentarien und Regeln ins Werk gesetzt und beharrlich bis zur Marktführerschaft weiterentwickelt wurde; das ständig mehr Kunden überzeugte und Signalwirkung auf den Wettbewerb ausübte.

Außergewöhnlich erscheinen im Rückblick die kontinuierlichen Steigerungsraten der Expansion und die geradezu explodierenden Umsätze, was die Konkurrenz bis heute beeindruckt und die Analytiker den Atem anhalten lässt – eine für die Branche beispiellose Aufhäufung von Firmenvermögen, die dem Unternehmen Weltgeltung verschaffte. Das ungebremste Wachstumstempo überraschte selbst die beiden introvertierten ALDI-Brüder, die fernab jeder Sentimentalität als erfolgreiche Kaufleute, als Avantgarde des Discounts gesehen werden wollten. Der Beletage der Superreichen fühlten sie sich – uneitel – nicht zugehörig; Prestigeträchtigkeit war und ist nicht ihre Sache.

Fortune gehört dazu

4 Beide räumten stets ein, dass ihrem „gewissen" Gespür für ein unternehmerisches Erfolgskonzept ab 1946 schicksalhafte Zufälligkeiten, auch Fortune genannt, begünstigend zur Seite standen: Die karge Versorgungssituation einer Nachkriegszeit, die allgemeine Mangellage, der notgedrungen langjährig geübte Konsumverzicht der Bevölkerung und die durch die materiellen Entbehrungen ausgelösten Begehrlichkeiten – all dies prägte die damalige Aufbruchstimmung in Deutschland. Fortune gewiss, aber darf der Tüchtige und Wagemutige nicht darauf hoffen, wenn er mit sicherem Gespür für das Mögliche das noch nicht Erprobte wagt?

Unbestreitbar ist, dass sich zu den heutigen marktstrukturellen Rahmenbedingungen die Erfolgsgeschichte ALDI nicht wiederholen oder neu erfinden ließe. Die Brüder profitierten davon, dass sich 1946 „alles" für ein modernes Geschäftsmodell perfekt zusammenfügte. Allerdings bedurfte es als entscheidender Zutat einer wagemutigen Idee mit visionärer Perspektive, um die günstige Startposition zu nutzen. In einer Zeit, in der die moderne Marktwirtschaft noch nicht einmal angedacht war, kam es einer instinktgesteuerten kaufmännischen Trotzaktion gleich, in der Trümmerlandschaft der Stunde Null das Wagnis einzugehen, den künftigen Konsumbedarf unter Berücksichtigung von Nachholeffekten verlässlich abzuschätzen und sich auf den Gedanken einer freier Warenauswahl aus einem offenen Sortiment als Geschäftsprinzip einzulassen. Hierzu bedurfte es der sprichwörtlichen kaufmännischen Spürnase und dem unternehmerischen Verve inspirierter Zeitgenossen. Diese Antriebskräfte wirken noch heute: die konsequente kaufmännischer Denk- und Handlungsweise, ganzheitlich angelegt und konzeptionell im Discountprinzip perfektioniert; eine pionierhafte Dauerleistung über Jahrzehnte.

ALDI – die Sphinx

Analytische Erkundungen gehe man nicht oberflächlich an. ALDIs Herz schlägt   5
nicht nur in der Kasse. Der entscheidende Erfolgsfaktor ist keineswegs allein
der überbordende Geldzufluss von täglich millionenfachen Bargeschäften.
ALDI ist auch die Summe der Menschen, die hinter einer sorgsam gehüteten
Firmenfassade verbissen agieren, deren Führung, die nicht auf Kommunikation
mit der neugierigen Außenwelt angelegt ist, nicht zu PR-Zwecken den fachlichen Dialog mit der Presse sucht, niemandem Ein- und Durchblick gewährt,
schon gar nicht strukturelle, organisatorische oder logistische Details offenbart.[1] ALDI, eine Sphinx, die Spekulationen auslöst und ständig nährt, die ihren
kaufmännisch goldenen Schnitt sorgsamst hütet.

Mit Geschichten Interna veranschaulichen

Zu einem runden, aussagkräftigen ALDI-Porträt gehören neben einer Skizzie-   6
rung der Geschäftsidee, der Beschreibung der maßgeblichen inneren Abläufe
und Gesetzmäßigkeiten auch Geschichten über Alltagsereignisse, amüsante
Kuriositäten, erbauliche Momentaufnahmen menschlicher Verhaltensmuster;
interessiert Anekdotisches, Fragwürdiges, Widersprüchliches, Kritikwürdiges
und natürlich auch Skurriles, Verfängliches, Irrationales, letztlich alles, was die
Authentizität des Unternehmens ausmacht. So entsteht in diesem Buch ein
buntes, lebendiges Unternehmensporträt, das aussagekräftiger als es Zahlen
jemals könnten zu einem tiefergehenden Verständnis des Phänomens ALDI
führt.

Diese als Alltagsereignisse gefassten Momentaufnahmen des Firmenporträts
zeigen, wie genial einfach ein vermeintlich kompliziertes strategisches Unternehmenskonzept sein kann, und das mit dem erstaunlichen Nebeneffekt, im
operativen Geschäft die Konkurrenz vorzuführen, gleich ob der Konjunkturmotor rund läuft oder stottert. Kundenzuwächse in Krisenzeiten sind signifikant.

Schlaglichter der Firmengeschichte erzählen von notwendigen Strategieanpassungen wie der Expansion ins europäische Umland sowie darüber hinaus in
alle Welt, unternehmerische Entscheidungen, deren Verwirklichung den Grün-

---

1 Siehe unten Rn. 16 ff.

derbrüdern trotz günstiger zeitgeschichtlicher Rahmenbedingungen nicht in den Schoß fiel.[1]

Das schwere Erbe

7 Auch soll ein Ausblick gewagt werden, ob der nächsten Inhaber- und Führungsgeneration genügend weite Flügel verliehen sind, das gigantische Erbe der Väter und Großväter fortführen und in der Erfolgsspur zu bleiben. Ob sich diese Frage letztlich an der Treue zu gewachsenen Prinzipien von innerer Organisation und Vertrieb entscheidet, bleibt abzuwarten. Im Fokus steht dabei auch die seinerzeit Standard setzende Artikelbegrenzung, ein wesentlicher Garant sich stetig multiplizierender Aufschwünge und Zuwächse.[2]

Dieses Buch verlangt von jungen ALDI-Fans retrospektives Vorstellungsvermögen – bis hinein in die Jugendzeit ihrer Eltern. Die Reise umfasst 60 Jahre ALDI-Geschichte. Eine Konstante schafft allerdings Kontinuität, Ordnung und Übersicht durch alle Zeiten: die fünf Dimensionen. Sie sind für ALDI 1946 und 2011 unverrückbar geblieben.

---

1 Siehe hierzu unten Rn. 8 ff.
2 Siehe hierzu unten Rn. 177 ff. und 202 ff.

Das „Ur-Ei"

2. Der Urknall

8   Wer den Geistesblitz hatte, mag offen bleiben. Vom Naturell her wäre auf Karl Albrecht zu tippen. Das würde nicht den gleichwertigen Beitrag des um zwei Jahre jüngeren Bruders Theo zum gemeinsamen Werk schmälern. Discount, übersetzt Preisnachlass, diese Geschäftsidee kam aus Übersee. Wo sie an die europäischen Gestade schwappte, ist nicht geklärt. Die beiden Brüder nahmen die Idee auf, alphabetisierten die für sie gemäßen Grundregeln und legten entschlossen los – mit couragiertem Scharfblick für das Machbare. Ein langer Marsch begann, ohne ermutigende Prophezeiungen des Marktes auf ein Gelingen als Wegzehrung im Gepäck. Die Discountrevolution kam ins Rollen.

Wiege im Hinterstübchen

9   Der Krieg war aus. Damals, 1946 im zerbombten Essen-Schonnebeck konnte niemand ahnen, wohin der Weg dieser radikalen Geschäftsidee seiner beiden Mitbürger führen würde. Die Initialzündung erfolgte zwischen den Lebensmittelkartons und der Krämerware der elterlichen Kleinexistenz, in einem Hinterstübchen der Komsumbranche. Bescheidene Geburtsbedingungen sind, wie die Geschichte immer wieder zeigt, kein Hindernis für Erfolgsgeschichten; im Gegenteil.

Das Brüderpaar erspürte die Gunst der Stunde für ihr revolutionäres Vorhaben.[1] Zwischen Hunger und Überlebenskampf, inmitten improvisierter Versorgung mit dem Nötigsten, in einem Markt, der nach den Spielregeln Kungeln und Organisieren funktionierte, befand sich ganz Deutschland in einer Phase sozialer Umorientierung und wirtschaftlicher Neubesinnung. Die Zukunft nahm in den Köpfen der Menschen in Bildern, Farben, Tönen und Gerüchen Gestalt an. Wie es aus den Kriegsnachwehen wieder aufwärts gehen könne. Es wurde aufgeräumt und nachgedacht; auch die Bedürfnisse des Magens nach Zeiten der Darbnis einbezogen.

In der Tat war das beschauliche und minimalistische Verkaufsambiente des klassischen Tante-Emma-Ladens der Eltern für die ALDI-Brüder die Wiege, in der sie eine allen damaligen Vorstellungen und Gesetzmäßigkeiten des deutschen Lebensmittelmarktes widersprechende Idee ausheckten: Großflächig Lebensmittel im Selbstzugriff des Kunden zu verkaufen, statt – wie im elterlichen Betrieb – über die Ladentheke zu bedienen. Und dabei an größere Ladeneinheiten zu denken, den Nachholbedarf einer ausgezehrten Bevölkerung ein-

---

1   Siehe hierzu auch oben Rn. 1 ff.

kalkulierend, strategisch kundennahe, effiziente und rationelle Standortsysteme mit regionalen Vorrats- und Verteilungslägern zu kreieren; hierzu korrespondierende Beschaffungsfelder und Belieferungsmechanismen aufzubauen. Eben den großen Verteilungswurf im Lebensmitteleinzelhandel anzugehen.

Ein Geschäftsidee nimmt Gestalt an

Zu Beginn hatte keiner der Brüder einen Marathonlauf im Sinn, wie er später   10
durch die ungeheure Expansion des Unternehmens notwendig wurde; das heutige Mammutunternehmen im Discountsektor ahnten sie nicht voraus. Karl und Theo Albrecht sahen, dass es mit dem kärglichen Erbe eines elterlichen Kleinladens für beide nicht ausreichen würde, auf eigenen Füssen zu stehen. Es war also nach innen der aus der Beengung einer kleinbürgerlichen Existenz geborene Anreiz, in dieser Stunde Null die Fesseln des elterlichen Einzelhandelsgeschäftes abzustreifen; endlich aufzuhören mit den tagtäglichen Pfenniggeschäften, deren Horizont bei der Netto-, Tara- und Brutto-Betrachtung einer nachbarschaftlich dimensionierten Laufkundschaft endete. Nach außen kalkulierten die Brüder, dass dort, wo sich ein breiter Bedarf an Lebensmittelversorgung auftut, eine großflächig organisierte Befriedigung dieses Bedürfnisses die logische Antwort sein müsste. Organisatorisch und logistisch schien die Aufgabe nicht unlösbar. Schließlich hatten die Kriegsjahre gezeigt, dass eine systematische Massenversorgung strategisch darstellbar war – zu Hause und an der Front. Gestützt wurde ihre positive Risikoabschätzung der betriebswirtschaftlichen Formel „Nachfrage versus Bedarfsdeckung" durch ein gesundes Gottvertrauen des familientraditionell streng überzeugt katholischen Brüderpaars.

Ihren kaufmännischen Überlegungen waren zu jener Zeit noch nicht die heute gefestigten Begrifflichkeiten des Discountmarkts unterlegt. Es war die Stunde des autodidaktischen Experimentierens. Ihr Wissen um die Logik großvolumiger Warenverteilung mit entsprechender Eindeckung musste sich Stück für Stück empirisch aufbauen. Beide waren noch weit davon entfernt, die Gesetzmäßigkeiten, Kategorien und Abläufe des globalen Lebensmitteleinzelhandels in der heutigen Bandbreite zu erfassen, geschweige denn virtuos zu beherrschen. Ihre Situation war vergleichbar mit Entdeckern, die die Landkarte Deutschlands mit dem Netz eines gleichförmigen Discountangebots überziehen wollen, dessen Erfolg nicht garantiert war. Dass das ALDI-Prinzip später zu einem Selbstläufer werden würde, konnte in jenen Tagen nicht erkennbar sein. Es war am Anfang lediglich ein originärer und unverfälschter kaufmännischer Impetus, den Konsumenten ein ausgewählt limitiertes Sortiment von

Waren des einfachen Grundbedarfs in offenen Regalen und offenen Kartons unverpackt in der Erwartung anzubieten, diese mögen kräftig zugreifen und mit einem vollgepackten Karton unter dem Arm von dannen ziehen. Die Mitnahme leerer Kartons war gewollt; ein nach heutigem Umweltverständnis sinnvolles und wegweisendes Aufräum- und Abfallmanagement, schnörkellos und wirkungsvoll. Auch der Kunde profitierte von der Kosten-Nutzen-Handhabe, teure Einpackware nicht auf den Kompost zu schieben.

Auszug aus dem Stammbuch

11 Die von außen einsehbare Geschichte der ALDI-Brüder, ihre ersten geschäftlichen Schritte, ihr steiler Aufstieg, ihre unternehmerischen Durststrecken, ihre strukturellen Zwischentiefs, Legitimationskrisen sowie Gefahren eines Absturzes aus inzwischen beachtlicher Fallhöhe, unausweichliche Balanceakte zwischen Schicksal und Geschick im Beschaffungssektor zum Thema Markenware oder Eigenmarke, das gradlinige Festhalten una voce auch nach der gebietsmäßiger Trennung Ihrer Imperien an für richtig erkannten Geschäftsmaximen, ihre Wandlung vom „Billigladen" zum strikt qualitätsorientierten Discounter, ferner ihr heutiger Status als Branchenprimus, Vorbild für den Wettbewerb sowie Verlockung für behende Nachahmer – all das ist bereits an anderer Stelle vereinzelt beschrieben worden.

Ich beschränke mich für Spurensucher und Statistiker auf ein schlankes Zeittableau der ALDI-Entwicklung:

► Elterliches Lebensmittelgeschäft seit 1913, 35 m² in Essen, Tante-Emma-Ladenstruktur mit entsprechendem Sortiment

► 1946 Karl und Theo Albrecht mit 100 m²-Laden in Essen-Schonnebeck

► 1950 Kette mit 13 Läden, Bedienung

► ab 1950 schrittweise Umstrukturierung zum Discountprinzip

► 1961 Trennung beider Brüder in Nord und Süd

► 1962 erster ALDI-Laden in Dortmund

Diese Chronologie der ersten Jahre ist gesichertes Allgemeinwissen über ein doppelköpfiges Unternehmen, dessen Außendarstellung seit jeher von stringenter institutionalisierter Verschlossenheit geprägt ist.[1]

---

1 Siehe unten Rn. 16 ff.

Wohin die Reise der beiden Familienunternehmen führt, kann jeder erahnen, der offenen Auges durch Europa fährt oder daheim in seinen eigenen vier Wänden den „Lebensmittelversorgungsglobus" betrachtet.[1]

Der in den Gründerjahren erhobene Vorwurf, ALDI sei ein zweit- oder drittrangiger Billigladen ohne gleichbleibende Qualitätsstandards, trifft lange nicht mehr zu. Auch die Zeiten, in denen es „Frau Generaldirektor" als unschicklich empfand, zu ALDI zu gehen oder dies allenfalls klammheimlich tat aus Sorge, die Nachbarn könnten die Nase rümpfen,[2] sind längst passé. Diese Stigmatisierung hat ALDI energisch und souverän mit einem rigorosen Qualitätsmanagement überwunden. Man nehme als Beispiele die besonders gehegten Paradeproduktgruppen Konserven, Kaffee sowie Brot- und Backwaren, die zu echten Kundenfängern wurden.

Der Urknall des Jahres 1946 hat ungebremste Energien freigesetzt. Sternförmig verteilen sich seitdem die Geschäftsneugründungen über das nationale und internationale ALDI-Universum. Die von einem der ALDI-Söhne angekündigte Unternehmenschronik wird dem Betrachter ein hell erleuchtetes Firmament zeigen.

---

1 Siehe unten Rn. 177 ff.
2 Siehe oben Rn. 51 ff.

ALDI GmbH & Co. KG Essen   Stand: 1. 1. 1976

Eröffnungsdaten

1 Essen-Schonnebeck	Husstr. 89	1910/1948
2 Essen-Stoppenberg	Gelsenkirchener Str. 4	9.65
3 Essen-Katernberg	Katernberger Str. 11	2.62
4 Essen-Altenessen	Heibauerfeld 10 - 16	13.12.72

27 Velbert		.69
28 Velbert	Heiligenhauser Str. 25	15.6.73
29 Velbert 15	Gewerbestraße	11.68
30 Wattenscheid	Oststr. 40 - 42	12.66
31 Bochum	Cheruskerstr. 4	5.8.71
32 Bochum-Linden	Hattinger Str. 831	30.11.73
33 Bochum-Weitmar	Markstr. 416	24.9.72
34 Bochum	Hattinger Str. 287	5.65
35 Bochum	Hattinger Str. 55	31.10.63
36 Bochum	Herner Str. 53 - 55	14.2.74
37 Bochum	Castroper Str. 195	10.68
38 Bochum	Lindengraben 14	3.11.72
39 Bochum-Werne	Werner Hellweg 502	28.11.74
40 Bochum-Langendreer	Alte Bahnhofstr. 214	2.9.71
41 Hattingen	Heggerstr. 68	9.64
42 Witten-Annen	Annenstr. 141	15.12.66

Hemden & Sonnenkönje

3. Das ideale Gespann

12   Dieses revolutionäre ALDI-Discount-Kontrastprogramm, das mit den historisch bewährten Handelsformen brach, bedurfte zu seiner innovativen Konzeption, Entwicklung und Durchsetzung passender Unternehmerpersönlichkeiten. Ideenfindung und Dynamik der Durchführung – Karl und Theo Albrecht lebten diese Anforderungen in perfekter Symbiose. Die Gründerväter waren, sieht man von dem beide prägenden rastlosen Umsatz- und Gewinnstreben ab, ihrem konsequenten Vorwärtsdrang zu Vermögensanhäufung, in Wenigem gleich gepolt. Selbst äußerlich hatten sie nichts gemeinsam. Theo überragte seinen um zwei Jahre älteren Bruder Karl um Kopfeslänge.

Aufgabenteilung nach Naturell

13   Wer mit beiden gleichzeitig zu tun hatte, erfuhr aus erster Hand, dass Karl zumeist Vordenker und Impulsgeber war. Ungeduldig, beredt, rastlos, bisweilen explosiv trieb er an, formulierte skizzenhaft bahnbrechende Vorschläge; zeigte sich entscheidungsfreudig bis an die Grenze des kalkulierbaren Risikos. Er ging bewusst so weit, erschien es ihm erforderlich. In der Früh- und Aufbauphase ging das häufig nicht anders. Das ganze Unterfangen Discount war ein Wagnis, das den großen Wurf im Blick hatte. Da durfte man nicht zimperlich denken. Experimentierfreude ohne jegliche empirische Basis war angesagt.

Theo Albrecht, gemessen in der Sprache, zurückhaltend in Mimik und Gestik, gern zögerlich abwägend, wenn der Bruder auf das Reißbrett zeichnete, kein spontaner Entscheider, manches Mal zaudernd, bildete das passende Pendant für die Verfestigung und Umsetzung der gemeinsamen Strategie. Detailverliebtheit, danach stand ihm der Sinn. Seine ausgleichende Art bedeutete im operativen Umfeld draußen in den Verkaufsstellen mit schwieriger Personalführung in den Lernphasen des neuen Unternehmens ein entscheidendes Plus. Ein kongeniales Duo.

Von vornherein waren die Aufgaben einvernehmlich aufgeteilt. Karl Albrecht versah den Innen-, Theo Albrecht den Außendienst. Karl besetzte die fallenreiche Einkaufspolitik, in den Anfängen ein schwieriges Gebiet, die richtige Ware preiswert in ausreichender Menge zu erhalten; für Preisgeplänkel wäre Theo Albrecht nicht wortgewandt genug gewesen. Zu Karl Albrechts Aufgaben zählten zudem die Wareneingangskontrolle, Lager- und Fuhrparkbetreuung, die Kommissionierung der Fuhren zur Verkaufsstellenbelieferung, ferner die Verwaltung und Buchhaltung. Theo Albrecht betreute die Verkaufsstellen mit allen dort anfallenden Detailaufgaben an der Umsatzfront; so die Anmietung rentabler Verkaufsstellen an geeigneten Orten, die Einrichtung der Läden, die richtige Warenplatzierung, die Personalpolitik der Filialen sowie das Abrechnungswesen der selben. Karl Albrecht vereinigte zunächst, was nach und nach mit dem Wachsen des Unternehmens in die Abteilungen Einkauf, Verwaltung, Lager- und Fuhrpark aufgeteilt wurde; Theo verkörperte in einer Person den Verkaufs- und Bezirksleiter und besorgte die Anmietung. Dieses Arbeiten im abgestimmten Duett in getrennten betrieblichen Sphären war maßgeblicher Erfolgsgarant für das Unternehmen. Mehr an Struktur und Aufteilung von Abteilungen und in der Linie ist auch heute in den regionalen GmbH & Co. KGs nicht vorhanden.[1] Stabsstellen gab es nicht;[2] Orgnisationsstrenge und Konsensminimalismus.

Die Brüder waren in ihrer uniformen Geschäfts- und Arbeitsauffassung, wenngleich unterschieden durch eine ihrem Naturell entsprechende individuelle Herangehensweise an Aufgabenstellungen, sich gegenseitig ein Glücksfall. Zu Alpha 1a und Alpha 1b hätte kein dritter Bruder Alpha 1c gepasst; eine kreative brüderliche Balance in einer Dreierkonstellation wäre schwerlich vorstellbar gewesen.

Strategische Grundsatzentscheidungen

Wer an strategischen Grundsatzgesprächen mit Beteiligung beider teilnahm, konnte den Spannungsbogen zwischen dem quirligen, zielsicheren und vorpreschenden Karl Albrecht und dem das Erreichte sorgsam absichernden Theo Albrecht miterleben. Deutlich wurde diese Vorreiterrolle bei dem ersten Schritt über die Grenzen ins Ausland, 1971 nach Österreich.[3] Den führte Karl Albrecht, energisch und konsequent allein handelnd, durch; stieß damit die Tür zu einer Internationalität der beiden Familienstämme auf.[4] Auslandskooperationen wurden nicht gemeinsam, sondern eigenständig durchgeführt. Seit 1961 war man in Deutschland getrennt,[5] im grundsätzlichen Konsens der ALDI-Discountphilosophie einander treu. Das Gerücht, man sei sich wegen der Einführung von Kühlartikeln und des Rauchwarenverkaufs uneins gewesen, ist kalter Qualm.

14

---

1 Siehe unten Rn. 25 ff.
2 Siehe unten Rn. 28 ff.
3 Siehe unten Rn. 163 ff.
4 Siehe unten Rn. 177 ff.
5 Siehe oben Rn. 8 ff.

Gleichwohl zeigten sich bei der Einführung der Kühl- und Frischeartikel starke Unterschiede im Temperament; die erste Nagelprobe für die Treue zu einem jahrzehntelang gefahrenen Konzept.[1] Das Einvernehmen in solch fundamentalen Fragen entsprach trotz Trennung der Stämme fester Übung. Ohnehin wurde der Einkauf gemeinsam betrieben, wo es gleichgerichtete Einkaufskraft zu bündeln galt. Bei der Kühlwarenfrage gelang die einstimmige Entscheidung, dieses Zusatzsortiment aufzunehmen. Nur blieben die operativen Wege in Bezug auf Produktwahl und Artikelanzahl unterschiedlich. Karl Albrecht erwies sich als Bewahrer des Grundgedankens, das Programm einer sinnvollen Artikelbeschränkung als unverbrüchliches Merkmal nicht oder nicht zu arg aufzuweichen. ALDI Süd fühlte sich schon als Delikatessenladen, wenn nur Quark, Buttermilch und Joghurt gelistet waren. Zudem gab es sowohl bei Nord als auch Süd nicht in allen Verkaufsstellen Platz für eine Kühltruhe. Das tangierte das hehre Prinzip identischer Sortimentsbestückung aller Läden. Beim Umsatzvergleich der Verkaufsstellen, der sogenannten Umsatzrennliste, musste ab sofort zwischen solchen mit und solchen ohne Kühltruhe unterschieden werden. In Ballungsräumen, wie Ruhrgebietsstädten, passte die uneinheitliche Kühltruhenbestückung nicht vorteilhaft in das Gesamtbild des Vertriebskonzeptes. Läden ohne Kühltruhe gerieten in den Augen der Konsumenten zu Läden zweiter Klasse; sie büßten Umsatz ein, weil Kunden zu den Verkaufsstellen mit Kühlware fuhren. Die Neuerung war damals eine echte Attraktion. Pionierarbeit mit Schattenseiten. Aber Kühlware war eine unverzichtbare Sortimentsaufwertung und ein unaufschiebbarer Tribut an die moderne Kundenerwartung. In Fragen der Neudefinierung des Kühlartikelsortiments blieb ALDI Süd auch später der tabuisierende Faktor.

Luxus? Verzichtbar!

15   Zur moralischen Stabilität ihrer Konzerne trugen maßgeblich die persönlichen Lebensweisen der ALDI-Brüder bei. Beide waren im Auftreten zurückhaltend, mieden jedes Rampenlicht, lebten bescheiden und anspruchslos in eigenen Belangen; beide die personifizierte Askese. Sie dachten kaufmännisch konservativ, traditionswahrend und waren nach alter Schule in ihrer Prinzipienwahrung von Sparsamkeit und Kargheit apologetisch ausgerichtet, vermengten nicht Macht mit Moral. Eine Ausnahme von „Luxus" erlaubten sie sich bei ihren privaten PKW. Seit der Entführung im Jahr 1971 von Theo Albrecht fuhren sie antriebsstarke und panzergesicherte Limousinen. Sonst aber fehlte jegli-

---

1 Siehe untern Rn. 51 ff.

cher Luxus. Auf das Golfschloss, das sich Karl Albrecht in Donaueschingen zulegte, schickte er sein Führungsteam zum Entspannen. Es war Teil seiner Anforderung an die Tagesplanung und Arbeitsgestaltung seiner Führungsleute, die anfallenden Arbeiten in einer Normalzeit von acht Stunden zu bewältigen und die restliche Tageszeit für Familie und geistige Auffrischung zu nutzen. Karl Albrecht stieg rechtzeitig aus dem Unruhestand des aktiven Geschäftes aus. Theo hielt es anders. Sein Alterssitz, das getäfelte Arbeitszimmer in der obersten Etage der Eckenbergstraße Nr. 14 in Essen-Kray, war Zufluchtsort, Kokon und Kosmos zugleich. Dorthin fuhr er noch täglich bis ins hohe Alter; wollte mit Panoramablick Auge und Herz immer nahe am Magnetfeld des sprudelnden Geldverdienens haben und nicht der faden Monotonie des Sich-Verbergens ausgeliefert sein; ein Schicksal, das beide Brüder mit anderen Superreichen teilten, nicht beschwingt durch Straßen und über heimische Plätze zu schlendern, ohne angesprochen, belästigt oder gefährdet zu werden. Hochmut ob dieses Günstlingsschicksals kam bei beiden nicht auf. Andere in vergleichbarer Situation auf der finanziellen Sonnenseite wären in extravaganten Schiffen und Flugzeugen herumkutschiert, hätten sich Tagesberichte und Kontoauszüge nachsenden lassen und ihre pekuniären Statusunterschiede imperial ausgelebt. Dafür waren die ALDI-Brüder – möchte man sagen – genetisch nicht vordisponiert.

Karl und Theo Albrechts Auftreten in der Öffentlichkeit und ihr Habitus kannten keine Scheu vor ihrer kleinbürgerlichen Herkunft. Die Adresse Huestraße 89 in Essen-Schonnebeck, elterliche Heimstatt, wollten sie nie abstreifen, gar verleugnen. Beide lebten aus ererbter Erdung der Religion, waren mit ihren Familien praktizierende Katholiken. Beim sonntäglichen Kirchgang traf man sie in der Kirche St. Markus in Bredeney.[1] Ohne soziale Abgrenzung zu den Mitmenschen ihrer Pfarrei, welche sie kannten, aber wie abgesprochen, nicht hofierten; was beiden Albrechts niemals recht gewesen wäre. Sie wollten keine Schlagzeilen, am besten in der Öffentlichkeit nicht wahrgenommen werden; Privatleben strikte Verschlusssache, obgleich sie alle Blicke auf sich zogen. Ihr bewährtes Muster von Primus 1a und Primus 1b zeigte sich an der Platzwahl in der Kirche. Karl Albrecht saß angestammt mit Ehefrau in einer der ersten Reihen vorne links, Theo Albrecht mit Entourage zurückgezogener in einer der letzten Reihen hinten rechts. Auch an diesem Ort war der Spannungsbogen von Alpha 1a zu Alpha 1b zu spüren.

---

1 Siehe auch unten Rn. 155 ff.

Aldi–Burka

4. Die ALDI-Burka

16 ALDI lässt sich partout nicht in die Karten schauen. Die totale Verschleierung aller Kulissen ist institutionalisiert; ohne undichte Stellen, ohne Vexierspiel. Schutz der Anonymität wird in jegliche Richtung gesucht; betrieblich wie privat; hinter Firmenjalousien wie dichten privaten Vorhängen, in den Festungen Hackenberghang und Westerwaldstraße. Das nicht erkennbare Spiel hinter den Fassaden trägt viel zu sagenumwitterten Deutungen des Unternehmens sowie ihrer Inhaber und deren gigantischen Erfolge bei. Diese sind, wie betont, rein kaufmännischer Natur und beileibe kein Zauber- oder Hexenwerk.[1]

Totale Abschottung gegenüber jedermann, einschließlich der berufsbedingt hellhörigen Presse, war ALDI-Strategie von Beginn an. Darauf wurden alle Mitarbeiter eingeschworen; voran diejenigen mit Zugang zu vertraulichen Betriebsdaten. Solidarische Verschwiegenheit als Ehrensache. Lückenlose Selbstverpflichtung zur Grabesstille nach außen. Mag die Journaille noch so aufwartend bohren, buhlen und bieten.

Mediale Zurückhaltung aus gutem Grund

17 Kluge mediale Zurückhaltung hatte anfangs den simplen Grund, Abguckern und Schmarotzern keinerlei Chancen zur Einsicht in unternehmerische Interna zu bieten. Die ALDI-Brüder kreierten schrittweise eine innovative Discountstruktur in Deutschland. Das zarte Pflänzchen war anfällig und pflegebedürftig, Grund genug, damit nicht an die Öffentlichkeit zu gehen. Sich insbesondere vor einer gierenden Medienmeute zu hüten. Erst sollte das neue Konzept Gestalt annehmen, sich verfestigen, mussten Erfahrungen gesammelt werden, waren Änderungen, Angleichungen und Anpassungen in strategischen und operativen Details vonnöten; war das spezifische Vertriebsmodell weiterzudenken. Da konnten Zaungäste, vor allem besserwisserische Kolporteure wenig behilflich sein; im Gegenteil. Die anfängliche Gratwanderung im kaufmännischen Neuland, so befanden die ALDI-Brüder, gelänge besser im Stillen und Verborgenen. Blumige Vorwürfe von notorischer Geheimniskrämerei, inadäquater Verhüllungsstrategie, unangebrachter Presseverweigerung, gezielten Einsatzes schwarzer Löcher, prallten an ihnen ab.

Wie weise diese Charta totaler Unzugänglichkeit war, zeigt das heutige Wettbewerbsgeschehen unzensierter Raubkopierer: die einen mit mehr, die anderen mit weniger Elan, die einen in sklavischer Nachahmung, die anderen mit

---

1 Siehe oben Rn. 1 ff.

einem ALDI-Modell-Verschnitt. Von dieser munteren Schmarotzerschar kann ALDI ein fesches Liedel singen, mehrere Strophen sogar für jeden sich angesprochen fühlenden Adressaten; etwa eine Hand voll. Freie Wettbewerbsregeln verbieten es nicht, sich von gestalterischen Gedanken anderer inspirieren zu lassen, ausgiebig an der klingenden Discountpoesie teilzuhaben; auch Impulse aufzunehmen und Pionierhaftes mit marktreifer Innovationskraft fortzuführen. Doch was sich im heimischen Discountmarkt tummelt, ist üppige Verwilderung; in Food- und Non-Food sowie Komplementärangeboten. Bis zur unanständigen Kopie der ALDI-Tragetasche.[1] Moralische Empfindsamkeiten kennt der Wettbewerb nicht; wirtschaftlicher Eigennutz erlaubt sich alles. Er nutzt im Versorgungssektor frivol den Umstand, dass Kunden gemeinhin zwischen Original und Abziehbild nicht unterscheiden können oder es nicht wollen. Die Rechtsprechung zur sklavischen Nachahmung hechelt hinter der Macht des Faktischen her; parasitäre Kreationen unermüdlich ermutigend, sich nicht nur ein paar schmackhafte Scheibchen beim kreativen Konkurrenten abzuschneiden; vielmehr in seinen besten Kleidern als Doppelgänger neben ihm her zu flanieren; ungeniert und weltgewandt; gar kein eigenes Firmenprofil zu suchen, sondern zu kopieren und abzukupfern. Und dennoch: ALDI hat seine jahrzehntelang aufgebaute Führungsposition nicht eingebüßt; es sieht auch künftighin nicht danach aus. Natürlich wird der Discountkuchen zunehmend unter mehr Mitessern aufgeteilt; Umsatzabschläge für ALDI sind unvermeidbar. Die Topographie der deutschen Discountkarte funkelt aber weiter mehrheitlich aldisch. Mit wachsenden Schüben findet ALDI zudem im Orient und Okzident statt.[2] Traditionelle ALDI-Discount-Kultur ist führend; noch deutlich.

Selbstverordnete Kasteiung

Die unternehmerische Burka von ALDI sortiert betriebsinterne Parameter und Prinzipien; unverrückbar: 18

▶ keine Presse- und Öffentlichkeitsarbeit, keine PR-Abteilung,

▶ kein Firmensprecher,

▶ keine Interviews in Radio oder Fernsehen, vor allem kein Schaulaufen von ALDI-Leuten in Talkshows,

▶ keinerlei mondäner Lifestyle,

---

1 Siehe unten Rn. 101 ff.
2 Siehe unten Rn. 177 ff.

- ► keine vermeidbaren berufsständischen Mitgliedschaften, jedenfalls keine aktive Tätigkeit in diesem Rahmen,
- ► keine Mitgliedschaften im firmenexternen Aufsichts- und Beiräten sowie Kommissionen,
- ► keine aktive oder passive Lobbyarbeit,
- ► keine Unternehmens-, Werbe- und Personalberater,
- ► keine öffentlichen Firmenveranstaltungen,
- ► keine Firmenjubiläen, -feste, Tombolas oder Preisausschreiben,
- ► kein Sponsoring für Kultur, Sport, Charities und öffentliche Events,
- ► Unterstützung von wissenschaftlichen, kulturellen oder sozialen Einrichtungen nur unter strenger Vertraulichkeit,
- ► keine dienstliche Einladung von Geschäftspartnern,[1]
- ► keine Besuche von Unternehmen oder Betrieben, von Produzenten oder Lieferanten, außer zur unumgänglichen Abklärung von Mengen- oder Qualitätsfragen,[2]
- ► keine politische Tätigkeit der Inhaber oder leitender Mitarbeiter, keinerlei öffentliche Positionierung,
- ► keine Publikationstätigkeit oder branchenbezogene Vortragstätigkeit dito,
- ► keine Entgegennahme von Ehrungen, Titeln, Preisen und Orden; ein Dr. h. c. Karl oder Theo Albrecht ist undenkbar; ein Professorentitel, dazu geschenkt, würde als Affront empfunden worden sein,
- ► lückenlose Rückgabe von Werbegeschenken und Präsenten (Ausnahme: Jahreskalender wegen möglicher Nichtmehrverwendbarkeit bei Rückversand an den Spender),[3]
- ► Öffnung für Innovation bei unabweisbarer wirtschaftlicher Notwendigkeit, ohne eines der fünf elementaren Grundprinzipien[4] zu tangieren,
- ► keinerlei Kult um die Personen der Inhaber.

Eine Ausnahme, wirklich nur eine

19 Eine unwirklich anmutende Ausnahme vom rigiden Schweigegelübde erlaubte sich oder unterlief Karl Albrecht höchstpersönlich im Jahr 1953; im frühen und

---

1 Siehe unten Rn. 137 ff.
2 Siehe unten Rn. 149 ff.
3 Siehe unten Rn. 127 ff.
4 Siehe oben Rn. 1 ff.

besonders schützenswerten Stadium seiner Discountphilosophie, was besonders erstaunt. In einem Vortrag legte er konkrete Einzelheiten zum Warensortiment, zur Sortimentsbeschränkung, zur Ausstattung der Läden, zur Preisgestaltung einzelner Artikel, zu den Gesamtkosten, zur Preispolitik, zur spezifischen Kundenausrichtung und zu Umsätzen dar. Ein nachgerade verräterisch anmutender Selbstaffront gegen eigene Verschwiegenheitsprinzipien. Vor allem Daten zu Umsatz, Kosten und Kalkulation preiszugeben, Betriebsinterna, wonach heutzutage Öffentlichkeit, Wettbewerb und nimmersatte Fachpresse lechzen. Nach diesem Einzelauftritt von Karl Albrecht hat ALDI niemals wieder Vergleichbares verlautbart; schon gar nicht mit so elementaren Details zum inneren Blutkreislauf. Der Vortrag legte zwei der fünf maßgeblichen Grundpfeiler offen: den gezielt niedrigen Preis als radikale Umsatzwaffe sowie die strenge Kostendisziplin als elementare Preisstütze; ersteres ein absolutes Kernstück der fünfdimensionalen Firmenphilosophie.[1]

Der leichtfertige Ausrutscher von Karl Albrecht macht in der Rückblende schmunzeln: Mit seinen damals noch wenigen Bedienungsläden in den Schrebergartenregionen des ausgebombten Ruhrgebiets wird keiner das Newcomer-Unternehmen ernst genommen oder Karl Albrechts Worte richtig verinnerlicht haben, welches grandiose Zukunftskonzept sich dahinter auftat. Trittbrettfahrer oder Kopierer wären andernfalls behände auf der Bildfläche erschienen; das neuartige Konzept für den Wettbewerb schon damals ein gefundenes Fressen.

Gäbe es etwas über diesen „Fauxpas" von Karl Albrecht zu spekulieren, dann cum grano salis dies: Wie oft Karl Albrecht sein Vortrag, von der Lebensmittelzeitung nachlesbar archiviert, selbst zutiefst reute. Ich stelle mir die brüderliche Szene vor, wie er von seinem in Firmenverlautbarungen völlig zugeknöpften und in Prinzipienfragen so gestrengen Bruder Theo einen vergatternden Augenaufschlag bekam, dergleichen nie wieder zu tun; dabei Theo auf den kleineren älteren Bruder Karl aufmunternd herabblickend. In seiner typischen Art, positive Kritik auszudrücken.

Teil der allumfassenden Schweigepolitik war die strikte unternehmensstrukturelle Ausrichtung beider ALDI-Gruppen, der Publizitätspflicht zu entgehen.[2] Das gelang und gelingt fortgesetzt mittels konsequenter regionaler Zellteilung der Nord- und Südsphären; auf allen nur denkbaren gestalterischen Umwegen

---

1 Siehe oben Rn. 1 ff.
2 Siehe unten Rn. 20 ff.

mit teils amüsierlichen juristischen Finessen; mit ungefragten Hilfsklimm-
zügen der regionalen Niederlassungsleiter.

Herrn
Dr. Fedtke
Schönscheidtstr. 45

4300 Essen 13

[handschriftliche Notiz:] Anregung von Herrn Albrecht / ... auf GF - Sitzung 30.6. / 1.7.1976.

Sehr geehrter Herr Dr. Fedtke!

Ich nehme die Veröffentlichung des von Ihnen verfaßten Artikels
„Falscher Glaube an den Markenartikel" im Handelsblatt, Ausgabe
3./4. Juli 1976, zum Anlaß, an ein Gespräch zwischen uns anzu-
knüpfen, das einige Zeit zurückliegt. Schon damals sagte ich Ihnen, daß Ihre journalistische Tätigkeit unter keinen Umständen
-auch nicht indirekt- mit der damaligen Albrecht KG zu tun haben
dürfe. Die vorerwähnte Veröffentlichung macht es erforderlich,
an dieses Gespräch zu erinnern und präziser hervorzuheben, was
meines Erachtens zumindest unter diese Globalregelung fällt.

a) Ihre Aufsätze dürfen keine betrieblichen Vorgänge und keine
betriebsinternen Daten in irgendeiner Weise zum Gegenstand
haben. Um in diesem Zusammenhang unterschiedliche Betrach-
tungsweisen von vornherein auszuschließen, ist es vermutlich
am besten, wenn Sie den Bereich des Lebensmittelhandels völlig meiden.

b) Ergebnisse aus internen Bearbeitungen, z. B. eine betriebsbe-
zogene Untersuchung über Probleme des Abfallbeseitigungsge-
setzes, sind ebenfalls wegen der Firmenbeziehung ausgeschlossen.

c) Falls Sie Zeitungen oder Zeitschriften neutrale Artikel anbie-
ten, die nicht unter diese Regelung fallen, sollten Sie es außerdem unterlassen, auf Ihre Tätigkeit und Stellung in der Aldi KG
hinzuweisen.

Luftballon Schein- Selbständigkeit

5. Flucht vor der Publizität

20   Das Publizitätsgesetz von 1969 brachte ALDI mächtig in die Bredouille; welche latent fortbesteht, als grienende Kehrseite des Erfolgs. Das gesetzliche Drohszenarium lautet: Sind von drei Voraussetzungen der einschlägigen Gesetzesnorm, nämlich

▶ Überschreitung einer bestimmen Jahresbilanzsumme,

▶ ein bestimmter jährlicher Umsatz,

▶ eine bestimmte Mitarbeiterzahl,

zwei Prämissen erfüllt, gilt öffentliche, bei schuldhafter Nichtbeachtung hoch bußgeldbewehrte Rechnungslegung; mit einem sodann für ALDIs hochpeinliche Geheimhaltungspolitik[1] definitiven Ende: Burka hoch, Bücher offenlegen.

Abhilfe musste her, als es zum ersten Mal brenzlig zu werden drohte, und zwar möglichst radikal mit Blick auf alle drei Gefahrenelemente: Firmengebiete durch Teilung aufsplitten, um dadurch Bilanzsumme, Jahresumsätze und Mitarbeiterzahlen unter dem gesetzlichen Limit zu halten; bei weiter grassierendem Wachstum neue Zellteilungen angehen. Vor allem beunruhigten ALDI seine springflutartigen Umsatzzuwächse und die sich auftürmenden Bilanzsummen, die jedes projizierte Jahresbudget sprengten. Bei den Mitarbeiterzahlen brachte eine sparsame Personalpolitik weniger Kollisionsgefahr mit dem Gesetz; doch, wie gesagt, lohnte stets eine Totalkur, um dem unerbittlichen Publizitätsgesetz ein Schnippchen zu schlagen. Das komplettierte Burka-Programm: ALDI braucht umfassende Verschleierung, um sich selbst zu definieren. Transparenz bei den Firmeninterna gilt es zu vermeiden, ein Einblick in kaufmännische Eckdaten ist tabu. Am Horizont winkt ein Konzernbetriebsrat. Das Publizitätsgesetz tangiert fortlaufend den sozialgemeinschaftlichen Nerv der altpatriarchalischen Firmenphilosophie[2], bis heute gegen alle gewerkschaftlichen Widerstände durchgesetzt, was über gesetzlich unvermeidbare regionale Betriebsräte hinausgeht.

Durchlauftermin beim Notar

21   Rettende Idee, der Entschleierung zu entgehen, war, dass beim ersten unausweichlichen „casus belli" mit dem Publizitätsgesetz im Jahr 1974 Karl und Theo Albrecht sich ihrer regionalen Geschäftsführer bedienten, ihre Nord- und Süd-Bereiche regional aufzusplitten; formal unverfänglich umgesetzt für die

---

1   Zur „ALDI-Burka" siehe oben Rn. 16 ff.
2   Siehe unten z. B. Rn. 194 ff.

dreistufigen Anforderungen des Publizitätsgesetzes, unternehmerisch durch interne Treuhandverträge mit den Niederlassungsleitern in Szene gesetzt. So behielten die ALDI-Brüder das Zepter unangefochten in der Hand. Fangen wir mit dem finalen Konstrukt an:

Die regionalen Niederlassungsleiter zitierte Theo Albrecht zu seinem Hausnotar am Haumannplatz 28 in Essen. Im Schnelldurchlauf wurden an ein- und demselben Tag je Regionalniederlassung beurkundet bzw. notariell inszeniert:

► Treuhandvereinbarung Theo Albrecht mit dem jeweiligen regionalen Niederlassungsleiter, sich mit einer Stammeinlage von 2.000 DM an einer auf dessen Namen zu gründenden GmbH zu beteiligen, wobei der Niederlassungsleiter als Treuhänder und weisungsabhängiger Minderheitsgesellschafter dem Mehrheitsgesellschafter und Treugeber Theo Albrecht untergeordnet ist;

► Errichtung dieser GmbH auf den Namen des regionalen Niederlassungsleiters;

► Beschluss über seine Bestellung zum regionalen Geschäftsführer in seiner nominal eigenen Firma;

► Anmeldung der Gründung der GmbH unter Überreichung der Gesellschafterliste;

► Unwiderrufliches, bindendes und unbefristetes Vertragsangebot des regionalen Niederlassungsleiters, seinen treuhänderisch für Theo Albrecht gehaltenen Geschäftsanteil jederzeit diesem, einem Rechtsnachfolger oder einem beliebigen Dritten zu übertragen; dies bei gleichzeitigem Verzicht auf ein Gewinnbezugsrecht. Intern gab Theo Albrecht eine Blanko-Haftungsfreistellungserklärung aus der Geschäftsanteilhalterschaft und Nominalgeschäftsführung dem regionalen Niederlassungsleiter;

► Zustimmung der Gesellschaft zu diesem umfassenden Vertragsangebot an Theo Albrecht oder ersatzweise andere, den Geschäftsteil des regionalen Niederlassungsleiters zu übernehmen.

Für den regionalen Niederlassungsleiter war mit diesem Sechsakter sein Part durch. In nur einer Stunde rein in eine eigene GmbH, die Glorie einer Statusgeschäftsführung verliehen und wieder raus, de facto sowie de jure aus allem; das heißt ALDI-Effizienz. Der Niederlassungsleiter erhielt keine Einladung zu irgendwelchen Sitzungen seiner eigenen GmbH; in dieser ließ ihn Theo Albrecht durch einen bevollmächtigten Bekannten, den Bürovorsteher des Notars, vertreten. Die GmbH hatte keinerlei aktive Geschäftstätigkeit, fungierte als Komplementärin in einer zusätzlich gegründeten regionalen GmbH & Co. KG. In dieser saß auf Kommanditistensesseln die komplette Familie Albrecht: Ehefrau Cilly sowie die Söhne Theo und Berthold, faktisch allesamt einflusslose Minderheitsgesellschafter.

Der regionale Niederlassungsleiter gab lediglich seinen Namen her zur Umsetzung des Konzepts, der Publizität zu entfliehen. Einmal im Jahr musste er die ihm vorgelegte und von Theo Albrecht abgesegnete Bilanz „seiner" GmbH unterschreiben.

Theo Albrecht war – mit juristischem Raffinement feinsinnig durchkomponiert – in allen regionalen Gebilden von GmbH und KG mit sich selbst identisch, von Familie und Regionalgeschäftsführer dekorativ umkränzt. Das lupenreine Ich-Prinzip eines Familienkonzerns mit einer einsamen Spitze.

Verfügte und versteinerte Titulargeschäftsführer

22   Zurück in die Phase vor diesem ersten organisatorischen und notariellen Gewaltakt der Publizitätsflucht: Alle Bedenken zu etwaigen Scheinverträgen, relevanten Umgehungstatbeständen oder „sittenwidriger" Ausnutzung der regionalen Niederlassungsleiter wurden im Keim erstickt. Nur keine schlafenden Hunde wecken; strikte Maulkorbpolitik des Verwaltungsrates.[1] Es gälte „unser aller Firmenwohl", hieß es apodiktisch. Etwa Öffentlichkeit und Wettbewerb in die ALDI-Karten schauen lassen? So weit käme es! Mit einem Konzernbetriebsrat kooperieren und Firmengeschicke aushandeln? Das wäre die Krönung! Der Burka-Effekt liefe leer.[2] Nein! Man müsse loyal zusammenstehen, klang es „patriotisch". Bitte alle geschlossen hinter die ALDI-Fahne geschart in Reih und Glied! Was sollten die überrumpelten Niederlassungsleiter entgegnen? Mitmachen oder hinschmeißen, widersprechen und ausgesiebt werden? Oder sich – taktisch klug – geschmeidig wegducken? ALDI-Roulette, diese unersprießliche Rollenwahl schwebte in jener schicksalhaften Geschäftsführersitzung im September 1974 in Kirchweyhe durch den Raum; unisono an den verdutzten Gesichtern der wehr- und hilflosen Niederlassungsleiter abzulesen, als Theo Albrecht ihnen feierlich ihre Rolle erläuterte. In seiner ihm eigenen entwaffnend schlichten und eindringlichen Sprache, mit wohltemperierter Argumentation, es gehe um die Geschicke des Unternehmens und – „durch die Blume" – dasjenige aller. V2 und V3[3] sekundierten bzw. priesen und beweihräucherten die optische Aufwertung der Niederlassungsleiter, beschworen Kaderstimmung. Lange Perioden von Staunen, Ungläubigkeit und Verunsicherung

---

1 Siehe unten Rn. 25 ff.
2 Siehe oben Rn. 16 ff.
3 Siehe unten Rn. 25 ff.

bei den Auserwählten. Fragende Blicke auf mich als den Volljuristen in der Runde; der ich genauso überrascht und mit meiner Niederlassung Essen betroffen war. Zunehmende Katerstimmung, keinerlei Anzeichen von Hochgefühl, etwa gar Ansätzen von Euphorie ob dieser „Aufwertung". Alle schwiegen; eine klassische „Stecknadelstille".

Alles schon eingepreist

Die in eisigem Schweigen erstarrte Corona wirkte wie versteinert, als eine Sondervergütung für diese Steigbügeldienste a priori versagt wurde; der Dienst am Unternehmen sei mit dem normalen Gehalt als Niederlassungsleiter abgegolten, sagte Theo Albrecht und echote V2. Berühmt und reich zu werden, welch erhebende spontane Anwandlung für die Schar der Auserwählten – leider nur für einen kurzen Moment. Aber als unbezahlte Titulargeschäftsführer in einer eigenen GmbH quasi als Strohmann im Handelsregister zu brillieren und im Markt nicht ernst genommen zu werden – diese Aussicht konnte niemanden entzücken. Was mit feierlicher Note und vermeintlich großzügiger Geste als Aufwertung der Positionen der Niederlassungsleiter angekündigt worden war, entpuppte sich als kühl kalkulierter Schachzug im puren Firmeninteresse.

Die Nachdenklichkeit über diese totale Vereinnahmung plus finanzieller Abfuhr verflüchtigte sich nicht. Immer wieder die Blicke zum „Doc" in der Runde. Alles koscher? Mitnichten! Etwa kein veritabler Affront gegen die eindeutige Rechtslage, wonach Arbeitnehmern eine Sondervergütung zusteht, wenn sie über den üblichen Rahmen ihres Arbeitsvertrages hinaus höherwertige Dienste verrichten? Waren das hier etwa keine höherwertigen Dienste? Bei ALDI, einem Unternehmen, das allem und jedem seinen eigenen Wert beimisst, ersichtlich nicht. Keine Spur von Gönnerhaftigkeit, von minimalem Ehrensold für diesen Mammutdienst, wenigstens als moralisch geschuldeter Ausgleich für eine groteske Instrumentalisierung? Oder als eine Prämie für auferlegte Kumpanei? Fehlanzeige! Aussichtslos.

Aus dem emotionsfreien juristischen Blickwinkel: Die ganze Aktion war nach meiner Bewertung leichtfertiger Umgang mit dem Gesetz, dessen Wortlaut in § 138 Absatz 2 des Bürgerlichen Gesetzbuches zur Frage von Sittenwidrigkeit „bei der Ausnutzung einer Zwangslage zur Verschaffung von Vermögensvorteilen auf das auffällige Missverhältnis von Leistung und Gegenleistung" abstellt. Gefährlicher Tanz der ALDI-Brüder auf dem juristischen Drahtseil, Grenzwertrechnung mutiger Rechtsberatung. Diskrete Komik obendrein für mich, beim amtierenden Notar als juristischem Kollegen und Vorgesetzten früherer

23

Tage Ernsthaftigkeit aus seinen Augen ablesen zu sollen, dieses Rechtskonstrukt gegenüber gestandenen Niederlassungsleitern glaubhaft zu begründen. Es klappte. Unternehmerische Courage auf dünnem Eis. Unerschrockenheit für das Firmenwohl zeichnete die ALDI-Brüder immer aus, ist eines ihrer Markenzeichen. Die Arglosigkeit gleichwohl, mit der sie die formale Publizitätsunterwanderung angingen, wirkte herausfordernd. Was zuversichtliche Juristen als gut honorierte, mutige Dienstleister nicht alles bewerkstelligen!

Exekution... des Fluchtplans

24 Die regionalen Umstrukturierungen wurden nach Vorgabe durchgeführt. Dirigismus pur des Verwaltungsrates, in der Choreographie undemokratisch: Jeder Niederlassungsleiter erschien beim Notar, ausweglos ALDI-ergeben, zusammengetrommelt, einer nach dem anderen, lemminghaft, wie zu einer Exekution, bei der alle gequält lächelten, als der Notar mit gekonnter Geste den Stift zur Unterschrift reichte; mir kollegial zulächelnd.

Wenn heute 70 bis 80 Regionalniederlassungen mit eigener Firmenstruktur, komplettem operativem Eigenleben und autarkem Verwaltungsapparat synchron, konsonant, transparent und rhythmisch ausgewogen streng zentralistisch standardisiert, koordiniert, dirigiert sowie kontrolliert werden müssen, so ist dies ein Musterbeispiel aufgeblähter Organisations- und beachtlicher Kostenstrukturen. Für den rigorosen Vereinfacher und Kostenkiller ALDI ein Husarenstück gegen die dritte Dimension seiner Unternehmensphilosophie.[1] Flucht vor der Publizität war alleiniger Impuls. Am auffälligsten wurde dies durch die ominöse Zweiteilung in Berlin Nord und Berlin Süd. Die wenigen Kilometer Belieferungsradius wären unschwer von einer regionalen Zentrale aus zu bedienen gewesen, ohne die logistische oder operative Balance zu verlieren. Aber die Geometrie des Publizitätsgesetzes, nichts anderes, erzwang eine Neuaufteilung der regionalen Sphäre in der alten Reichshauptstadt.

---

1 Zu den fünf Dimensionen siehe oben Rn. 1 ff.

Treuhandvereinbarung

z w i s c h e n

Herrn Theo Albrecht, ██████████████
████████████████

- Treugeber genannt -

u n d

Herrn Dr. Eberhardt Fedtke, 43 Essen-Kray,
Schönscheidtstraße 45,

- Treuhänder genannt -

wird folgende Treuhandvereinbarung getroffen:

§ 1

1.1 Der Treuhänder beteiligt sich im Auftrag des Treugebers an
     der neu zu gründenden
     Dr. Fedtke Gesellschaft mit beschränkter Haftung
     mit einem Stammkapital von 20.000,-- DM. Der Treuhänder über-
     nimmt eine Stammeinlage von 2.000,-- DM.   ✗

1.2 Der Treuhänder ist verpflichtet, nach außen im eigenen Namen
     aufzutreten.

Treuhandvertrag ohne Zustimmung des Treuhandnehmers auf Dritte zu übertragen.

Das Treuhandverhältnis kann beiderseits jederzeit beendet werden.

Ein Entgelt für die Übernahme der Treuhandschaft wird nicht gezahlt.

Gerichtsstand ist Essen.

Essen, den 4. Oktober 1974

Urkundenrolle Nr. ▬/1974

Verhandelt
zu Essen
am 4. Oktober 1974

Vor mir, dem unterzeichneten Notar

▬▬▬▬▬▬▬

in Essen,

erschienen heute, von Person bekannt:

1. Herr Kaufmann Dr. Eberhard Fedtke, 43 Essen-Kray,
   Schönscheidtstraße 45,

2. Herr Kaufmann Theo Albrecht in ▬▬▬▬▬
   ▬▬▬▬▬▬

Die Erschienenen erklärten:

Wir errichten eine Gesellschaft mit beschränkter Haftung mit
folgendem

-2-

Gesellschaftsvertrag:

§ 1
Firma und Sitz der Gesellschaft; Geschäftsjahr

(1) Die Firma der Gesellschaft lautet:

Dr. Fedtke Gesellschaft mit beschränkter Haftung.

(2) Der Sitz der Gesellschaft ist 43 Essen-Kray, Schönscheidtstraße 45.

(3) Geschäftsjahr ist das Kalenderjahr.

§ 12
Kosten dieses Vertrages

Die Kosten und Steuern dieses Vertrages und seiner Durchführung trägt die Gesellschaft.

Nunmehr wurde das Protokoll den Erschienenen vorgelesen, von ihnen genehmigt und eigenhändig, wie folgt, unterschrieben:

Gesellschafterbeschluß

1. Der Kaufmann Dr. Eberhard Fedtke, 43 Essen-Kray,
   Schönscheidtstraße 45,

2. Der Kaufmann Theo Albrecht, ███████████████

erklären, daß sie die alleinigen Gesellschafter der

"Dr. Fedtke
Gesellschaft mit beschränkter Haftung"

sind und treten hiermit unter Verzicht auf alle Frist- und Formvorschriften zu einer Gesellschafterversammlung zusammen. Es
wurde folgender Beschluß gefaßt:

Zum Geschäftsführer der

"Dr. Fedtke
Gesellschaft mit beschränkter Haftung"

wird Herr Kaufmann Dr. Eberhard Fedtke
bestellt. Dem Geschäftsführer Dr. Eberhard Fedtke

Damit war die Tagesordnung erschöpft.

Essen, den 4. Oktober 1974

Anmeldung zum Handelsregister

In der Handelsregistersache der Firma

"Dr. Fedtke
Gesellschaft mit beschränkter Haftung"

überreiche ich anliegend

1. Ausfertigung der Urkunde des Notars ▮▮▮▮▮▮▮
   in Essen vom 4.10.1974 ▮▮▮▮▮▮▮▮

2. Liste der Gesellschafter,

3. Gesellschafterbeschluß über die Bestellung des Geschäftsführers vom 4.10.1974

und melde die Gesellschaft und mich als Geschäftsführer zur

Eintragung in das Handelsregister an.

-2-

Ich zeichne meine Namensunterschrift wie folgt:

Die Geschäftsräume der Gesellschaft befinden sich in

43 Essen-Kray, Schönscheidtstraße 45.

Liste der Gesellschafter der

Dr. Fedtke Gesellschaft mit beschränkter Haftung

Name	Wohnort	Höhe der übernommenen Stammeinlage
Kaufmann Dr. Eberhardt Fedtke	Essen-Kray	2.000,-- DM
Kaufmann Theo Albrecht	▉▉▉	18.000,-- DM
		20.000,-- DM

Urkundenrolle Nr. ██████

V e r h a n d e l t

zu E s s e n

am 4. Oktober 1974

Vor mir, dem unterzeichneten Notar

██████████████████

in E s s e n,

Der Erschienene erklärte:

Ich bin Gesellschafter der
Dr. Fedtke Gesellschaft mit beschränkter Haftung, 43 Essen 13,
mit einem Geschäftsanteil von 2.000,-- DM. Ich mache hiermit
Herrn Theo Albrecht in ██████████████████████, bzw.
seinem Rechtsnachfolger oder einem von ihm zu bestimmenden
Dritten folgendes unwiderrufliches, bindendes und unbefristetes

Vertragsangebot:

-2-

Ich übertrage hiermit meinen vorbezeichneten Geschäftsanteil an Herrn Theo Albrecht bzw. seinen Rechtsnachfolger oder einen von ihm zu bestimmenden Dritten zum Nominalwert.

Nunmehr wurde das Protokoll dem Erschienenen vorgelesen, von ihm genehmigt und eigenhändig, wie folgt, unterschrieben:

Gesellschafterbeschluß

d e r

Dr. Fedtke Gesellschaft mit beschränkter Haftung

in Essen

vom 4. Oktober 1974

Unter Verzicht auf alle Frist- und Formvorschriften treten
wir hiermit zu einer Gesellschafterversammlung der vorge-
nannten Gesellschaft zusammen und beschließen wie folgt:

Die Gesellschafterversammlung erteilt hiermit ihre Einwilli-
gung zur Übertragung des Geschäftsanteils in Höhe von 2.000,-- DM
des

Herrn Kaufmann Dr. Eberhard Fedtke,
43 Essen 13, Schönscheidtstraße 45,

auf Herrn Theo Albrecht in ███████████████,

Damit war die Tagesordnung erschöpft.

frei schwebend auf
dem Olymp

6. Verwaltungsrat

25   Der Verwaltungsrat bei ALDI ist ein freischwebendes Organ; gesellschafts-
rechtlich nirgendwo statuarisch im ALDI-Organigramm eingebunden, weder in
der Einkaufs-OHG, noch in den regionalen GmbH & Co. KGs, nicht bei den dor-
tigen GmbHs.[1] Seine Mitglieder haben freiberuflichen Status. Funktional einfach angelegt ist seine Eingliederung in das ALDI-Konzerngerüst; er überwölbt
alles.

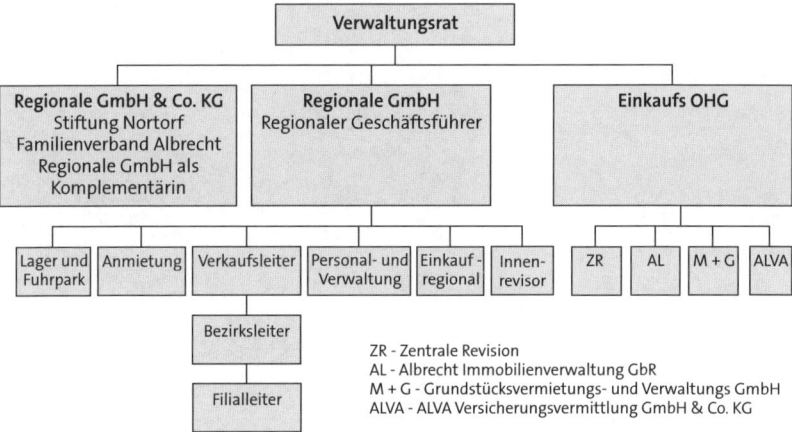

Das Schaubild ist transparent. Den operativen Bereich bilden die regionalen
Niederlassungen mit dem jeweiligen KG sowie GmbH.[2] Selbständig besteht
die zentrale Einkaufs-OHG; dort angebunden die zentrale Revision und eine
für alle Regionalbereiche zuständige Versicherungsabteilung, eine Immobilien-
verwaltungs- und eine Vermietungsgesellschaft.

Die dreifältige Obrigkeit – V 1, V 2 und V 3

26   Der Verwaltungsrat ist das zentrale Machtorgan des Konzerns. Herzstück und
dreifältige Obrigkeit zugleich, thront er über allem. Seine Mitglieder sind „die
Macher", regulieren Spielregeln und maßgebliche Geschehnisse. Den Verwaltungsrat bildeten in den 70ern Theo Albrecht (V 1), Otto Hübner (V 2) und Die-
ter Brandes (V 3).

---

1   Zur Flucht vor der Publizität siehe oben Rn. 20 ff.
2   Siehe oben Rn. 20 ff.

Man lasse sich den Zustimmungskatalog des Verwaltungsrates genüsslich auf der Zunge zergehen, schmecke den firmenpolitischen Botenstoff, spüre die interagierende Allzuständigkeit dieses Organs; ein Eldorado der unternehmerischen Machtfülle in aller Direktheit, allerorts im Unternehmen wahrgenommen; konsequent so gewollt und innerorganisatorisch ausgelegt.

Die Geschäftsführung der Kommanditgesellschaft ist verpflichtet, in folgenden Angelegenheiten die Zustimmung des Verwaltungsrates einzuholen, die auch durch Rahmenrichtlinien erteilt werden kann:

1. Festlegung der Sortiments- und der Preispolitik

3. Festlegung der Personalpolitik (Stellenplan, Lohn- und Gehaltspolitik, Gestaltung der Dienstverträge, Grundsätze der Mitarbeiterführung).
4. Besetzung aller leitenden Positionen, die direkt dem Geschäftsführer unterstellt sind.
5. Erwerb, Veräußerung und Belastung von Grundbesitz

9. Festlegung der Investitionspolitik
10. Grundzüge der Expansionspolitik einschließlich der Mietvertragsgestaltung

14. Versorgungszusagen jeder Art

17. Festlegung der Einkaufspolitik

21. Grundzüge der Unternehmensorganisation einschließlich Stellenbeschreibungen

Der Vorbehalts- und Zustimmungskatalog des Verwaltungsrats ist allumfassend: Angefangen von der Expansions- über die Investitionspolitik, die Sortiments- und Preispolitik, sämtliche Details der Personalpolitik einschließlich Versorgungszusagen bis zur Einkaufspolitik und den Grundzügen der Unternehmensorganisation – alles und jedes von betrieblichem Belang liegt im Anweisungs- und Letztentscheidungsbereich des Verwaltungsrates. Der 21-Punkte-Kodex ist von Theo Albrecht, seiner Ehefrau Cilly, den Söhnen Theo und

Berthold sowie dem Leiter der ALDI-Stiftung Nortof unterschrieben; allesamt Kommanditisten in den regionalen KGs.[1]

Der Verwaltungsrat ist unternehmensstrategisch das Epizentrum der Macht im Unternehmen, bewertet man seine lineare und horizontale Aufgabenwahrnehmungen in allen regionalen Bereichen; nimmt das allgemeinverbindliche Geschäftsführer-Handbuch hinzu[2] und packt die singulären Vorgaben der Geschäftsführer-Sitzungen[3] auf dieses Paket drauf; von seiner den zentralen Dirigismus „abrundenden" Kontrolle[4] einmal ganz abgesehen.

Der Verwaltungsrat regiert von oben nach unten durch, spielt nach Belieben auf sämtlichen Entscheidungsklaviaturen aller Ebenen, beeinflusst sie durch flächendeckende Zustimmungspräsenz.[5] Er vermag jede Angelegenheit, wenn es beliebt, zur Chefsache zu machen; ein Paradebeispiel bildete das Letztentscheidungsrecht von Theo Albrecht für Einrichtungszeichnungen neuer Filialen.[6]

Erfolg mit Durchgriffsmanagement

27   ALDI sollte offen zu seinem erfolgreichen Führungssystem stehen, einem rigorosen Durchgriffsmanagement mit einer über allem schwebenden dirigierenden Verwaltungsratsebene; es bewährt sich eindrucksvoll. Erfolg gibt Recht. Es ist legitim, Milliarden mit einem traditionell autoritären Unternehmenskonzept nach Gutsherrenart aufzuhäufen. Plakative Verschnitte oder Versatzstücke „à la Harzburg", dem Führungsprinzip der Delegation substantieller Eigenverantwortung, ändern nichts an dem Alleinführungsanspruch des Verwaltungsrats. ALDI-Mitarbeiter sind hellsichtig und wissen um ihre eingeengten Eigenverantwortlichkeiten; gerade weil sie, welch peinlicher Selbstbetrug, im „Harzburger Modell" geschult werden, Soll und Haben der „Entscheidungs- und Führungsgruppen" gewichten können. Die unentwegte Versteifung des Verwaltungsrats auf das „Harzburger Modell" bei jeder passenden oder unpassenden Gelegenheit und die verbale Verankerung seiner Regeln in Stellenbeschreibungen trägt naive Züge, liegt nahe esoterischer Verblendung.

---

1 Siehe oben Rn. 20 ff.
2 Siehe unten Rn. 45 ff.
3 Siehe unten Rn. 28 ff.
4 Siehe unten Rn. 189 ff.
5 Siehe hierzu z. B. unten Rn. 189 ff.
6 Siehe unten Rn. 122 ff.

Die 12 Apostel und der Verwaltungsrat

7. Zwölf Apostel als Stabsstellenersatz

28   Man nehme die Formel

>   Kompetenzkatalog des Verwaltungsrats[1]
> + Aufgabenkonvolut des Geschäftsführerhandbuchs[2]
> + Aufaddierte Programmpunkte aus laufenden Geschäftsführersit-
>   zungen
> = **Eigenverantwortliche Restkompetenz für die Geschäftsführer**

Das Ergebnis tendiert gegen Null. Eine Restkompetenz ist nicht vorhanden. Die Stellenbeschreibung des Geschäftsführers ist, soweit es eigenverantwortliche Entscheidungsbefugnisse im Sinne des firmenseits auserkorenen Führungsprinzips nach dem „Harzburger Model"[3] betrifft, eine veritable Täuschung des Stelleninhabers, eine grandiose inhaltliche Fehldarstellung. Das gilt für sämtliche in ihr behandelten Bereiche wie

► des Ziels der Stelle,

► der Aufgaben der Verwaltung, des Verkaufs, der Verkaufsstellenanmietung, des Lagers und Fuhrparks, des Einkaufs sowie „sonstiger Einzelaufgaben".

Alles ist dem Stelleninhaber durch übergeordnete Kompetenzen des Verwaltungsrats,[4] eine entsprechende Regelung im Geschäftsführer-Handbuch oder eine Beschlussfassung der Geschäftsführersitzungen mit Anweisungscharakter verbindlich vorgegeben.

Geschäftsführer-Marionetten

29   Der regionale Niederlassungsleiter, Nominalgeschäftsführer seiner eigenen GmbH,[5] ist bloßes Aus- und Durchführungsorgan. Das ist im Sinne der Allmacht des Verwaltungsrats gewollt, in der Stellenbeschreibung des Regionalgeschäftsführers allerdings nicht wahrheitsgetreu verankert.

Die regionalen Geschäftsführer, seinerzeit in den 70ern nach den zwölf Niederlassungen Berlin Nord, Berlin Süd, Essen, Greven, Herten, Münden, Nortorf, Radevormwald, Seevetal, Sievershausen, Schloss Holte und Weye beziehungs-

---

1 Siehe oben Rn. 25 ff.
2 Siehe unten Rn. 45 ff.
3 Siehe oben Rn. 25 ff.
4 Siehe unten Rn. 45 ff.
5 Siehe unten Rn. 20 ff.

reich die „zwölf Apostel" genannt, bezeichneten sich, hörte der Verwaltungsrat nicht hin, selbst offenherzig als „Marionetten"; waren sich ihrer Bedeutung
des Abnickens dessen bewusst, was der Verwaltungsrat vorab entschied. Sie
durchschauten die stilvoll aufpolierten falschen Inhalte ihrer Stellenbeschreibungen, glossierten deren entkernte Fassaden, erlebten ständig in den Geschäftsführersitzungen die subalterne Kräfteverteilung zum dirigistischen Verwaltungsrat; es blühte der Flachs zu ihrer „leitenden" Position.[1] Sie waren
schon als Werkzeug bei der Flucht ALDIs vor der Publizität instrumentalisiert
worden.[2] Aus ihrer – zu meiner Zeit unverzichtbaren – Schulung in Bad Harzburg wussten sie, dass Delegation von Eigenverantwortung Pluralität von Ent-
scheidungsträgern bedeutet, verteilt auf autonome Ebenen; nicht ein abge-
stuftes Durchführungssystem von Vorgaben einer oberen Instanz, bei ALDI der
omnipotente Verwaltungsrat.[3]

Wie wenig autonom die Position des regionalen Geschäftsführers ausgestattet
ist, ergab ein Vergleich des Wortlauts der Stellenbeschreibung in der Fassung
der 70er Jahre mit der gelebten Wirklichkeit.

---

1 Siehe den Beitrag des Autors „Leitend, aber noch nicht leitend" in management heute 6/76
S. 23.
2 Siehe oben Rn. 20 ff.
3 Siehe oben Rn. 25 ff.

Stellenbeschreibung für den Geschäftsführer I/76

I. Stellenbezeichnung

Geschäftsführer

II. Überstellung

Dem Stelleninhaber sind unterstellt:

Personal- und Verwaltungsleiter, Verkaufsleiter, Einkäufer,
Leiter des Zentrallagers, Leiter von Nebenbetrieben,
der Innenrevisor und seine Sekretärin.

III. Ziel der Stelle

Festigung und Ausbau der Marktposition; Erwirtschaftung des geplanten
Gewinns; Sicherung des Konkurrenzvorsprungs durch extreme Anwendung
des Wirtschaftlichkeitsprinzips in allen Bereichen des Unternehmens.

V. Aufgabenbereich

1. Der Stelleninhaber nimmt unter Beachtung der Gesellschaftsverträge
folgende Aufgaben selbst wahr:

A. Im Bereich der kaufm. Verwaltung und des Personalwesens:

   1. Er stellt ein und entläßt leitende Angestellte und Lageristen.

   2. Er bestimmt den Inhalt der Zeugnisse für den Kreis der vorher
   aufgeführten Mitarbeiter.

E. Im Bereich des Einkaufs

   1. Er entscheidet zusammen mit den Geschäftsführern der anderen
   Aldi-Gesellschaften über Aufnahme und Streichung von Artikeln
   sowie über Festsetzung und Änderung von Verkaufspreisen.

   2. Er entscheidet über Aufnahme und Streichung von Artikeln des
   Zusatzsortimentes sowie über Festsetzung und Änderung der
   Verkaufspreise bei diesen Artikeln. (Der Einkauf dieser Ar-
   tikel wird ebenfalls von der Einkauf oHG vorgenommen).

   4. Er entscheidet über den Abschluß von Wartungsverträgen.

VI. Befugnisse

   1. Der Stelleninhaber kann den Firmenwagen auch für Privatreisen
   kostenlos benutzen.

   2. Der Stelleninhaber ist an eine bestimmte Geschäftszeit nicht
   gebunden.

Geschäftsführervertrag – Fehlanzeige

Der Text der Stellenbeschreibung hebt vielsagend an: Der Geschäftsführer [30] nimmt seine Aufgaben – Ziffer V.A. bis F.– „unter Beachtung der Gesellschaftsverträge" wahr; nicht etwa eines Geschäftsführervertrags. Einen solchen gibt es nämlich nicht. Bezogene Gesellschafterverträge sind die zur GmbH und KG.[1] Über allem steht der Zustimmungs- und Vorbehaltskatalog des Verwaltungsrates als „letzter oberer Instanz".[2] Sodann bestehen die Einzelvorgaben des Geschäftsführer-Handbuchs.[3] Nächstes Lenkungsinstrument sind die aktuellen Beschlüsse der Geschäftsführersitzungen. Zum guten Schluss kommen die allgemeinverbindlichen Planungsvorgaben des Verwaltungsrats hinzu, die stichpunktartig festlegen, was der regionale Geschäftsführer

► täglich,

► wöchentlich,

► mehrwöchentlich,

► monatlich,

► mehrmonatlich,

► vierteljährlich,

► halbjährlich sowie

► jährlich

zu tun hat; themenmäßig fein sortiert, was die uniforme Gleichschaltung eines jeden regionalen Geschäftsführers mit dem unternehmensweit geltenden Aufgabenschema zementiert.

---

1 Siehe oben Rn. 20 ff.
2 Siehe unten Rn. 45 ff.
3 Siehe unten Rn. 39 ff.

<u>täglich</u>   <u>ab 1. 10. 1976</u>

<u>VK</u>	<u>EK</u>	<u>Vw</u>	<u>Lager</u>	<u>OA</u>
	Fehlmeldungen	Post	Eingangskontr.	
	Proben	Tagesmeldungen		

<u>allgemein, aber nicht täglich</u>

<u>VK</u>	<u>EK</u>	<u>Vw</u>	<u>Lager</u>	<u>OA</u>
Plakatplan	Preisvergleiche	RS	Pausenplan	Aktionen
(neu, billiger,	Qualitätsvergl.	Tagesmeldungen		schlechter Objekte
wieder einge-				
troffen, Serie,				
Test, Diebstahl				
Qualität				

<u>wöchentlich</u>

<u>VK</u>	<u>EK</u>	<u>Vw</u>	<u>Lager</u>	<u>OA</u>
	Preise (Obst,	Statistik	WE-Belege	
	Eier, Kart.)	(Wochenumsatz)		

<u>mehrmonatlich</u>

<u>VK</u>	<u>EK</u>	<u>Vw</u>	<u>Lager</u>	<u>OA</u>
Besuchsberichte	Artikelanalysen	Warenzugangs-		
Inventuren	Boni-Abr.	anteile		
Sonderaktionen				
Direktliefer.				
(allg.Prüfung)				
Beurteilungen				
(Eintritt,				
Einarbeitung),				
alle Bereiche				

<u>vierteljährlich</u>

<u>VK</u>	<u>EK</u>	<u>Vw</u>	<u>Lager</u>	<u>OA</u>
Prämie	Prämie	Prämie	Prämie	
FL-Besprechg.		Arbeitssicherh.		
Zielläden				

- 3 -

<u>jährlich</u>

<u>VK</u>	<u>EK</u>	<u>Vw</u>	<u>Lager</u>	<u>GA</u>
		Jahrestatistik	Jahresinventur	Entscheidungsvorlage
		qm-Mieten		(Verlängerung,
		an ALDI KG's		Auslaufen,
				Umbau)
				qm-Mieten

```
Arbeitsplatzüberprüfung  (alle Bereiche)
Gehaltserhöhungen        ("    "    )
Erfolgskontrolle         ("    "    )
Jahresvorgaben           ("    "    )
Investitionen            ("    "    )
Kosteneinsparungen       ("    "    )
Leistungskontrolle       ("    "    )
Renovierungen            ("    "    )
Umbau                    ("    "    )
Wartungsverträge         ("    "    )
```

Die Wirklichkeit der „leitenden" Funktion ist ernüchternd und steht in krassem Gegensatz zum schönen Schein der führungsmäßige Eigenständigkeit suggerierenden Formulierungen in der Stellenbeschreibung; sie spricht dem hehren Prinzip des Harzburger Modells Hohn.

Durchgriffsstrukturen auch auf untere Hierarchieebenen

Unterhalb der Geschäftsführer-Ebene funktioniert diese Durchgriffsstruktur gleichermaßen. In sämtliche den Geschäftsführersitzungen nachfolgenden Besprechungen in der Linie und den Abteilungen – nämlich Verkaufsleiter-, große und kleine Bezirksleiter-, Filialliefersitzungen, Besprechungen mit dem Leiter von Lager und Fuhrpark, der Anmietung, Personal- und Verwaltung sowie des Einkaufs – werden die Vorgaben des Verwaltungsrates bzw. der Geschäftsführerbeschlüsse als Richtschnur des Handelns eingespeist. Ein unerbittlicher und perfekt abgestufter Durchführungsapparat, rigoros dienstaufsichtsgesteuert.[1]   31

Resümee: Der systemimmanente Erfolg von ALDI ist die durchdachte Instrumentalisierung der regionalen Geschäftsführer als verlängerter Arm des Verwaltungsrats, uniform fremdbestimmt via

► Geschäftsführersitzungen zur kollektiven Kenntnisnahme der von „oben" vorgefertigten Entscheidungen und Ausführungsvorgaben,

---

1 Siehe unten Rn. 189 ff.

► Geschäftsführerhandbuch als verbindlichem Brevier zur Anleitung sowie

► regelmäßiger Kontrolle dieses Durchgriffsschemas.

Diese Handhabung erspart dem Unternehmen Kompetenzrangeleien in der Linie und den Horizontalbereichen. Das oligarchische System als Erfolgsgarant, ein durchaus gängiges Führungsschema. Sein bemerkenswerter Erfolg gibt ALDI recht. Ethisch angreifbar ist allenfalls, den Geschäftsführern und anderen „Leitenden" in ihren Alibi-Stellenbeschreibungen maßgebliche eigenverantwortliche Kompetenzen zuzuschreiben, besser gesagt vorzugaukeln. Das erträgt sich mit Zähnfletschen oder Humor; oder man zieht persönliche Konsequenzen, wie die Aderlasse im Management bei ALDI Nord gezeigt haben.

Zarte Restsüße von Eigenständigkeit

32 Was in meiner Zeit bei ALDI in den 70ern verblieb, war eine zarte Restsüße von Eigenständigkeit. Die regionalen Geschäftsführer versahen quasi Stabsstellenfunktionen. Die intelligente Unternehmensstruktur von ALDI ermöglichte es, den regionalen Geschäftsführern für enumerative Einzelbereiche Stabsstellenaufgaben zuzuweisen; entweder auf Dauer, wie in den Bereichen „Recht", „Werbung/Produktinformation", „Arbeitssicherheit" usw. oder in Einzelfällen etwa zu den Themen

► Kostensenkung LKW- und PKW-Reparaturen,

► Innovation Ladeneinrichtung,

► Überarbeitung der Verträge und Stellenbeschreibungen,

► Modernisierung des Kassensystems,

► Intensivierung der Transportleistungen im Lager oder

► verstärkte Mitarbeiterfortbildung, Fehlerminderungen betriebsübergreifend etc.

Wertanalysen

innerbetrieblicher Transport

Investitionsentscheidungen

Kostensenkung

Recht A - F

Abgabe von Alkohol an Kinder und Jugendliche

Alkoholverbot in Arbeitsverträgen

Arbeitnehmerhaftung

Arbeitsförderungsmaßnahmen (Sonderprogramm)

Arbeitsrecht

Recht G - Z

Gehaltsfragen - Verträge

Gerichtsstandsvereinbarung

Trickdiebstahl
unverbindliche Preisempfehlung
Urlaub

UWG

Vertragsänderungen

Weihnachtsgeld

Wirtschaftsausschuß

Zeugnis - Recht

Zugabeverordnung

Einzelne Aufgaben, die organisatorisch und kostenmäßig für das gesamte Unternehmen relevant sein können, wurden Niederlassung zur Prüfung zugewiesen. Dann bearbeitete der beauftragte Regionalgeschäftsführer das Thema; allein oder mit einem Stab von Mitarbeitern seiner Niederlassung, die er aussucht. Er bestimmt die Mittel, Maßnahmen und Methoden. Das Zeitziel gab der Verwaltungsrat vor. Der fragliche Geschäftsführer – um einige der Beispiele aufzugreifen –

► ließ zum Punkt Intensivierung der Transportleistungen im Lager Versuche mit Hubgeräten anstellen, um statt zwei Paletten deren drei zu befördern;

► legte rechtlich überarbeitete Änderungsentwürfe zu Mitarbeiterverträgen und Stellenbeschreibungen vor,

► nahm für Mitarbeiterschulungen neue interne oder externe Lehrprogramme unter die Lupe,

► machte zur allgemeinen Fehlerminimierung umfassende Mitarbeiterbefragungen.

Die Ergebnisse dieser Aktivitäten wurden dem Verwaltungsrat mit einer Erläuterung zu den organisatorischen und/oder kostenrelevanten Aspekten vorgelegt. Sah der Verwaltungsrat das Thema als ausreichend bearbeitet und die Erkenntnisse als umsetzungsreif an, setzte er sie auf das Tagesordnungsprogramm einer der nächsten Gesellschaftersitzung – zur allgemeinen Erörterung in Rahmen des Gremiums. Er entschied dennoch allein, sofern – die Regel – er sein Votum nicht zur fraglichen Sitzung parat hielt. Die Entscheidung durch die Geschäftsführerrunde bildete die Ausnahme, besaß zumeist nur akklamativen Charakter. Die regionalen Geschäftsführer finden sich mit der Rolle der Claqueure ab; kreative Stummheit führwahr.

Organisationsmodell benötigt keine strukturellen Stabsstellen

33 Diese Methode macht Personal- und Sachkosten verursachende Stabsstellen entbehrlich; die regionalen Geschäftsführer, ohnehin auf der Gehaltsliste, fungieren appendixartig für einen festen Aufgabenkreis oder einzelfallbezogen als Zuarbeiter für den Verwaltungsrat; eben im Stil verkappter Stabsstellen. Der Verwaltungsrat erhält durch sie in der Geschäftsführersitzung Feedback für seine Entscheidungen. Er schlägt klugerweise gleich sechs Fliegen mit einer Klappe, wenn er den Geschäftsführerkorpus wie beschrieben nutzt:

► Die Organisationsstruktur des Unternehmens bleibt signifikant flach.

► Es ergeben sich dadurch maßgebliche Kosteneinsparungen.

► Der Verwaltungsrat erhält eine sachkundige Beratungshilfe.

► Die regionalen Geschäftsführer werden, eine lediglich optische Aufwertung ihrer Position, in Entscheidungsprozesse „eingebunden".

► Alle Führungsebenen werden direkt horizontal und vertikal informiert.

► Querdenker oder Individualisten bleiben in der mehrheitlich dem Verwaltungsrat zugetanen Runde neutralisiert, gesinnungsabweichlerische Allianzen an Ort und Stelle aufgespürt und ausgehebelt, Widerspenstigkeiten coram publicum gezähmt, lästige Experimentier- und Veränderungsansätze abgeblockt, kurz und knapp: Systemaufweichung verhindert.

Genial einfach und effizient in Struktur und Durchführung; Alleinherrschaft des Verwaltungsrats. Er hat das erste und das letzte Wort. Die Geschäftsführersitzungen als Spiegelkabinett des Verwaltungsrats, ein Hauch von Regietheater mit den regionalen Gesellschaftern als Komparsen, als beliebig verschiebbare Bauern auf dem Firmenschachbrett.

Lediglich die beschriebene „Stabsstellenarbeit" bietet dem Geschäftsführer die einzig nennenswerte Chance für ein wenig Eigenständigkeit und Kreativität; weg von bloßer Aufgabendurchführung, stupidem Nachlesen in der Geschäftsführerfibel, anweisungskonformem Ausführen, Unbehaglichkeit stiftendem Abhaken, verbunden mit der Hoffnung auf gute Kontrollergebnisse durch den Verwaltungsrat.[1]

Wie war das noch mit den lauteren Ideen des Harzburger Modells?[2]

---

1 Siehe unten Rn. 189 ff.
2 Zum Harzburger Modell siehe oben Rn. 25 ff.

8. Mustermitarbeiter – Charme der Einfachheit

34　ALDI stellte immer besondere Anforderungen an die Spezies „Mitarbeiter"; richtet seine Personalplanung und -suche darauf ein. Überzeichnet manchmal, agiert aber mit klaren Vorstellungen. Man will ein firmenumspannendes „Wir-Gefühl" kreieren; in Richtung Uniformität sowie umfassender Synchronität auf allen Ebenen. Ich meine nicht ALDI-Embleme auf dem Hemdkragen, ALDI-Firmenschlipse oder andere allgemein gebräuchliche Intarsien der Unternehmensidentität. Äußerlichkeiten zählen nicht; man schaue zum Beweis auf die blasse Kluft des Verkaufsstellenpersonals mit dem unscheinbaren ALDI-Label. Es geht um „innere" Merkmale.

Vorstellungsgespräche sind aus diesem Grund exzessiv angelegt, manchmal über mehrere Sitzungen, um die charakterlichen und sozialen Hintergründe der Kandidaten auszuloten. Personalvermittlungen kommen nicht zum Zug; schon aus Kostengründen der sparsamen ALDI-Regeln wegen. Anzeigen sind das Äußerste; gediegen stellenorientiert verfasst. Einstellungen besorgen eigenhändig und selbstverantwortlich die nach der jeweiligen Stellenbeschreibung zuständigen Vorgesetzten. Auf sie fiele eine missglückte Wahl z. B. bei einer prämiengebundenen Stelle mit Auswirkungen auf die höhere Ebene zurück.[1] Zudem schlagen nutzlos aufgewandte Einarbeitungskosten als Zusatzbelastung zu Buche; das ist betriebswirtschaftliches Allgemeinwissen, nicht ALDI-typisch.

Das ALDIaner-Stellenprofil

35　Die Anforderungsprofile der Stellen variieren naturgemäß. Doch für den goldenen (Zu-)Schnitt der Stellenbewerber haben sich feste Vorstellungen zu Charakteristika entwickelt, die nur wenige Nuancen zulassen. Wesentliche Merkmale sind, gleich ob für weibliche und männliche Mitarbeiter:

▶ unauffällig und zurückhaltend in Auftreten und Umgangsformen,

▶ schlicht und gediegen in Tuch, Zwirn und übrigem Outfit,

▶ mit möglichst bodenständiger Herkunft und lokaler sozialer Verwurzelung,

▶ geordnete und stabile Familienverhältnisse möglichst traditionellen Zuschnitts, wertekonservativ,

▶ Normalität in jeder Hinsicht als Lebensprinzip, ohne jede Extravaganzen,

---

1 Siehe unten Rn. 72 ff.

► Sparsamkeit als Lebensprinzip von Hause aus oder aus Überzeugung,

► Pflichtbewusstsein, Ernsthaftigkeit, Gründlichkeit, Verlässlichkeit, Standhaftigkeit, Ehrlichkeit, Prinzipientreue für das Unternehmen.

Karl und Theo Albrecht lassen grüßen, Blaupause ihrer persönlichen Wertmaßstäbe und moralischen Unternehmensgrundsätze; unverwechselbar, konsequent, glaubwürdig.[1]

Weitere unverzichtbare Prämissen an den Mustermitarbeiter sind:

► fachliche Kompetenz,

► in Führungsaufgaben führungsbereit und -stark,

► kontinuierlich fortbildungs- und verbesserungsgestimmt,

► für die eigenen Aufgabeninhalte nach der Stellenbeschreibung Durchsetzungsvermögen und Kommunikationsgeschick,

► Intensivierungsgestimmtheit im Tagesgeschäft,

► fehlzeitenresistent.

„Sonderkodex" für leitende Mitarbeiter

Für leitende Mitarbeiter mit Nutzung von Firmenfahrzeugen und Reisetätigkeit sieht das Bescheidenheitsprogramm vor: 36

► Mittel- bis unterklassiges Wagenmodell, keine Hochglanzlackierung, keine verzichtbaren Extras,

► Reise in Zug oder Flugzeug, außer in genehmigten Sonderfällen, zweite Klasse,

► Hotel mittlerer Sterne-Kategorie,

► keine dienstlichen Einladungen von ALDI-Geschäftspartnern, Bewirtungsspesen untersagt,

► keine Besuche von Unternehmen, Lieferanten und Produzenten außer zu besonderen Anlässen von Qualitäts- oder Mengenprüfungen.[2]

Im Übrigen wünschenswert:

► dezente private Wohnlage,

► privater Lebensstil ohne Extravaganzen oder soziale Auffälligkeiten.

---

1 Siehe oben Rn. 12 ff.
2 Siehe unten Rn. 149 ff.

Das schloss den Auftritt als Funkenmariechen oder Prinz im Karnevalsumzug grundsätzlich nicht aus; die Frage ist aber, ob solcherart gestrickte Frohnaturen bei ALDI die Hürden des Vorstellungsmarathons schafften.

Von höheren Chargen erwartet ALDI, dass man sich einer gewissen ALDI-Leidenschaft befleißigt und diese Verfassung glaubwürdig zum Ausdruck bringt. Kenner der Szene könnten ergänzen, dass eine gewisse Leidensfähigkeit, gepaart mit Gelassenheit hilft, dem Anforderungsprofil in diesem Punkt zu entsprechen. ALDIs einfaches Firmenpersonalraster machte es zu meiner Zeit Wachsamen jedenfalls einfach: Unerwartetes, Unerquickliches oder Missliches, was auch immer Aufmerksamkeit Forderndes, kam grundsätzlich nur aus Richtung des Olymp, des omnipräsenten Verwaltungsrats; Hiebe von der Seite gab es nicht. Der Verwaltungsrat war unberechenbar. Ihn trieb das Firmenwohl um, wenn er sich voyeurhafter Aufwartungen bediente, um seine dienstlich begründete Neugier mit beliebigen „Durchgriffskontrollen" in Niederlassungsverwaltungen und an der Verkaufsfront zu befriedigen.[1] Willkürliche Superkontrolle – auch als Spontanaktion – quer über alle normierten Aufsichtsraster hinweg; zentrale Kontrolle der dezentralen Kontrollorgane periodisch oder unangemeldet. Diese systemische „Spezialität" der Unternehmenskontrollkultur hatte aber auch einen Vorteil: Sie vereinfachte und harmonisierte horizontal und vertikal die Ausrichtung von Ohren und Blickrichtung der regionalen Führungspersonen auf den Verwaltungsrat, filterte alle Anweisungen unter der Prämisse möglicher Visiten von V2 oder V3.[2]

Das Rollenbild von Theo Albrecht

37   Der Theo Albrecht gemachte Vorhalt, er sei generell misstrauisch gewesen, trifft in dieser Strenge nicht zu. „Misstrauen" ist abwertend. Gesunde Skepsis war seine Verfassung; Grundvertrauen war vorhanden. Seine generelle Gefühlslage verlangte, unaufhörlich das Erreichte kritisch zu hinterfragen; traditionskritisch mit kalkulierter Vorsicht. Wohl wegen seines Werdegangs war ihm wenig auf Anhieb geheuer. Der gewaltige Firmenapparat, seine mit dem Bruder geschriebene turmhohe Erfolgsgeschichte lastete, mochte man im ansehen, bis zum Limit auf ihm. Ihn plagte, so schien es manchmal, latente Sorge, dass alles implodiere, weil irgendwo im Gebälk ein Zargen nicht richtig saß

---

1 Siehe unten Rn. 189 ff.
2 Siehe zu den Bezeichnungen V1 und V2 oben Rn. 25 ff.

oder höhere Gewalt den Lauf der Dinge im Sinne eines Dominoeffektes negativ beeinflussen könnte.[1]

Wer viel mit Theo Albrecht zu tun hatte, merkte, dass er in allem wirkungs- und tugendfanatisch war, bisweilen auch heftig moralisierend. Seine Gedanken kreisten gern um Kostenüberschreitungen, Gleichgültigkeit im Sparen, Laschheit in der Arbeitsauffassung und klammheimliche Gebotsübertritte im eigenen Betrieb. Er witterte Unlauterkeiten des Wettbewerbs, Bosheiten der zunehmenden Zahl der Nachahmer;[2] diese Fokussierung speiste sich aus seinem Antrieb, Aufgebautes nicht nur zu bewahren, sondern stetig weiter zu entwickeln und gegen Plagiate im Wettbewerb mit allen zur Verfügung stehenden Mitteln zu schützen. Man musste auf der Hut sein, nicht in die Fänge seiner ungebremsten Vorliebe für Intensivierungsstimmung zu geraten. Da war er ganz Eiferer.

Seiner Weltanschauung hätte man eine Prise Unbeschwertheit gewünscht, etwas weg vom Röntgenblick der rentablen Sachlichkeit. Man sah ihn nie herzhaft und befreit lachen, nur zurückhaltend lächeln; in allem vernunft- und renditegesteuert, als mache er permanent Inventur. Daher war eine wesentliche Richtschnur seiner unternehmerischen Sensorik – für ihn als oberste moralische Instanz – Kontrolle und Aufsicht, Kostenkontrolle an erster Stelle; unnachsichtig in seinem Kampf gegen Überflüssiges, gegen Verschwendung und deren Verursacher, denen er kurz und knapp die Leviten las, ertappte er sie.

Theo Albrecht als Naturkundler und Kalorienwarner

Grenzwertig war, was er gelegentlich überspitzt in Sorge um das Firmenwohl in einer Stimmung penibler Kontrollverfasstheit thematisierte. Die Anekdotenlese ist originell, erheiternd bis grotesk. So befand er – eine Kostprobe –, Firmengelände der Niederlassungen durch jeweils nur einen einzelnen Hund bewachen zu lassen; deren zwei würden, so seine lehrreichen tierkundlichen Ausführungen, einander ablenken und nicht die notwendige Wachsamkeit walten lassen. Rührseliges Hundeschicksal bei ALDI-Nord! Niemand in der Geschäftsführerrunde widersprach, niemand räusperte sich wenigstens ob solcher naturkundlicher Pikanterie zum Herdentier Hund; einige zuckten lediglich mit den Achseln. Theo Albrecht hatte entschieden, was keinem eine Chance ließ, es anders zu beurteilen. Wachhunde waren im Übrigen Sache des lokalen Geschäftsführers in der Niederlassung. Management by Kompetenzeingriff.

38

---

1 Siehe unten Rn. 145 ff.
2 Siehe oben Rn. 16 ff.

Eine weitere Begebenheit, diesmal inbrünstiger Sparsignale: Besorgt um das leibliche Wohl seiner Mitarbeiterschaft passierte es, dass er mir als seinem Gegenüber anlässlich einer Geschäftsführertagung beim Frühstück die Kalorienanzahl vorrechnete, die ein frisches Brötchen mit Butter und Honig hat. Seinen fundamentalistischen Eifer zu Selbstbescheidung und Sparsamkeit konnte er auf jedes ihm wichtig erscheinende Thema konzentrieren, aus dem Stand und heiterem Himmel heraus. Rechnerisch stimmte seine scherzhaft-ernste Kalorien-Lehrstunde. Ob es seinem Gegenüber bei dem Ratschlag zum Maßhalten durch Theo Albrecht, alles andere als ein bekennender Gourmet und nie beim Gaumenschmaus beobachtet, Appetit, Lebensfreude und Arbeitslust verschlug, wird nicht verraten.

Derlei patriarchalische Attitüden ertrug man am besten mit Langmut und Humor. Theo Albrecht meinte es gut; war verbal nie verletzend oder redete mit spitzer Zunge. Zeigte indes gern Präsenz und konnte wie ein misslauniger „pater familiae" granteln und quengeln, wenn es um Einsparung und Maßhalten ging, egal wo – auch beim morgendlichen kalorienschwangeren Honigbrötchen. Der Mustermitarbeiter also auch noch rank und schlank. Fastenakrobaten herhören!

Begegnet jemand einem Menschen, der ständig mit Bedacht überflüssiges Licht ausschaltet, jede Büroklammer aufhebt, kein DIN A4- oder A5-Couvert wegwirft, Seiten auch von hinten beschreibt, Restpapier als Schmierpapier nutzt, jede Klarsichthülle zur Wiederverwendung aus Akten aussortiert, Heftstreifen aus abzulegenden Vorgängen herausnimmt, Bleistifte vielleicht gar von zwei Seiten anspitzt, den Handwerkern die Anfahrtkilometer streicht, statt die Zentralheizung anzustellen mit einem Heizstrahler zu Füßen am Schreibtisch sitzt, seinen Tagesproviant an Essen mit sich herumträgt, der ist verdächtig, ein ALDIaner zu sein – oder mit ihnen seelenverwandt.

Der Nachwuchs macht sich auf den Weg

9. Homo aldiensis – Geschäftsführernachwuchs

39   In seinen Anfängen war ALDI in der Lage, den Führungsnachwuchs aus den eigenen Reihen zu rekrutieren; eine sinnvolle und erfolgreiche Vorgehensweise. Wer „den eigenen Laden richtig kennt" und den passenden „Stallgeruch" hat, besitzt angestammte Vorteile gegenüber Quereinsteigern. Die Biographien früherer und aktueller Geschäftsführer von ALDI weisen diesen Weg „aus der Tiefe des Unternehmens" auf; ehemalige Personal- und Verwaltungsleiter, Verkaufsleiter, Bezirksleiter, selbst Filialleiter schafften es als Eigengewächse nach oben, sofern sie den Anforderungen an den Mustermitarbeiter und den emotionalen Beziehungen zum Unternehmen nach Auffassung des Verwaltungsrats gerecht wurden.[1] V2-Zöglinge[2] waren auf der Karriereleiter im Vorteil.

Führungskräfte „aus hauseigenem Anbau"

40   Das Warenumschlagssystem von ALDI mit seinen durchgängig schematisierten, mit wenig unternehmerischer Fantasie gewürzten Discount-Abläufen erfordert erfahrene Praktiker; es wird nicht vorrangig Kopfarbeit am Schreibtisch verlangt. Die Wertschöpfung der Arbeit liegt im Verkauf. Wer in der Tradition des Handels aufwuchs, von der Pike auf in einem Lebensmittelbetrieb groß wurde, bringt optimale Voraussetzungen mit. Handwerkliche Begabung ist hilfreich, dazu ein klares Verständnis für die Vorgaben zur Umsetzung des Discount-Prinzips. Die Karrieren von Hübner und Wiesemann[3] sind beste Beispiele für die Erfüllung dieser Erfolgsprämissen; es kam bei beiden darauf an, die inneren Blutkreisläufe von ALDI bestens zu kennen und streng zentralistisch zu managen; zudem mit Theo Albrecht in ständiger gedanklicher Einheit zu sein. Empirische Wissenschaft hätte bei der Persönlichkeitsstrukur des Inhabers als purem Praktiker den Blick für die Umsetzung der Erfolgsfaktoren des Unternehmens verstellt.

Die Ochsentour der Kandidaten

41   Vor der Inthronisation muss jeder Kandidat für eine leitende Stelle die übliche Ochsentour der Einarbeitung durchlaufen; auch der Geschäftsführer, gleich ob

---

1   Siehe oben Rn. 34 ff.
2   Siehe oben Rn. 25 ff.
3   Siehe unten Rn. 182 ff.

von innen aufsteigend oder von außen kommend. Es geht durch alle Bereiche, ausführlichst über viele Monate steht der gesamte Geschäftsablauf in der Zentrale, in einer regionalen Niederlassung sowie im Verkaufstellenbereich auf der Agenda: von der Produktwahl bis zum Einkaufsgespräch, von der Preisfindung bis zur Mengendisposition, von der Anlieferung bis zur Disponierung im Zentrallager, von der Sortimentskenntnis bis zur Warenplatzierung in der Verkaufsstelle. Es gilt zu wissen, was die Verwaltungsabteilung tut, der Regionaleinkäufer betreut und wie der strategisch hochwichtige Anmieter, verantwortlich für die fünfte Unternehmensdimension,[1] neue attraktive Standorte kreiert; auch sind der Verkaufsleiter, der Bezirksleiter und der Innenrevisor zu begleiten, um deren Arbeits- und Kontrollprogramme kennenzulernen. Die Kernausbildung umfasst allerdings eine monatelange Einarbeitung in einer Verkaufsstelle. Wo das Herz von ALDI schlägt: der tagtäglich massenhafte schnelle, einfache und fehlartikelfreie Umschlag der Ware in die Einkaufstasche der Kunden; mit geradezu teilchenbeschleunigtem Geldzufluss.

Führungsnachwuchs vom externen Personalmarkt

Auf Dauer ließ sich bei dem rasanten Wachstum des Unternehmens und den 42
damit erforderlichen Korpusteilungen[2] das Prinzip der Rekrutierung des Nachwuchses aus den eigenen Reihen nicht aufrechterhalten So viel qualifizierter Nachwuchs „Marke Eigenbau", so viel Jungspunde für höhere Leitungspositionen gab es nicht. Also musste man auf den allgemeinen Personalmarkt gehen, um sich für den Wettbewerb zu rüsten. ALDI tat dies mit wechselndem Erfolg. „Implantate" fügten sich – anders als bei Rückgriff auf hauseigene Ressourcen – nicht immer harmonisch in den bestehenden ALDI-Organismus ein, vor allem auf Geschäftsführerebene.

Die erste ernüchternde Erfahrung für Neuankömmlinge war zumeist die Erkenntnis, dass sie mit einer überzuckerten Stellenbeschreibung gelockt worden waren.[3] Wegen der vorgestanzten Basta-Geschäftsleitung durch den Verwaltungsrat[4] verspürte mancher Neu-Geschäftsführer alsbald unterfordernden Leerlauf, sofern er kreativ verfasst und bei seinem alten Arbeitgeber in emanzipierter leitender Position tätig gewesen war. Für die Profilierung der aus dem eigenen Unternehmen in Führungspositionen nachgewachsenen Führungslichter spielte der dirigistische Führungsstil des Verwaltungsrats kei-

---

1 Siehe oben Rn. 1 ff.
2 Siehe oben Rn. 20 ff.
3 Zur Stellenbeschreibung der Geschäftsführer siehe oben Rn. 28 ff.
4 Siehe oben Rn. 25 ff. und unten Rn. 45 ff.

ne ausschlaggebende Rolle; das nachhaltige Erfolgserlebnis des internen Aufstiegs und das Glücksgefühl, es bis oben geschafft zu haben, dominierten. Die Untiefen eigener Entscheidungsrechte, die den Arbeitsalltag dominierende Pflichtaufgabenwahrnehmung und das systembedingt damit verbundene Passivmanagement – das alles war ihnen bekannt. Eigengewächse waren pflegeleicht zu formatieren, weil durch und durch ALDI-geprägt.

Geschäftsführerposition – Akademikerstatus entbehrlich

43   Die Rekrutierungen neuer Geschäftsführer am Personalmarkt wurde durch ein objektives Moment erschwert: Es fehlte ALDI Nord an Erfahrung und selbstkritischer Feinfühligkeit für eine zutreffende Definition der qualitativen Anforderungen an seine Führungsspitzen; ein psychologisches Manko mit Auswirkung auf die Homogenität der stetig anwachsenden Geschäftsführerrunde. ALDI überbewertete das Anforderungsprofil eines regionalen Geschäftsführers mangels selbstkritischer Stellenanalyse. Auf diese Stellen passten keine „studierten Leute", gar Diplom-Volkswirte oder Diplom-Kaufleute. Wie überhaupt auf keiner Stufe der ALDI-Hierarchie Mitarbeiter mit wirtschaftstheoretischen Fähigkeiten und Erfahrungen notwendig waren oder sind. Selbst der Verwaltungsrat bedarf für seine Kernarbeit, die Unternehmensplanung sowie das Kontroll- und Verbesserungsmanagement, keiner akademisch untermauerten Kunstfertigkeiten. Eingehende Praxiserfahrung plus geschulter Branchenblick, das reicht für die Discountregeln vollkommen aus.

Das Prinzip des „Weniger ist mehr" spiegelt sich schon im Dresscode wieder, der in wesentlichen Details den ALDI-Brüdern gemäß war: adrettes Äußeres, keine Manschettenknöpfe, keine Modellaktentasche, Mittelklassegefährt, kein intellektueller Anstrich. Die ALDI-Sprache ist einfach, direkt und alltagsverständlich; frei von modischem Unternehmensvokabular oder neoklassischen Wortschöpfungen, Fremdwörtern und systemthematischen Begriffsabstraktionen, wie sie in jedem modernen Lehrbuch der Betriebswirtschaft zuhauf angeboten werden. Einfaches und klares Kaufmannsdeutsch genügt bei ALDI-Deutschland. Vokabeln wie Merchandising, Retail, Win-Win, Sozioökonomie, Scoring, Hedge, Take over, Wachstumstheorie, New Economy kommen nicht vor, sind verpönt. Sie passen nicht zu den fünf Grunddimensionen des Unternehmens.[1]

---

1 Siehe oben Rn. 1 ff.

Auch marketingtechnisch ist das Wissensprofil für regionale Geschäftsführer eher eindimensional ausgelegt. Die Warenkennzeichnung erfolgt ausschließlich in deutscher Sprache. Etikettenschwindel, kosmetische Werbeslogans oder Gags in fremder Sprache entsprechen nicht dem Wertekanon von ALDI; verbale Verkaufstricks werden nicht angewandt; weder bei der Ausstattung von Eigenmarken noch bei Fremdmarken. Um das durch und durch einfache Discountprinzip zu verstehen und zu handhaben, dafür braucht man nicht einmal Abitur.

Kaufmannsgehilfenschein – das langt hin

Die Aufrüstung mit akademischem Nachwuchs ab den 70ern im Geschäftsführerbereich war eine überzogene Neuerung. Absolventen von Fachhochschulen oder Wirtschaftsakademien sind ebenso überqualifiziert. Ein Kaufmannsgehilfenschein mit dem Nachweis praktischer Ausbildung ist nach meiner Einschätzung die sinnvollere Lösung. Diese Kandidaten pflegen keine akademisch überhöhte Sprache, reden verständliches Kaufmannsdeutsch. Das braucht man im Discount von Food und Non-Food. Jedes Mehr ist überflüssig und teure Dekoration – an der dritten Unternehmensdimension gemessen.[1]   44

Das Experiment der Mischung mit Praktikern und Akademikern in der Geschäftsführerrunde gestaltete sich schwierig. Integration und „Interkulturalität" gelangen angesichts des unterschiedlichen Ausbildungsniveaus nur bedingt; auch interkommunikativ ging es zäh zu. Man kam aus zu verschiedenen „Kisten".

Eine Anekdote zum Schluss sei erlaubt: Theo Albrecht erlaubte sich hin und wieder gern eine Ausnahme von dem Unternehmensleitsatz „Wir sprechen Deutsch": Wenn ihm die Geschäftsführersitzung zu schleppend vorankam oder gar stillstand, munterte er mit einem hörbaren „Lassen Sie uns in medias res gehen" die Corona auf. Dieser scharfsinnigen Konzentrationsmaxime Theo Albrechts sei in gleicher Sprache geantwortet: nihil nisi bene.

---

1 Siehe oben Rn. 1 ff.

Sichere Stütze

10. Geschäftsführerhandbuch

45   Wer den hochgesteckten Ansprüchen bei ALDI gerecht werden will, muss aus dem Effeff beherrschen, was in den verschiedenen betrieblichen Handbüchern geschrieben steht; allen voran der regionale Geschäftsführer; er muss wahrhaftig „belesen" sein. Vorhanden sind

► Geschäftsführerhandbuch,

► Verkaufsleiterhandbuch,

► Bezirksleiterhandbuch,

► Anweisungen für die Abteilungen Einkauf, Verwaltung, Lager und Fuhrpark, Regionaleinkauf, Anmietung und

► Filialleiteranweisung.

Aldi Nord hat im Laufe der Jahre alles und jedes, was Firmeninterna betrifft, in einem Handbuch aufgezeichnet und fortgeschrieben oder anderweitig archiviert; Organisatorisches, Administratives, Beliebiges. Der nachstehende Auszug aus dem Stichwortkatalog spiegelt die lückenlose Erfassung sämtlichen betriebstypischen Vokabulars, themenmäßig vom Verwaltungsrat in den Geschäftsführersitzungen inszeniert: Fünf Dutzend Beispiele eines knapp 1.000 Stichworte und Themen umfassenden Inhaltskatalogs des Geschäftsführerhandbuchs; ein voluminöser Gemischtwarenladen der Verbalisierung von Managementaufgaben, Betriebsfunktionen und Unternehmensbefindlichkeiten.

Ab- und Zurückmeldung – Formular	Erfolgskontrolle GF	Obstkalkulation
Abdeckung bei Malerarbeiten	Erscheinungstag Eröffnungsinserate	Paletten auf dem LKW
Ablage Preisschilder	Farbe Registrierkassen	Papp-Sammelwagen
Akku-Ladestation	Fehlartikel am Inseratstag	Prämie Fuhrpark
ALDI-Schriftzeichen an LKW	Firmenanschriften in Anzeigen	Regalstangen
Angestelltenstatus Kassiererinnen	Garantiegehalt FL bei Einstellung	Reklamationsaufstellung
Anstellungsvertrag Verkäuferinnen	Geschenke an Mitarbeiter	Schaufenster Beschichtung
Artikelanordnung Reihenfolge	Händetrockner	Scheck-Unterschriftsregelung
Ausfallzeiten EDV	Heizungsanlage	Taschenkontrollen Lager
Be- und Entladezeiten – Kontrolle	Hochzeitsgeschenk	Testergebnisse auf H-Milchtüten

Begleitung BL durch VL/ Dienstaufsicht	Innenrevisor – Einsatz	Umbauten VSt.
Behördenkontakte	Inventurzeitraum	Umsatzvergabe Zielläden
Beobachtungsgänge	Kaffee-Plakate	Verbrauch von Papp-Containern
Besuchsberichte – Aufbewahrung	Kartoffelqualität	Verkaufshilfenausbildung
Brotwerbung	Kassentest	Wachhunde
Diebstahlprämie	Leistungsübersicht Verkäuferinnen	Wertanalyse Warenannahme
Dienstanweisung Kraftfahrer	Leitfaden Verkaufsförderung Brot	Wettbewerbssituation
Eierkalkulation	Materialverbrauch Schlosserei	Zahlungsverbote
Einkäufer in ALDI KGs	Mitgliedschaft Einzelhandelsverband	Zeitvergleiche von Kosten
Einsatz der Innenrevisoren	Nebenbeschäftigung	Zweitplatzierung

Das „Buch der Bücher" – als Loseblattsammlung

Oberste Priorität hat das Geschäftsführerhandbuch. Es ist das Buch der Bücher; mit Verlaub die ALDI-Bibel. In ihm werden die Ergebnisse der Geschäftsführersitzungen fortgeschrieben. Als Loseblattsammlung konnte es immer wieder ergänzt werden. Das Handbuch musste vom Geschäftsführer im Tresor in der Firma aufbewahrt werden; nur er hatte Zugriff. Seit TOP 33 der Geschäftsführersitzung 12/1975 wurden die Protokolle der Sitzungen dem Geschäftsführer privat nach Hause geschickt. Dort konnte er unbehelligt von Unbefugten die Aktualisierung vornehmen und die Neufassung in seinen Tresor im Betrieb verbringen. Ehefrauen von Geschäftsführern waren näher an ALDI-Geheimnissen dran als Sekretärinnen; von denen konnte man nicht wissen, welcher von der neugierigen Konkurrenz abgestellte junge Stutzer sie mal zum Tanz einlud. Für die Verlässlichkeit der Ehefrau traf den Geschäftsführer Sippenhaft; unbegrenzt. {46}

Diese Vorsichtsmaßnahme und pure Geheimniskrämerei hatte gute Gründe: Enthält doch das Handbuch die komplette strukturelle Selbstdarstellung des Unternehmens bis in feinste Verästelungen; selbstredend mit inflationärem Inhalt, dies wegen vieler Belanglosigkeiten. In seiner aufaddierten Fassung, aussortierte Blätter einbezogen, bietet es, fingerdicker Wälzer, einen historischen Abriss der für manchen Betrachter rätselreichen Firmengeschichte.

Mancher Punkt aus dem Stichpunktekatalog des Geschäftsführerhandbuchs macht schmunzeln. Manche sind überholt. Das volle Alphabet von „A" wie Altpapier bis „Z" wie Zielladen, von „B" wie Brotcontainer bis „W" wie Weihnachtsgeld, von „S" wie Saisonartikel bis „T" wie Teilzeitkraft, von „L" wie Ladenschluss bis „R" wie Regalsystem VST, verschonte nur die Buchstaben „C", „X" und „Y". Der ausführliche Findex erleichtert das Wiederauffinden von Details, was in welcher Geschäftsführersitzung wozu entschieden wurde. Er legt offen, dass der Verwaltungsrat alles an sich zog, es thematisierte, in die Geschäftsführersitzungen zerrte und allgemeinverbindlich machte.[1] Mochte es in Einzelfällen um noch so banale Nebensächlichkeiten und Nichtigkeiten gehen. Ein Blick ins Alphabet des Geschäftsführerhandbuchs ist erheiternd. Jeder beliebige Mitarbeiter auf seiner zuständigen Stelle des mit Stellenbeschreibungen und Aufgabenzuweisungen flächendeckend überpflasterten Firmenganzen hätte die Sache mindestens ebenso gut ohne schriftliche Vorgabe entschieden, allemal zügig, rationell, rentabel und eigenverantwortlich; dazu mit kreativer Eigeninitiative. Hier einige exemplarische Musterbeispiele organisatorischer Überregulierung und törichten Raubbaus an der teuren Zeit der Geschäftsführerrunde:

► Begrenzungslinie Lagertore

► Behälter für Gummischlaufen in Lager und Verkaufsstellen

► Grundreinigung in Verkaufsstellen

► Kittelbestellung

► Lesbarkeit Kassendruck

► Reifenmontage

► umgestürzte Palettenstapel

► Verkehrsordnung Lager

Unternehmerischer Leerlauf. Statt drei Tagen Geschäftsführersitzung kräfte- und zeitaufwendig zu verplaudern, hätte ein Tag konzentrierter Arbeit genügt, sich um herausragend Wichtiges zu kümmern. Doch der Verwaltungsrat traute niemandem; behandelte seine Mitarbeiter auf den Abteilungs- und Linienebenen der Regionalbereiche nahezu wie Unmündige, steckte überall seine Nase rein; meinte, alles den Geschäftsführern vorkauen zu müssen. Ungewöhnliches Eingriffsmanagement für ein Unternehmen, das sich das Harzburger Modell[2] auf seinen Schild geschrieben hat.

---

1 Siehe oben Rn. 25 ff. und Rn. 28 ff.
2 Siehe hierzu oben Rn. 25 ff.

Verkaufs- und Bezirksleiterhandbücher pp.

Nicht minder filigran waren die Verkaufs- und Bezirksleiterhandbücher ver-   47
fasst; vielerlei aufklärerische Aufgüsse aus dem Geschäftsführerhandbuch. Es
hätte ausgereicht und wäre rational und sinnvoll gewesen, allemal zeit- und
kostensparend, Auszüge aus den Protokollen der Geschäftsführersitzungen
oder des Geschäftsführerhandbuchs den leitenden Mitarbeitern der Linie und
den Abteilungen in Kopie weiterzureichen. Das war strikt untersagt. Es hätte
dem Geheimhaltungsmodus für das preziöse Geschäftsführerhandbuch widersprochen. Der Verwaltungsrat befand hintersinnig, die richtige Umsetzung der
Beschlüsse und Vorgaben der Geschäftsführertagungen gelänge am besten in
nachgeordneten Sitzungen, nämlich in Verkaufsleiter-, großen und kleinen Bezirksleiter- und Personalleitersitzungen sowie Besprechungen mit Abteilungsleitern; daraus waren Sitzungs- oder Besprechungsergebnisse wieder in untergeordneten Handbüchern festzuschreiben. Eine solche Verfahrensweise lasse,
so dozierte der Verwaltungsrat, hautnah die Akzeptanz der Beteiligten ermessen; vermochte unmittelbar die Notwendigkeit ersichtlich zu machen, gezielt
nachzulegen, wenn einem Beteiligten nicht alles klar war. Zu vielen Worten
und Gedrucktem aus den Geschäftsführerbeschlüssen gesellten sich Besprechungen und Schreiberei in neuerlichen nachgeordneten Sitzungen. Den Ansatz des Harzburger Modells, den selbständigen und eigenverantwortlichen
Mitarbeiter zu kreieren, würgte das Verwaltungsrats-Dirigieren im Ansatz ab.

Einrichtung des Filialleiterschreibtischs

Wie weit betriebsinterne Indoktrinierung ging, zeigt das Beispiel der Anwei-   48
sung zum Thema „Organisation Filialleiterschreibtisch". Die Intensität von
Gängelung und Einmischung ist beachtlich, zudem amüsant praxisfern. Eine
allerbeste Kabarettvorlage. Filialleitung bei ALDI ist alles andere als durchorganisierte Schreibtischarbeit; obendrein in einem spartanisch-unwirtlichen Filialleiterbüro. Die Mitarbeiter schüttelten den Kopf über so viel Bevormundung
von „oben", eine bebilderte Schreibtischansicht herauszugeben und u. a. festzulegen, wie die Wandfläche vor dem Schreibtisch zu bestücken ist, was auf
der Schreibtischplatte zu liegen hat, welchen Inhalt die Schubladen rechts und
links in einzelnen Etagen haben müssen, was in genau definierten Hängetaschen gegliedert abzulegen ist, wie unzählige Formulare geordnet und aufzubewahren sind; dies alles im Verbund mit der Filialleiteranweisung, ein detailliertes Managementhandbuch für sich, ein wahrlich voluminöser Rege-

lungsexzess für die Leitung an der Verkaufsfront.[1] Gleichwohl wurde die Schreibtischordnung peinlich beachtet; aus reinem Selbstschutz. Das ist das Unabwendbare einer solchen rigiden Systemstrenge: Erschien der Verwaltungsrat zur Kontrolle und fand die Schreibtischordnung nicht wie von ihm programmiert vor, löste dies eine Welle von Sanktionen aus:

▶ Es gab Kritik am zuständigen Bezirksleiter, weil dieser seine Aufsichtspflicht gegenüber der Filialleitung nicht genügte;

▶ der Verkaufsleiter bekam sein Fett ab, weil er seinen Bezirksleiter nicht im Griff hatte;

▶ zuletzt traf es mit geballter Wucht den Geschäftsführer, weil dessen Führungsautorität in der Linie versagt hatte.

▶ Die Filialleitung musste mit einer Nachkontrolle rechnen; doch das bitte nicht im Verkaufsgetümmel, wo jede Hand gebraucht wird. Bei einem verbalen Denkzettel verblieb es nach der ausgeklügelten Kontrollstruktur zumeist nicht.

Weil eine gemaßregelte Ebene auf die nächsthöhere oder -tiefere einwirkte, ersparte man sich vom Filialleiter bis zum Geschäftsführer den ganzen kumulativen Ärger und ordnete die Filialleitung Papierchen für Papierchen sowie Blöckchen für Blöckchen fein säuberlich nach peinlicher Vorschrift im Schreibtisch. Der Bezirksleiter zog diesen bei seinen Besuchen gelegentlich mal prüfend auf, um sich zu schützen. Ordnung verheißt ein ruhiges Leben; erst recht bei so durchgreifender Schulmeisterei; die gesamte Linie samt Abteilungen eine muntere Gefahren- und Schicksalsgemeinschaft gegen den zyklopischen Verwaltungsrat.

---

1 Siehe unten Rn. 72 ff.

16) Organisation Schreibtisch / Arbeitsplatz FL

1. Wandfläche vor dem Schreibtisch

   a) Skizze Plakataushang

   b) Hinweis auf Formularzusammenfassungen
      (s. Anlage)

   c) Plan für Schwerpunktdisposition

2. Schreibtischplatte

   a) Terminkalender

3. Oberes Schubfach - linke Schreibtischseite -

   a) Bürokleinmaterial

4. Mittlere Schublade - linke Schreibtischseite -

   Formularständer:

   a) Besucherbuch, Quittungsblock

   b) "Von - AN " - Block, Rechnungen

   c) Personaleinkauf, Taschenkontrollen, Telefon-/Portokosten

6. Obere Schublade   - rechte Schreibtischseite -

   a) Wochenbericht / Umsatzaufstellung

   b) Anwesenheitsliste

7. Mittlere Schublade - rechte Schreibtischseite -

   a) Dispositionsliste

   b) Ordersatz

   c) Taschen für Ordersatz

   d) Brotdisposition

Jan. 77   - 3 -

```
8. Ablage  - rechte Schreibtischseite  unten -

   a) 1. Ordner:   Buchungsbelege:

                   aa) Gesamtsummenschein

                   bb) Gutschriften

                   cc) Lieferscheine, Buchungsquittung

                   dd) Nachbelastung / Gutschrift

                   ee) Warenaustausch

                   ff) Änderung Tresorbestand

                   gg) Warenkontrollen

                   hh) Sicherheitskontrollen
```

Segen und Unsegen des Geschäftsführerhandbuchs

49   Das Geschäftsführerhandbuch diente dem Anwärter auf diese Position als Leitfaden zur Einarbeitung. Es gab ihm die Richtung für alle organisatorischen, administrativen und operationellen Maßnahmen in seiner Niederlassung vor. So weit, so gut. Er musste jedoch den Weg durch seine labyrinthisch angelegte „Bibel" bestens kennen, stets das Richtige finden, es wortgetreu durchführen und durfte die Aufgabe sodann abhaken. Ein ungemütliches Los, aber formal in Ordnung. Hinterhalt: Der Verwaltungsrat nutzte das Handbuch als unerschöpfliche Fundgrube zur Kontrolle des Geschäftsführers. Wehe dem, der sein Handbuch nicht beherrschte und den Anweisungen und Vorgaben zuwiderhandelte. Da gab es wenig Pardon; eine gesalzene Nachkontrolle drohte; Höchststrafe, verschärfte Dienstaufsicht genannt.

Die totale Gängelung in ihrer Position vergraulte viele leitende Mitarbeiter, vorweg Regionalgeschäftsführer; demotivierend, nichts wirklich selbst entscheiden zu können[1] und in einem genormten Selbstläufersystem unersprießliche Arbeit als Durchführer, Abhaker und Kontrolleur des eigenen Regionalbereichs zu machen. Eine Aufgabenstellung für Kontrollfetischisten, Mühlsteine um den Hals kreativer Manager. ALDI-Nord verlor qualifiziertes Leitungspersonal an die Konkurrenz, nicht nur durch Headhunter, sondern durch selbstbestimmte Abgänge der Fahnenflüchtigen. ALDI-Süd, in Tinten- und Papierverwendung sparsamer, wurde von solchen kostspieligen Aderlässen ver-

---

1 Siehe oben Rn. 28 ff.

schont. Ersparte seinem Führungspersonal derlei albtraummäßige bürokratische Exzesse.

Heimsuchung

Die Geschichte hat ALDI-Nord die Quittung für seine administrativen Auswüchse beschert; hat es für seinen immensen Papiereifer bestraft. Administrative Kopflastigkeit konnte nicht ohne dauerhafte Auswirkung auf die kumulierten Betriebsergebnisse bleiben. Es sei nicht vergessen: ALDIs Wertschöpfung und offenes Ertragsgeheimnis liegt im Umsatz, im täglichen Warenumschlag, im unaufhörlichen Geklingel der Kassen, im maximalen Kundendurchlauf. Durch einen totalen Verwaltungsüberbau werden Vertriebsenergien blockiert und vergeudet; oder die Gewichtung der Gesamtkosten im Personalsektor gerät aus der Balance.

Nicht zufällig, sondern kaufmännisch logisch hat ALDI-Süd nach verlässlichen Schätzungen von „Forbes" aus dem Jahr 2011 23,5 Milliarden € Vermögen aufgehäuft; ALDI-Nord lediglich 16,7 Milliarden €. Das macht ein Minus von 30 % – in Worten: dreißig Prozent. Mit gleicher Marktausgangslage bei Trennung beider Brüder-Stämme im Jahr 1961 liegt der Süden nach 50 Jahren um pralle sieben Milliarden € vorn. Wie kommt's, wo liegen die Ursachen dieses Gefälles?

Diese Erkenntnisse lassen sich statistisch untermauern, lösen den rätselhaften Vorsprung von ALDI-Süd im langfristigen Betriebsvergleich auf – es sei als beliebiges Jahr 1976 genommen – und belegen anschaulich die hausgemachten ökonomischen Defizite von ALDI-Nord:

► Der Durchschnittsumsatz aller Filialen war bei ALDI-Süd um 7,5 % höher.

► Der Umsatz je Person im Verkaufsstellenbereich lag bei ALDI-Süd mit seinen damals 605 Filialen um 16 % höher als die Erlöse der 705 Filialen bei ALDI-Nord.

► ALDI-Nord hatte in seinen zwölf Niederlassungen gegenüber ALDI-Süd mit zehn Niederlassungen eine um 59,7 % höhere Personalbesetzung in der Verwaltung.

► Die Personalkosten lagen bei ALDI-Nord um 42,8 % höher.

Diese nachlesbaren Werte sprechen für eine effizientere, weil pragmatischere Firmenphilosophie des Südens; geben eine plausible Begründung für das eklatante Nachhinken des Nordbruders: Die Süd-Lichter dynamisierten den Verkauf, bestachen durch administrative Einfachheit, vermieden Bürokratie, derweil die Nord-Lichter detailversessene Verwaltung pflegten. Faszination Markt

50

im Süden, Empathie Verwaltung im Norden, vorrangige Projektionsfläche Umsatz bei Karl Albrecht, gehegte Projektionsfläche lupenreiner Administration bei Theo Albrecht; ausgiebig tagen, konferieren und produzieren von Dokumentationen, Berichten, Abfassen von wohlformulierten Parolen in epischer Breite, Handbücherproduktionen. Resümee: Besserer kaufmännischer Primärinstinkt und nüchterne Umsatzpower in äußerster Perfektion erklären den Unterschied zwischen ALDI-Süd und Nord.

ALDI-Nord, sage mir, wo sonst sind die sieben Milliarden € liegengeblieben?

VST organ. und verwaltungsm. Angelegenheiten A - F

Abmahnungen Personal (Texte)

allgemein - VST-Verzeichnis

Allgemeinbeurteilung

Anlieferungen

Anwesenheitsliste

Aufgabenkatalog FL

ausländische Arbeitnehmer

Betriebshandwerker

Bewertungsinventuren

Bezirkseinteilung VST

Tresorübergabe

Überfallsicherung

Übergabeprotokoll

Überstunden

Verkostung

Wochenbedarf - Stellplatz

Zählbretter

Zielläden

Zielsetzungen für den FL

Zweitplacierung

Kult Sortiment

11. Sortiment

51 Den Schwellenwert der Artikelzahl bestimmte anfangs die Grundversorgung der Bevölkerung in Deutschland. Es ging 1946 und in den Jahren danach ums Sattwerden. Die ALDI-Brüder schauten auf ihrer Mutters Tages- und Wocheneinkauf und auf die eigenen Teller. Beide hatten in der Gefangenschaft „Hunger geschoben". Es zählte für ihr Warenprogramm, was eine Kriegerwitwe mit schmalem Geldbeutel, die alleinstehende Oma zum täglichen Überleben benötigte; einfache Hausmannskost.

„Tante Emma-Listung" aufwärts

52 Non-Food im heutigen Verständnis anzubieten war anfangs verpönt. Zahnbürste, -paste, Seife, Wischtuch, Waschlappen, Schuhcreme, Bindfaden und Toilettenpapier zählten zu den Haushaltswaren nach bewährter „Tante-Emma-Listung"; auch Seidenstrümpfe fanden nach ihrer Anlandung aus Übersee auf dem europäischen Kontinent in die Regale von ALDI.

Im Laufe der Zeit pendelte sich beim diversifizierenden Sortiment eine Standardzahl ein: 400 Artikel war die Richtschnur. Jede Bestandserweiterung galt als Prinzipienversuchung, für Karl Albrechts Leute als Palastrevolution bzw. Verrat an der Firmenphilosophie. ALDI-Nord gab sich weniger fundamentalistisch. Aber man driftete nicht auseinander.

Das Sortiment konzentrierte sich im Kern lange Zeit auf Essbares. Ladengrößen und ihr individueller Zuschnitt, am Anfang sämtlich Mietobjekte, setzten natürliche Grenzen. Andererseits galt von Beginn an das unverrückbare Gebot der Warengleichheit in allen Filialen; damals natürlich nur in Deutschland. Das bedeutete häufig kundenahe Improvisation; notfalls mussten in kleineren Läden die Kartons auf gekürzten Regalen enger zusammenrücken oder es war anderweitig anzupassen, z. B mit einem gesteigerten Belieferungsrhythmus. Eine ALDI-logische Warendarbietung war in manchem Ladenobjekt eine echte Herausforderung und verlangte Einrichtungsgeschick.[1] In Essen-Kray, Dortmund-Hörde, Hannover, Bremen und Hamburg fand der Kunde genau dasselbe Warenangebot vor wie in den Regalen im Urlaub auf Westerland. Die Botschaft an die wieder reisende Nation lautete: „Ich, Warensortiment ALDI, begleite dich, ALDI-Kunde, wo immer du hingehst, du musst auf keinen deiner ALDI-Leckerbissen verzichten, musst deinen Apricot-Edelikör, Himbeersirup, Südstern Kakaotrunk, Geheimratskäse, Schweinskopf in Aspik, deine Pfeffer-

---

1 Siehe unten Rn. 122 ff.

blocksalami, Fleischklöschensuppe, Honigprinten und Früchte-Drops[1] nicht mitnehmen; auch nicht eine Sonnencreme und Körperbalsam. Eine vertrauensbildende Sortimentsstrategie.

Tiefkühl-Revolution

Revolutionär war die Einführung von Kühlware in den siebziger Jahren. Sie stellte eine einschneidende Innovation dar, für beide ALDI-Gruppen, Nord und Süd. Ihr gingen tiefgreifende Grundsatzdiskussionen zwischen Karl und Theo Albrecht voraus; dies ergab aber keinen brüderlichen Zwist, wie es gelegentlich behauptet wird. Größe und Bestückung der Kühltruhen wurde ein zentrales und kontroverses Thema, ferner die richtige Bestückung für den Kundenzuschnitt der Käufergruppen „Alt" und „Jung".

53

Theo preschte vor. Karl wollte Bewährtes lange bewahren. Leidenschaftlich focht man. Die Kühltruhe kam. Erst noch ein Truhchen in Kleinformat. Jedenfalls war der Bann gebrochen. Noch heute ist ALDI-Nord in seinem Sortiment generell „sortierter", innovativer und produktmutiger.

Sortiment – nicht grenzenlos

Anno 2011 sind die kulinarischen Klangfarben wesentlich intensiver. Immer feiner werden die Nuancen, selbstredend auch ohne Markenartikel. Manches ist vom Feinsten, der Alaska-Seelachs und die Seezunge neben der Bouillabaisse und dem Bärlauch. Käse- und Frischgemüsesortiment sind ausgesucht, letzteres mit dem Charme der Beschränkung; wegen der täglichen Saisonfrische.

54

Allmählich hat sich das Sortiment auf über 900 Artikel verdoppelt. Der Stellplatz in den Filialen zieht dem Wachstum natürliche Grenzen. Außerdem will ALDI kein Feinkostladen sein, auch nicht partiell. Die Produktpflege wäre zu aufwendig. Schneller Umschlag von Massenware hat Vorrang. Zwar rückt man in der Standortplanung vermöge bester Liquidität[2] für Investitionsvorhaben mehr und mehr von Mietobjekten zugunsten eigener Objekte ab. Doch der nunmehr vorherrschende graue ALDI-Pavillon lässt in seinen Standardmaßen keine unbeschränkte Sortimentserweiterung zu,[3] der Stellplatz bleibt begrenzt. Platz für Maibockrücken und Morcheln – demnächst – ist jedoch gesichert.

---

1 Aus der Artikelliste des Jahres 1976.
2 Siehe unten Rn. 77 ff.
3 Siehe unten Rn. 202 ff

Im Non-Food-Bereich zeigt ALDI sich auffällig systemuntreu, mutiert bald zum Einrichtungshaus.[1] Ein junges Paar bekommt heute fast alles für die Erstaussteuer: Betten, Bettwäsche, Stühle, kleine Schränke, Badezimmereinrichtung, Teppichläufer, Küchengeschirr, Fernseher, Computer, Büromaterial, Heimwerkergeräte, Campingausrüstung, Fahrräder, Kleinaccessoires, ein neues Mobiltelefon mit Vertrag für die Angetraute und die Luxusreise für den Hochzeitstrip samt Kurzzeitwecker für ihn. Die Baby- und Kinderabteilung wächst mit. Das geplagte Verkaufsstellenpersonal stöhnt ob der vielen aufgerissenen und umherfliegenden Verpackungen kunterbunter Textilartikel. Anprobiert wird zwischen Eistheke und Saftstapeln. Blumencontainer drängen sich in die Gänge. Die ALDI-Wühlkiste herabgesetzter Restposten ist der wohl dreisteste Angriff auf die eherne Regel, dass die Ware auf dem schnellsten Weg ohne viel Federlesen, Auspacken und „Bearbeitung" durch den Kunden raus muss; dieser sollte möglichst noch die Kartons mitnehmen und damit entsorgen.[2] Dieses radikale, effiziente und umweltfreundliche Schlichtheitsprinzip ist verlorengegangen, eine Umkehr zu Bewährtem wohl ausgeschlossen. Tägliches Aufräumen der Textilabteilung ist eine neue Arbeitsdisziplin der Verkaufsstellenmitarbeiter; in manchen Filialen nach Ladenschluss der schlichte Gau. Die lukrative Non-Food-Marge macht bewährte Prinzipien und Vertriebsstrukturen vergessen.[3]

Neue Geschäftsfelder

55 Es ist nur eine Frage der Zeit, dass ALDI im zweiten Anlauf in den lukrativen Versicherungsmarkt einbricht und diese Hochpreisbranche knackt. Auch eine ALDI-Bank mit ehrlichen und kundenfreundlichen Konditionen wäre eine Wohltat für das leidgeprüfte Bankenpublikum. Erfolge im Mobilfunkgeräte- und Reisemarkt ermutigen, weiter kämpferisch zu expandieren. Die ALDI-Tankstelle in Deutschland ist überfällig; ALDI-Österreich liefert gute Probeergebnisse;[4] das Spektrum neuer Geschäftsfelder ohne Anbindung an das bestehende Filialnetz ist nicht ausgereizt; der Reisesektor ist ein Anfang. Lukrative Markttrends im Service- und Logistiksektor könnten in den Fokus rücken.

---

1 Siehe unten Rn. 202 ff.
2 Siehe hierzu oben Rn. 8 ff.
3 Siehe unten Rn. 202 ff.
4 Siehe zum österreichischen Markt unten Rn. 163 ff.

Markenartikel – nein danke!

Kennzeichnend für ALDIs kundenfreundliche Sortimentsstrategie war stets   56
eine ausgeprägte Aversion gegen hochpreisige Markenartikel, die von den Herstellern erwidert wurde. Markenartikler taten sich schwer, bei ALDI zu listen. Galt ALDI doch anfänglich als zweitqualitative Billigkette. Außerdem neigten Markenartikler bei den ersten Avancen dazu, wie gewohnt Preise vorzugeben. Hinzu kam markttörichte Preisbindung. Das alles lief den ALDI-Brüdern in ihrer bewusst gelebten sozialen Verantwortung ihrer Kundschaft gegenüber zuwider. Ein konkurrenzloses, niedriges ALDI-Preisniveau war das Ziel. Einkaufspreise sollten im ureigenen Verbraucherinteresse allein von ALDI bestimmt werden. Das schaffte man unbehelligt mit Eigenmarken,[1] nicht mit – durch aufwendige Werbekosten aufgeplusterten – Markenprodukten, welche ohnedies nicht das Qualitätsmonopol für sich haben und in der Qualität-Preis-Relation keineswegs mit der Nase eo ipso vorne liegen; oft ist das Gegenteil der Fall. Jeder Verbraucher kann im eigenen Blindtest mit Freunden, z. B. bei Spirituosen und bei Sekt, um zwei Beispiele zu nehmen, den persönlichen Kick erleben, dass Markenwaren gegenüber No-Name-Produkten nicht herauszuschmecken sind oder sich qualitativ abheben. Eingeweihte kennen den gängigen Etikettenschwindel, dass nicht nur in Nachtetablissements ALDI-Produkte in Markennamenbehältnisse umgefüllt werden, um Ahnungslose in dem Vergnügen schwelgen zu lassen, ein teures Markenprodukt zu genießen. Lug und Trug, abgründiger Missbrauch menschlicher Eitelkeit; auch im privaten Bereich anzutreffen, mit Etikettenschwindel unreflektierte Markengläubigkeit ad absurdum zu führen.[2] Jedes Markenprodukt ist ersetzbar. Ein bekanntes Beispiel aus den 70er Jahren war die Hundefuttermarke „Frolic"; Marktführer, hochqualitativ, aber auch kostspielig. Sie machte einem ebenso hundefreundlichen Produkt ohne Markennamen Platz; bei keinem Vierbeiner kam es zu irgendwelchen Geschmacksverwirrungen, Unpässlichkeiten oder einem Verlust an Hunde-Lebensqualität. Die Beispiele zum Austausch von Markenartikeln gegen zumindest gleichwertige Eigenmarken ließen sich vermehren. Also blieb es rigorose Geschäftspolitik, Eigenmarken zu fördern und Distanz zu Markenartiklern zu halten. Zielvorgabe war eine kundenoptimierte Ausstattung und beste Qualität, zudem ein auffallend besserer Preis.[3] Das Waschmittel Tandil und die Sektmarke Stolzenfels sind Dauerbrenner in der erfolgreichen Ahnengalerie der ALDI-Eigenmarken.

---

1 Siehe unten Rn. 96 ff.
2 Siehe den Beitrag des Autors, Falscher Glaube an Markenartikel, Handelsblatt 1976 Nr. 119.
3 Siehe unten Rn. 140 ff.

Gewandelter Kundenzuspruch

57   Die Vorbehalte gegen ALDI-Qualitäten änderten sich allmählich. Aber immer noch wirkte etwas in der öffentlichen Käufermeinung nach, unausräumbare Uneinsichtigkeiten. Man nehme aus neuerer Zeit den Fall der massiven Vorbehalte gegen Wein in Schlauch und Karton. Jeder Lebensmittelexperte bestätigt, dass dessen Ventilverschluss das Produkt am besten konserviert. Danach kommt das Schraubverschlussprinzip, erst dann der althergebrachte Korken aus Korkeiche, heute auch schon durch Kunstkorken ersetzt. Doch wer serviert Gästen gern einen guten Tropfen „aus dem Schlauch", wer nimmt einen edlen Wein mit Schraubverschluss als Gastgeschenk mit? Die Etikette ist halt traditionsgeprägt und damit unnachgiebig.

Mit Imagevorbehalten hatte ALDI in den ersten Jahren trotz eines damals schon gehobenen Qualitätsstandards zu kämpfen. Also schlich Frau Generaldirektor noch lange heimlich zu ALDI und versorgte ihren Haushalt neben guten Gemüse- mit köstlichen Wurstkonserven, täglich zweimal frisch angeliefertem Brot[1] und anderen Lebensmitteln mit ebenso preiswertem wie ergiebigem Waschpulver. Dass man „zu ALDI geht", wurde ab den 80er Jahren immer unverdächtiger, später standesgemäß; heute ist es Kult.

---

1 Siehe unten Rn. 149 ff.

Gruppe 5 - Lager/Fuhrpark -

Artikelgruppierung Sammellager

Unser Sortiment wurde in die nachstehend aufgeführten
Artikelgruppen unterteilt. Diese Aufteilung ist für die
Einrichtung des Sammellagers insofern bindend, als die
einzelne Artikelgruppe nicht auseinandergerissen werden
darf, sondern immer zusammenstehen muß.

Die Zusammenfassung der verschiedenen Artikelgruppen in
den einzelnen Abteilungen des Sammellagers ist nach lager-
und verkaufsorganisatorischer Zweckmäßigkeit vorzunehmen.

Gruppen-Nr.	Artikelgruppe
o1, o2	Säfte
o3, o4	Wasser, Bier
o5, o6	Zucker, Mehl, H-Milch, Dosenmilch
o7, o8	Joghurt, H-Pudding, Sahne, Kakaotrunk, Öl
o9, 1o	Spirituosen
11, 12	Sekt, Wein
13, 14	Wurst- u. Fleischkonserven, Dauerwurst
15, 16	Fisch, Salat, Käse, Mayonnaise
39, 4o	Tiernahrung
41, 42	Obstkonserven, Böden
43, 44	Gemüsekonserven, Fertiggerichte, Sauer-konserven
61, 62	Kartoffeln
63, 64	Testartikel
65 -7o	Artikel Kühltruhe
71, 72	Kuchen Strecke
73 -88	Brot Strecke

Artikel	Verk. Preis	Ein-heit	Pal	Art. Nr.	Einh. je Lage	Best. Menge	Gelief. Menge	Gelief. Menge	Preis Einheit	Preis Einheit	Summe DM	Pf
Mandel-Spekulatius 375 g	1,98	16							31,68			
Gewürz-Spekulatius 500 g	1,28	20							25,60			
Lebkuchenherzen ungef. 150 g	0,75	40							30,00			
Lebkuchenherzen gefüllt 150 g	0,98	20							19,60			
Lebkuchenschnitten gef. 500 g	3,25	10							32,50			
Honigprinten 125 g	1,08	20							21,60			
Dominosteine 150 g	0,98	20							19,60			
Nürnberger Lebkuchen 200 g	1,88	24							45,12			
Christstollen 750 g	2,65	8							21,20			
Weihnachtssterne 125 g	0,98	24							23,52			
Weihnachtsmann 125 g	1,28	20							25,60			
Weihnachtsbeutel (groß) 250 g	2,98	12							35,76			
Golddollar 150 g	1,28	30							38,40			
Cocktail-Bar 125 g	1,98	28							55,44			
Tellersortiment 175 g	1,98	40							79,20			
Baumbehang 150 g	1,58	40							63,20			
Bunte Schokoladenkränze												

Bln. · Lager Süd · Auslieferungsfahrzeug · Name des Fahrers · Feld-Nr. · 40 · geliefert am · Verk.-St. Nr.

12. Preisgespräche – Unmengenbedarf

58 So mancher Lieferant oder Agent spaziert beim Zentraleinkauf von ALDI flinken Fußes und wohlgemut ob eines sicheren Preisgefühls für seine Ware herein. Ein gutes Produkt, ein riesiger Abnehmer und seine ausgesuchte Kalkulation – das ist es doch. Bald aber merkt er, dass es – die Güte der Ware unterstellt – ganz unpathetisch hart an seine Preisvorstellung herangeht. Das Problem aller ALDI-Produkte ist, die erforderlichen Liefermengen von mehreren Anbietern zu beziehen. Bedarfsdeckung versus Preisvergleich der Anbieter setzt den Rahmen, vergleichbare Qualitätsstandards unterstellt. Die Beschaffung ist ein zentrales Alltagsphänomen. Ausreichend Waren zu haben und das möglichst gleichmäßig über Aberhunderte von Filialen verteilt, bedeutet besonders in den Saisonzeiten Ostern und Weihnachten eine Sisyphusarbeit in Planung und Disposition für den Einkauf; Deckung des permanenten Unmengenbedarfs ist ohnedies ein heikles Dauerthema. Wenn, um ein Beispiel zu wählen, in 1.000 Läden jeden Tag zehn Pack Waschpulver verkauft werden, dann bedeutet das 10.000 Einheiten pro Tag, bei sechs Verkaufstagen in der Woche, der Samstag als voller Verkaufstag zu rechnen, die Beschaffung von 60.000 Stück, bei 240 Verkaufstagen im Jahr mit einem Bedarf von 14,5 Millionen jährlich bei einem Schnitt von 4,3 Wochen 250.000 Kartons im Monat; für die Eindeckung mindesten zwei Monate im Voraus ein Volumen von 500.000 Stück. Diese Menge muss man erst mal herbringen, zumal ALDI nicht der einzige Händler im Markt ist. Zehn Kartons Waschpulver pro Tag ist ohnehin unrealistisch wenig; manche Produkte werden zu Hunderten täglich in einem einzelnen Laden verkauft, z. B. im Spirituosen- und Konservenbereich. Das zurückhaltend kalkulierte Zahlenspiel verdeutlicht den gigantischen Mengenbedarf. Also ist Einkaufsstrategie immer bizarre Mengen-, Sortier-, Preis- und Disponierstrategie; in Megadimensionen. Einem Beschaffungsgiganten wie ALDI kommt im Bestell- und Preispoker der Branche Platzhirschstatus zu.

Die dritte Stelle hinter dem Komma

59 Preisfindung im Ein- wie im Verkauf ist eines der schillernden Erfolgsrezepte von ALDI. Seine Einkäufer benutzen – mit dem klaren Blick für das Firmeninteresse – als Marktführer den Hebel der unsäglichen Mengenmacht, vor der letztlich alle in Preisgesprächen einknicken, zumal ALDI-Nord und ALDI-Süd in vielen Sortimenten ihre Einkaufsstrategie bündeln.[1] Bei Milliardenumsätzen sind nicht nur die erste und zweite Stelle hinter dem Komma von Bedeutung,

---

1 Siehe oben Rn. 12 ff.

auch die dritte besitzt ökonomische Relevanz. Jeder Anbieter ist bei dieser Marktstärke unausweichlich einem gewissen Preisdiktat ausgesetzt; wenngleich ALDI keinen Lieferanten seiner Food- und Non-Food-Kunden in den Ruin treibt; schon aus Gründen des Selbstschutzes nicht, keine Bezugsquelle einzubüßen – dies vor allem bei der Produktion von Eigenmarken.[1] Selbst wenn nach hauseigenen Regeln „fair" mit Lieferanten oder Agenten zu verhandeln ist, so sind die objektiven Kräfteverhältnisse am Verhandlungstisch einseitig gewichtet, vor allem für Newcomer. Da es zur festen Firmenphilosophie zählt, Preisvorteile im Einkauf voll an den Kunden weiterzugeben, um diesem – und sich – zu gefallen, also der ersten Dimension zu genügen,[2] erhält jeder ALDI-Lieferant eine kostenlose Lektion zur Definition des Begriffs „Mindesteinstandspreis". Es wird daher mitunter „fair" bis zum letzten Atemzug gedrückt; den letzten ausgeschlossen. Demgegenüber verzichtet ALDI auf jegliche Rabattpraktiken, Rückvergütungen und Einführungspreise, alles verwaltungs- und abrechnungsmäßiger Ballast. Das Unternehmen praktiziert schlichte und einfache Preispolitik, transparent, mit gespitztem Bleistift und der bestechenden Logik des kleinen Einmaleins, ohne Rückgriff auf die Lehrbuchweisheit „Marge von unten" oder „Marge von oben". Manch ein Anbieter, vor allem idealistisch gestimmte Einsteiger, gehen aus Preisgesprächen mit ALDI zwar mit einem voluminösen Auftrag, aber auch mit beachtlichen Preisabstrichen und arg gestutzter Kalkulation, hart am Rande des eigenen Deckungsbeitrags, von dannen. Andere kommen sich wie auf dem Gang nach Canossa vor, wenn sie zu Preisanpassungsgesprächen z. B. wegen veränderter Markt- oder Wettbewerbslagen ihrer Waren „einberufen" werden oder gar ihre Produkte bei der permanent peniblen Qualitäts- und Rentabilitätsbeschau von ALDI vor Mengenreduzierungen oder dem Aussortieren stehen.[3] Dann sind Preisgespräche kein beschauliches Zwiegespräch; sie sind, den Kunden fest im Blick, einseitige Preisdiktate.

Lieferant, kommst du zu ALDI...

Wegen der Möglichkeit, gefühlvoll an der Einkaufspreisschraube zu drehen, sollte jeder Lieferant von ALDI auf der Hut sein, nicht oberhalb bestimmter eigener Kapazitätslimits mit dem Unternehmen zu arbeiten; mag die Versuchung noch so groß und verlockend sein, einen potenten Abnehmer zu haben. Mit ALDI kann man vermögend werden, wurden und werden es viele, je- 60

---

1 Siehe oben Rn. 51 ff.
2 Siehe oben Rn. 1 ff.
3 Siehe unten Rn. 61 ff., 65 ff. und 69 ff.

doch weniger über den Preis, als über die Menge und die Erfahrung, dass viele kleine Krümel den großen Kuchen ausmachen; ein brauchbares Rentabilitätsrezept. Der klug beratene Lieferant hütet sich, z. B. mehr als 50 % seiner Geschäfte mit ALDI zu machen. Katzenjammer ist latent vorprogrammiert, falls sich jemand existentiell in die Hände von ALDI begibt. Bestandsgarantien gibt es nicht, außer in der firmeneigenen Kaffeeproduktion natürlich.[1] Eine Ausmusterungsandrohung beschert mehr Unbehagen als nur einen Gemütszustand in Moll; selbst Rückstufungen auf reduzierte Mengen kommen bisweilen Blitzeinschlägen gleich. An ALDI sind potente Zulieferer gescheitert, da sie den „50 %-Grenzwert" vernachlässigten oder geschäftliche Unwettersignale nicht ernstnahmen, die etwa durch unvertretbare Fehlmengen oder Qualitätseinbußen verursacht wurden

Die beiden ersten Dimensionen[2] sind für ALDI nicht nachgiebig; ohne Wenn und Aber – und koste es die Auflösung oder Aufkündigung langjähriger Kooperationen.

---

1 Siehe unten Rn. 96 ff.
2 Siehe oben Rn. 1 ff.

13. Lieferantenschicksal „Auslistung"

61 Kein Produkt im Sortiment von ALDI hat eine Existenzgarantie. Kein Lieferant kann sich auf Dauer sicher sein, mit ALDI alt zu werden. Alles und jeder ist austauschbar.[1] Nicht allerdings die Eigenproduktionen, wie z. B. der ALDI-Kaffee; einziger noch existierender Zögling der besonderen Art und beliebter Marktpreisregulierer.[2]

Bei ALDI herrscht warenbegleitend rigorose Qualitätskontrolle, durchgehend, von der Anlieferung bis zum Abverkauf.[3] Warenreklamationen sollen gegen Null tendieren, aus Gründen der Kundenpflege und zur Vermeidung rechtlicher Probleme. Produkthaftung lauert bei solchen Mengen latent, trotz aller Vorsorge[4], Qualität, Einkaufspreis, Umsatzzahlen und Marge eines Produkts bestimmen über das Schicksal, aus der Listung zu fliegen oder zu bleiben. Die Dimensionen 1 und 2[5] sind der Maßstab.

Der Kunde als Schiedsrichter

62 Der Kunde entscheidet. Nimmt er ein Produkt nicht an, preislich, ausstattungs- oder qualitätsmäßig, schlägt das Schicksal in einer nächsten Einkaufsbesprechung zu, für manchen Lieferanten in der Gestalt eines „sudden death". Gestern im Boom – heute aussortiert, ausgemustert. Hehre Marktregeln.

Ein gutes Beispiel für kompetetiven Aussortierwettbewerb bietet das Schokoladen- und Süßwarensortiment. Liegen gleichartige Artikel qualitativ sowie preislich auf derselben Kundenansprache, fällt das umsatzschwächste gnadenlos heraus, wenn Wiederbelebungsmaßnahmen nicht helfen. Als solche stehen zur Verfügung eine zeitlich befristete Platzierung im Vorstelltisch[6] oder Preisneuverhandlungen mit dem Lieferanten für künftige Chargen. Will der Lieferant nicht ausgelistet werden, was auch für ALDI grundsätzlich die „ultima ratio" darstellt, da jeder Produktwechsel auch Verwaltungsaufwand bedeutet, muss er sich etwas einfallen lassen. Vielleicht kommt er nie wieder rein ins Geschäft. Auch wenn bestehende Einkaufspreise bis aufs Letzte ausgehandelt sind: Not macht zur Abwendung der Gefahr, ausrangiert zu werden,

---

1 Siehe bereits oben Rn. 58 ff.
2 Siehe unten Rn. 96 ff.
3 Siehe unten Rn. 140 ff.
4 Siehe unten Rn. 69 ff.
5 Siehe oben Rn. 1 ff.
6 Siehe unten Rn. 85 ff.

erfinderisch.[1] Andernfalls kann unerbittlich Schluss sein. Langsamdrehende Waren und Ladenhüter sind unerwünscht, sperren kostbaren Stellplatz. Neue Produkte zur Listung stehen vielleicht schon aus Testverkäufen in ausgesuchten Filialen parat.[2]

Sonderverkäufe

Auslistung gilt nicht für einmalige Sonderverkäufe. Schlagen sie nicht ein,   63 kommen sie nicht mehr ins Programm. Der Rhythmus der Sonderaktionen hat sich geändert. Heute finden sie zweimal wöchentlich montags und donnerstags statt. Sie müssen in Stunden über den Kassentisch weggehen; werden mengenmäßig knapp gehalten. Paradebeispiele rasantester Abverkäufe sind Elektronik- und Hightech-Produkte. Wer nicht morgens bei Geschäftsöffnung einer der Ersten ist, geht leer aus. Er muss bis zum nächsten Mal warten. Wann dieser Zeitpunkt gekommen ist, kann er im Internet erfahren; muss aber wieder früh aufstehen. Knappheit der Ware hat verkaufstechnisch nicht zu unterschätzende Vorteile. Dispositionskunst ist gefragt; selbst manchmal auf die Gefahr hin, die Kunden zu vergrätzen, die bei manchen Artikeln leer ausgehen. Sonderverkäufe sind bei ALDI jedenfalls ein Sport für Frühaufsteher.

Die Sonderplatzierung mit „Preisnachlässen" ist ein Aufweichen einer ehernen Regel. Reste, wie sie heute im Laden hin- und hergeschoben werden, gab es früher nicht, allenfalls kurzfristig Preissenkungen, durch Sonderpreisschilder gekennzeichnet.

Früher musste jeder Lieferant für Sonderverkäufe oder Einmalaktionen in der Aktionszeit nicht verkaufte Ware zurücknehmen; unverzüglich und auf eigene Kosten wohlgemerkt. Das Prinzip führte zu maßvollen Kontrakten. Vor allem bei typischen Ländersortimenten, von denen man nicht vorhersagen konnte, wie sie ankamen. Einzelrückstände aus dem Programm stören, in der Restdarbietung und bei der Platzierung der neuen Sonderware.

Zugartikel – Garant für eine gute Quermarge

Auslistungskriterien treffen nicht Lockvogelartikel, nicht in aller Strenge, auch   64 nicht ausgesuchte Zugartikel ohne oder mit minimaler Marge. Das sind Produkte zum Einkaufspreis zuzüglich Mehrwertsteuer; daran wird nichts oder wenig verdient. Unter Nullmarge zu verkaufen, wäre wettbewerbswidrig; das

---

1 Siehe oben Rn. 58 ff.
2 Siehe unten Rn. 69 ff.

Gesetz gegen den unlauteren Wettbewerb wacht darüber. Doch kumulierte Verkaufsstrategien, bei denen die Querkalkulation stimmig ist, sind erlaubt; kaufmännisch allemal sinnvoll.

Spezielle Preisfrage für ALDI auch: Was benötigt ein Überlebenskünstler auf der Grundlage des Existenzminimums? Nicht einer mit Spielräumen nach Hartz IV-Regelsätzen. Was treibt Darbende und Habenichtse zu ALDI? Ohne klauen zu müssen oder Waren im Laden zu verzehren, etwa eine Tafel Schokolade, einen Apfel oder ein frisches warmes Brötchen, „klick" aus dem Backcontainer? Was brauchen diejenigen, welche zum Leben zu wenig, zum Sterben zu viel haben? Sie benötigen vornehmlich Brot, Margarine, Konfitüre, Brotaufstrich, Milch, Mehl, Kartoffeln, Nudeln, Gemüse, Suppenwürfel, Seife und Toilettenpapier. Also eignen sich diese Artikel für besonders niedrige Verkaufspreise. So können sich bei Tiefstpreisen Mindestbemittelte einen Notbedarfskorb leisten. ALDI fehlt zwar Deckungsbeitrag, hat aber treue Kunden; praktiziert soziale Grundeinstellung, ökonomisch grenzwertig.

Alle übrigen Konsumenten langen über das Sortiment der Zugartikel hinaus kräftig hin; das belegen die prall gefüllten Einkaufswagen. Bei dieser Kundengruppe gerät der Zugartikel zum Lockvogelangebot. Die Verführungskraft des Niedrigpreises lässt sie tief in die Tasche greifen. ALDI schlägt zwei Fliegen mit einer Klappe, soziale Geste mit Multiplikationseffekt für die Gruppe der Regelsatzbezieher und den übergroßen Rest, der nicht nur die billigen Grundnahrungsmittel nimmt, sondern mit Kauflust den Rest des Ladens leerräumt. ALDI die gute Quermarge sichernd.

Täglich Preisvergleich

14. Preisvergleiche

65 Wer den Markt im Griff haben will, muss das absolute Gehör für die Koloratur der Preise besitzen. Er hat kontinuierlich und vertieft rundherum Preise der Konkurrenz nach Gewicht, Einheit und Sortierung zu beobachten, um auf jede Nuance reagieren zu können.

Auf der Suche nach dem gerechten Preis

66 Wettbewerb mit dem „wahren" Preis ist ständiger Ausnahmezustand und Schlagabtausch um die Gunst des Kunden: Es geht um höhere Marktanteile, um gesicherten Deckungsbeitrag.

Ständige Seitenblicke auf die Konkurrenten zahlen sich aus. Der den Kunden „überzeugende" Preis ist zu finden, mittel- und langfristig, am besten als Dauerniedrigpreis, oder als Reaktion auf preisgünstigeren Wettbewerb. Ein Marktführer sollte wenig nachbessern müssen, nicht nur wegen des lästigen Umschreibens oder Umsteckens der Preisschilder und der damit verbundenen internen Buchhaltungs- und Statistikarbeit; er muss sein publikumswirksames Preisniveau stabilisieren, feste Niedrigpreislinien verankern. Wenn Preisabschläge dazu dienen, verlorene Märkte wiederzugewinnen, ist es nicht gut bestellt um das Renommee der Preispolitik des Unternehmens, von Einzelfällen abgesehen.

Preisvergleiche und Preispolitik sind permanente Tagesaufgaben; verlangen Flexibilität und absolute unternehmerische Kostendisziplin. Für das richtige Ergebnis. Der „gerechte" Preis, wahr und Kunden überzeugend, um den es ALDI geht, stellt sich dann ein. Die dritte Dimension[1] ist ein wichtiger Garant dafür.

Preis-Bewusstsein des Kunden

67 Der Durchschnittskunde vergleicht mehrheitlich keine Preise, stellt keinen Warenkorb seines wöchentlichen oder monatlichen Bedarfs bei verschiedenen Anbietern zusammen; Vertrautheit mit Preisen besitzen die wenigsten Konsumenten. Die meisten gehen nicht mit offenen Augen durch die Läden und reagieren verzögert auf Preisvorteile. Daher sind bei ALDI die Preisermäßigungsschilder andersfarbig, um optisch Aufmerksamkeit zu erwecken. Ausnahmen im generellen Kundenverhalten zu Preisveränderungen gelten, wenn sie ihnen durch aggressive Sonderwerbung eingehämmert, ihnen gezielt ange-

---

1 Siehe oben Rn. 1 ff.

boten wird, Schnäppchen zu erhaschen. Die meisten Verbraucher lesen indes auch solche selbst marktschreierisch laut tönenden Werbebotschaften nicht wirklich, beachten nicht die ungezählten Flyer und Prospekte, die täglich ins Haus flattern oder als Zeitungsbeilage – am besten noch vor dem Frühstück – unbeachtet aussortiert werden. Glaubt man der empirischen Marktforschung, ist der Durchschnittskunde in seinem Kaufverhalten ein störunanfälliges Gewohnheitstier und kauft – nur bedingt preisbewusst – an seiner „gefühlt besten Quelle" ein. Andere Faktoren, wie Entfernung, Parkmöglichkeiten, Einkaufswagens mit Kindersitzen, Babyverwahrung, Leergutrückgabe und Komplementärgeschäfte[1] beeinflussen positiv oder negativ die Auswahlentscheidung für einen bestimmten Anbieter. Sind diese Faktoren gleichwertig, entscheidet auf Dauer der Preis. Daher muss permanenter Vergleich sein, um mit den eigenen Preisen aktuell zu bestehen. Das Ziel: Möglichst mit Dauerniedrigpreisen langfristig Preisführer sein und die anderen reagieren und improvisieren lassen. Gezielte Produkt- und Preisinformation[2], leseleicht und ohne werblichen Firlefanz gestrickt, ist das probate Mittel, um an den Lebensmittelkunden mit seinen Alltagsbedürfnissen, auch den preisdesensibilisierten, heranzukommen – so gut es geht.

Preisvergleiche und ihre Umsetzung sind ein diffiziles Unterfangen. Preis ist nicht gleich Preis. Eine Tafel Schokolade von 100 g zu 0,59 € ist teurer als eine solche von 125 g zu 0,70 € und erst recht eine von 200 g zu 0,99 €. Dem flüchtigen Leser springt primär der absolute Wert ins Auge. Kunden laufen nicht mit einer Rechenmaschine durch den Laden und rechnen die kg-Preise um, sofern die Angabe nicht auf der Verpackung steht. Auf Kopfrechnen – vielleicht sogar noch bis hinter das Komma – hat nicht jedermann Lust, es geht schließlich auch ums Kaufvergnügen. Eingefleischte Erbsenzähler, die Mindestpreisvergleiche zur Kunstform erheben, sind in der Minderheit.

Der Preis ist dennoch nicht alles

Zum günstigen Preis müssen Qualität und Vorrat hinzukommen. Schokoladeninhalt ist nicht gleich Schokoladeninhalt. Klar. Ein Preishit, um 11.00 Uhr ausverkauft, kann den Kunden arg verstimmen; virtuose Preiskönnerschaft wird zum Bumerang. Discounter richten daher ihre Preisstrategien auch auf die zeitlichen Einkaufsgepflogenheiten der Durchschnittskundschaft ein.

68

---

1 Siehe unten Rn. 88 ff.
2 Siehe unten Rn. 101 ff.

Kundenpflege muss also Vieles im Augen haben. Fakt ist: Die wenigsten Konsumenten gehen von einem Discounter zum anderen, um sich den preisgünstigsten Einkauf zusammenzurechnen. Sie machen, auskömmlich motorisiert, wöchentlich ein- oder zweimal den Groß- oder Familieneinkauf. Der Stammkunde erwartet in seinem Stammgeschäft Dauertiefpreise. Im Laden reagiert er allenfalls auf aktuell plakatierte generelle Preisveränderungen im Sortiment.

ALDI beherzigt in seinem Preissystem das Zusammenspiel der Dimensionen 1, 2 und 3.[1] Spontane Preisänderungen zum Ende des Tages finden nicht statt; auch keine Tricks der Preiswelt, wie etwa bei den mobilen Händlern. Den süßen Triumph des Käufers auf dem Wochenmarkt, wenn gegen Ende der Preis für das Kilo Tomaten auf die Hälfte sinkt, weil Händler Wiedereinpackarbeit, Nachhausetransport, ausladen, kühlen und wieder aufladen zum nächsten Markttag verabscheuen und sich untereinander durch Zublinzeln und Zuraunen auf einen einheitlichen Aufräumpreis verständigen, wird der ALDI-Kunde niemals genießen. Dieses ständig mitzuerlebende Phänomen spontaner Preisabsprachen und Preiskumpaneien, der Not gehorchend, steht auf einem anderen Blatt; verbraucherfreundlich ist es allemal.

---

1 Siehe hierzu oben Rn. 1 ff.

Immer ein Test

15. Ständig testen

69   ALDIs Einkauf wird unentwegt mit neuen Produktvorschlägen überflutet; geradezu bombardiert. Der Musterraum in der Einkaufs OHG ist übervoll davon. Jeder möchte das große Geschäft mit Deutschlands größtem Discounter machen. Und wäre es nur einmal für eine lukrative Sonderaktion. Am liebsten möchte man natürlich ins Standardsortiment aufgenommen werden. Gelänge dies, welch fulminanten Aussichten bei den Mengen, die benötigt werden.[1]

ALDI ist traditionell sortimentsstandhaft, nicht sonderlich experimentierfreudig, gar avantgardistisch ausgerichtet, wenngleich nicht innovationsblind. Die Aufblähung des Sortiments auf über 900 Artikel beweist dies. Geschmäcker ändern sich, damit auch die Kundenerwartungen. Ein Vergleich der Artikellisten der vergangenen Jahrzehnte zeigt, dass der Kernbesatz des Sortiments mit Grundnahrungsmitteln um Novitäten erweitert worden ist. Im Lebensmittelbereich haben sich Rezepturen und Geschmacksrichtungen, auch Fertigungsmethoden geändert. Das gilt auch für die gute alte Knackwurst, Quark oder etwa Schnittkäse. Geflügelsalami, Lachs in Scheiben, Fertigmilchreis und Ziegenkäse suchte man früher vergeblich. Geradezu revolutionär sind die Veränderungen im Süßwarenregal; mittlerweile ein meterlanges Eldorado an Gaumenverführungen.

Die Neuaufnahme einer Ware in das Sortiment kann vielerlei Gründe haben. Vielleicht geht es nur um den Austausch eines einzelnen Artikels, weil bessere Qualität die Feindin der guten ist, eine gefälligere Aufmachung, spezifische Gewichtseinheiten oder anderes das Herz des Kunden gewinnt. Auch soziale Umschichtungen, Trends zu Paar- oder Einzelhaushalten können eine Rolle spielen; neuartige Diätprodukte oder interessante Neuerungen im Frischwarenbereich erobern sich ihren Platz.

Ausschau zu halten gilt es unablässig, freilich ohne die Stammartikelzahl zu ändern und ohne den Charakter der primären Lebensmittelgrundversorgung aufzuweichen. ALDI bleibt die erste Adresse für die Basisversorgung einer Familie mit Lebensmitteln. Die vielen Beigaben vor allem im Non-Food-Sektor sind Konzessionen an den modernen Lifestyle.

Repräsentative Testfilialen

70   Eine Neulistung ohne ausführlichen Test wäre hoch fahrlässig und unkaufmännisch. Man blicke nur auf die täglich benötigten Mengen, stünde eine Neuauf-

---

1 Zu den (Mengen-)Risiken der Lieferanten siehe oben Rn. 58 ff.

nahme ins Sortiment an. Ein simples Rechenbeispiel: Man wähle die glatte Zahl von 1.000 Läden; tatsächlich sind es weit mehr. Soll ein Nudeleintopf oder eine Fischkonserve 100-mal je Tag pro Laden verkauft werden, bedarf es

► für einen Wochenbedarf bei sechs Verkaufstagen: 1.000 x 100 x 6 = 600.000 Stück,

► bei durchschnittlich 24,3 Wochentagen im Monat errechnen sich 600.000 x 24,3 = 1.458.000 Stück;

► in der üblichen Vorabdisponierung von zwei Monaten ergäbe dies knapp 3 Millionen Einheiten.[1]

Eine beeindruckende Stückzahl. Ohne einen Test des Kundenzuspruchs, ohne Probelauf voll einzusteigen, wäre ein unwägbares Risiko – für Lieferanten und ALDI gleichermaßen. Es gilt somit, bei der Suche nach Neuheiten kaufmännisch mit Bedacht auf „Nummer sicher" zu gehen und nicht dem Faszinosum der Novität zu erliegen; mögen die Testerkenntnisse der Lieferanten auch noch so überzeugend ausgefallen sein.

Also wird sorgfältig getestet; in ausgesuchten Läden. Der Verkaufsleiter wählt sie aus, Verkaufsstellen möglichst mit ungleichem Charakter nach Lage, Einwohnerdichte, Kundenstruktur und sozialem Umfeld. In der Summe hochrechenbar auf die durchschnittliche Kundschaft eines sich über das ganze Land erstreckenden Filialnetzes; repräsentativ für die Grundgeschmäcker und Kundenerwartungen in allen Himmelsrichtungen des ALDI-Universums. Wobei das Kaufpublikum nicht mehr einheitlich deutscher Zunge und Geschmacksrichtung ist. Die Konsumentenstruktur etwa in Holzwickede ist eine andere als in Berlin-Prenzlauer Berg, in München verschieden von der in Leonberg usw. Regionalartikel, welche begrenzt jede Niederlassung führen darf, die sich besonders bei regionalen Bieren und Spirituosen, aber auch anderen typisch landsmannschaftlichen Produkten bewährt haben, fallen nicht unter den Vorbehalt dieses umfängliche Testprogramms.

Der Testdauer wird – abhängig von dem Produkt – auf einen Zeitraum erstreckt, der aussagekräftige Ergebnisse ermöglicht; in der Regel sind das zwei bis sechs Monate, ausnahmsweise mehr. Die Testdauer muss begrenzt sein, kostet sie doch der Testfiliale besten Stellplatz im bevorzugten Blickfeld des Kundenlaufs, verlangt eine bevorzugte Behandlung durch das Verkaufsstellenpersonal. Testware ist tägliche spezielle Sonderware, die Experimentierfiliale

---

1 Siehe auch das Zahlenbeispiel oben Rn. 58 ff.

steht unter besonderen Erfolgsanforderungen, für die Leitung ein Teil ihrer persönlichen Erfolgsbeurteilung.

Geht der Test gut aus, haben umsatzschwache Stammartikel, die zur Disposition stehen, zu gewärtigen, im Wege des Austausches ausgelistet zu werden.[1] Das bewirkt Druck auf den Lieferanten des „wackelnden" Produkts beim nächsten Fortsetzungs- und Preisgespräch.[2] Das ist Wettbewerb in seiner Reinform.

Keine Tests bei Sonderverkäufen

71   Zu einmaligen Sonderverkäufen an den zwei Sonderaktionstagen[3] bedarf es dieser Tests nicht; vor allem nicht, wenn es sich um Wiederholungsaktionen handelt: Taschenmesser, Taschenlampen, Schreibbedarf, Sportschuhe, Computer, Fotoartikel, Fernseher und vieles andere mehr stehen periodisch immer wieder im Angebot. Da liegen die Probleme eher beim Lieferanten, benötigte Mengen fristgerecht bereitzustellen. ALDI ist in der Mengendisposition zurückhaltend, auch wenn Vergleichszahlen aus Voraktionen vorliegen und einmalige Verkäufe eine exzellente Marge haben. Restestaus sind ein Störfaktor. Ein mengenmäßiges Weniger ist ein organisatorisches Plus, das ist wichtiger.

ALDI weiß: Die Austausch- und Wegwerfmentalität der modernen Gesellschaft ist die konstante Garantie für Neu- und Deckungskäufe der Kunden im Non-Food-Sektor. Im Lebensmittelbereich gibt es diese Betrachtungsweise nicht; hier ist für Neues sorgfältiges Testen angesagt.

---

1 Siehe oben Rn. 61 ff.
2 Siehe oben Rn. 58 ff.
3 Siehe oben Rn. 51 ff. und 61 ff.

Die wahren Helden

16. „Helden der Verkaufsfront"

72 Der wirkliche Puls des Discounts schlägt in den Filialen. Verkaufen, kassieren, Umsatz- und Renditeerwirtschaftung; Sicherung der Deckungsbeiträge für das gesamte Unternehmen; die wahren Ikonen finden sich im Verkauf, sie bilden das Rückgrat von ALDI.

Die unproduktive Verwaltung[1]

73 Oberhalb der Filialen ist streng genommen alles, wählt man die klassische wirtschaftstheoretische Definition, „unproduktive" Verwaltung: vom Verwaltungsrat über den Regionalgeschäftsführer, in der Linie herunter über den Verkaufsleiter bis zu den Bezirksleitern; auch querbeet in der Hierarchie im Lager/Fuhrpark, beim Anmieter, in der Verwaltung, beim regionalen Einkäufer und Innenrevisor. Niemand erwirtschaftet einen Heller Umsatz, arbeitet – wie das Zentrallager und der Fuhrpark – allenfalls dem Verkaufssektor zu. Der Rest ist administrativer Überbau, notwendig, aber eben nicht an der Kundenfront agierend. Das zählbare Umsatzergebnis realisiert sich in den Verkaufsstellen, dort sitzen ALDIs Erfolgsgaranten.

Probe aufs Exempel

74 Der Geschäftsführer kann zwei Wochen Auszeit, etwa „Schnupfenurlaub" nehmen; es passiert nichts, was das Unternehmen erschüttert. In der ersten Woche ist die Sekretärin Platzhalterin, danach der Leiter der Verwaltung sein Vertreter. Der Verwaltungsrat mag vorübergehend nicht vollzählig besetzt oder abwesend sein, das Unternehmen läuft unbeeindruckt weiter. Anmieter, Personal- und Verwaltungsleiter mögen zu mehrtägigen Fortbildungsveranstaltungen außer Haus weilen, die hauseigene Vertretungsregelung beseitigt dieses Manko, sieht für jede Stelle einen vorübergehenden Platzhalter oder Vertreter in der Funktion vor. Auch die Lager- und Fuhrparkleitung sowie der regionale Einkauf dürften jedenfalls kurzfristig ausfallen; eine längerfristige Abstinenz schlüge allerdings auf den Warenvertrieb durch.

Fehlt aber auch nur ein einziger Mitarbeiter in einer Verkaufsstelle, und sei es für ein paar Stunden, entsteht bei der aus Kostengründen gewollt dünnen Personaldecke sogleich eine gravierende Notlage. Das Krisenszenario: Bietet sich die Filiale nicht in kundenfreundlichem Zustand dar, ist nicht ordentlich aufgeräumt, der Fußboden nicht gewienert, sind Regale und Kühltruhen nicht mit

---

1 Siehe oben Rn. 45 ff.

Ware aufgefüllt, leere Kartons und Pappen nicht gezogen und beseitigt und die Preisermäßigungsschilder nicht aufgesteckt, schlägt dies auf die Kundenstimmung und die gesamte Verkaufsstellenperformance durch; mit unangenehmen Multiplikationseffekten. Denn der Kunde ist verwöhnt und kritisch, nachtragend bisweilen, auch bei ALDI mit seinen mustergültig angelegten Arbeitsabläufen in den Verkaufsstellen. Man denke nur an ein Kernstück der Kundenpflege: die durchgängig am Kundenaufkommen orientierte Kassenbesetzung. Der mürrische Ruf aus der Kundenschlange nach der Öffnung einer weiteren Kasse gehört zu den schlimmsten verbalen Ohrfeigen für die Filialleitung, ein Kardinalfehler; weitaus schlimmer, als wenn sie sich bei der Warenbestellung „verdisponiert" hat. Der typische ALDI-Kunde will ankommen, alles, was er sucht, in ausreichender Menge vorfinden, nicht von herumfahrenden Hubwagen belästigt und an der Kasse zügig abgefertigt werden, um schnellstmöglich seinem PKW draußen auf dem Parkplatz zu beladen. Diesen hohen Servicestandard hat ALDI mühevoll geschaffen; er ist eine ständig fortwirkende Selbstverpflichtung; nur mit verlässlichen Mitarbeitern in ausreichender Anzahl in den Filialen zu verwirklichen. Ausfälle oder Fehlzeiten schlagen sofort auf das wirtschaftliche Ergebnis durch.

Planungsgeschick des Filialleiters

Die Verkaufsstelle täglich perfekt zu führen, bedeutet für den Filialleiter Feinarbeit in der Personaleinsatzplanung und Warenkommission, setzt erprobtes organisatorisches und führungsmäßiges Geschick voraus. Professionelle Disposition bei ein oder zwei Belieferungen pro Woche erfordert planerische Virtuosität, gepaart mit dem Durchhaltewillen eines Marathonläufers. Die PEP, die Personaleinsatzplanung, gehört zu den schwierigsten monatlichen, wöchentlichen und täglichen Aufgabenstellungen für die Filialleitung. 75

Aus diesen fundamentalen Erkenntnissen heraus sieht es ALDI für unverzichtbar an, alle Geschäftsführeranwärter längere Zeit in einer Filiale einzuarbeiten;[1] dort nicht nur Paletten zu bewegen, Waren einzuordnen, Kartons aufzuschneiden und Kassenabrechnungen zu üben. Sie sollen sich in der Meisterschaft üben, mittels sparsamster Personaleinsatzplanung optimale Umsätze zu erzielen; auch mit Hilfe von Teilzeit- und Stundenkräften im Rotationssystem. Dazu die begnadete Kunst des richtigen Disponierens bzw. Kommissionierens exerzieren. Talentproben für höhere Weihen. Ausgenommen ist die Tätigkeit an der Kasse. Als es noch keine Computerkassen gab, war das Kassieren

---

1 Siehe oben Rn. 34 ff.

eine Schwerstarbeit für geübte Köpfe, Preise auswendig zu wissen; sämtliche, ohne Schwachpunkte.[1]

Elitestandards

76 Die Filialleiter sind die entscheidenden „Produktionschefs" im Unternehmen. Bei ihrer Stellenbesetzung ist auf höchste fachliche Qualifikation und geschärfte Führungsqualitäten zu achten. Verwaltungsrat und Geschäftsführerrunde mögen beliebig qualitativ ausstaffiert sein, sich unproduktive Intermezzi oder leerlaufendes Management erlauben; die Verkaufsstellenbalance hat täglich auf den Punkt qualitativ stimmig zu sein; sowohl an den Kassen, deren Warendurchlauf durch Rasanz und Tempo besticht, wie im Laden, wo die körperliche Plackerei und Rackerei mitunter im Eiltempo absolviert wird, oft bis an die Leistungsgrenze; das indes ist Standard. Das erfordert neben höchstem Planungsgeschick gelebten Teamgeist aller Mitarbeiter. Gute Filialleiter sind das Herzstück der authentischen ALDI-Vertriebskultur.

Die Verantwortung des Filialleiters schlägt sich im Gehalt und in der Prämie nieder; auch bei seinen Mitarbeitern. Umsatz, Personalkosten, niedriger Warenschwund sind maßgebliche Bemessungskriterien gemäß den allgemeinverbindlichen Zielvorgaben von oben.[2]

---

1 Siehe unten Rn. 77 ff.
2 Siehe unten Rn. 116 ff.

Süßer die Kassen, die klingeln

17. Klingende Münze – Liquidität

77 Es klingelt. Unablässig. In den Kassen. Von ALDI. Ein täglicher Geldregen bricht über die Filialen herein; tsunamigleich. Man stelle sich als stiller Beobachter in den Kassenraum und beobachte das Geldspektakel. Nicht unbedingt zur Haupteinkaufszeit, wenn sich die Schlangen an allen Kassen bis in die Tiefe des Ladens stauen. Eine beliebige Momentaufnahme außerhalb der Stoßzeiten genügt. ALDI-Kassen sind niemals unbesetzt.[1] Ein oder zwei haben stets Betrieb. In anderen Kauf- und Warenhäusern, SB-Läden oder Discountgeschäften geht es beschaulicher zu. Bei ALDI ist alles anders, intensiver. Das pralle Verkaufsleben, pulsierendes ALDI-Tempo.

400 Einzelpreise nebst Preisänderungen im Kopf

78 Eine Reminiszenz sei erlaubt, ein Exkurs in die Vergangenheit, passend zum Thema „Registrierkasse". Früher saßen an den Kassen unglaublich preissichere Kassiererinnen. Wie sie die Preise – auswendig – flink in die Kasse hämmerten, nebenbei noch freundliche Worte mit dem Kunden wechselten, war ein beeindruckendes Einkaufserlebnis. Preissicherheit gehörte zu den besonderen Qualifikationen einer ALDI-Kassiererin.[2] In die schamhaft verdeckt beiseite liegende Preisliste traute sich vor den Kunden keine zu schauen; nur in extremen Ausnahmesituationen, etwa bei neuesten Preisveränderungen. Preissicherheit war Ehrensache. Eine „Vertastung", sprich Preiskorrektur, kostete Zeit, da die Filialleitung zur Kasse kommen musste, verursachte Staus, verdross die Kunden und schadete dem Renommee des Unternehmens.

Pflichttrainingseinheiten

79 Bis zum Umfallen wurde früher in Verkaufsstellen Preissicherheit geübt. Anleitung gab die Arbeitsmappe für Kassiererinnen, 37 Seiten stark. Mit Zeitvorgabe galt es, morgens vor Dienstbeginn einen vollen Einkaufswagen, vom Bezirksleiter oder der Filialleitung zusammengestellt, schnell und fehlerfrei durchzutesten. Von Vorteil war, dass bestimmte Endziffern nicht vorkamen. Keine „1", keine „2", keine „3", keine „4", keine „6", und keine „7". Beliebt war die „9", sie kreierte den Slogan vom „ALDI-Preis". 1,99 ist Welten von 2,00 entfernt. Die „1" vor dem Komma steht für die Discountseele, das Kleinpreisige. Heute wird fast ausschließlich die „9" als Endziffern genutzt; ein Blick auf die

---

1 Siehe oben Rn. 72 ff.
2 Siehe oben Rn. 72 ff.

Preislisten im Laden belegt dies; Ausnahmen, etwa die „5", gibt es kaum. Selbst der imitierende Wettbewerb bedient sich des ALDI-Preissystems mit der dominierenden „9" am Ende. Keiner ist auf den klugen Gedanken verfallen, die „8" als Leitziffer zu wählen, sich preislich – nach unten – abzusetzen.

„Rennlisten" – Sportabzeichen für Kassierer

Alle in der Verkaufsstelle mussten im Wechsel an die Kasse, auch die Leitung; 80 jeder musste Preissicherheit leben. Die Ergebnisse der Tests, „Rennlisten" genannt, hingen an die Wand geheftet im Aufenthaltsraum. Eine unerbittliche Motivationskeule. Alle sollten fehlerfrei sein, wollten es auch. Es gab bei einem hohen allgemeinen Qualitätsstandard immer wieder Ausnahmegedächtnisse mit kontinuierlich null Fehlern im Test, auch bei aktuellen Preisveränderungen. Alle Achtung, Chapeau!

Wer nicht preissicher mithielt, musste mit weiteren Preistests nachsitzen. Bis es klappte. Preissicherheit war nicht nur ein Top-Merkmal der Kundenpflege und diente dem Schutz des Unternehmens, sondern auch ein Hauptpunkt der Dienstaufsicht. Sich im Preis nach unten oder nach oben zu vertippen, war gleichermaßen sträflich. Um Versuchungen zu Ersterem vorzubeugen, war das Kassieren bei Familienmitgliedern, Verwandten und Bekannten untersagt. Doch wie weit ging solche etwaige, von familiären und freundschaftlichen Banden gehaltene Kumpanei? Die Kontrollmöglichkeiten, z. B. Testkäufe, waren begrenzt. Wer beim absichtlichen Preismogeln ertappt wurde, erhielt eine qualifizierte Abmahnung. Ein „nächstes Mal" konnte man sich nicht erlauben. Die Arbeitsstelle wäre weg gewesen; arbeitsrechtlich abgesichert. Kassiertätigkeit ist höchste Vertrauens- und Verantwortungssache.

$\cancel{70}$ \   - 9 -   .

27. Preistest

    Es wurde über verschiedene Arten von Preistests
    berichtet. Über den Test, der in Herten durchge-
    führt wurde, wird zunächst in den ZNL'n mit den
    VL und BL gesprochen. Nach Möglichkeit soll in
    der nächsten GF-Besprechung darüber entschieden
    werden.
    Die Abwickelung des Testes erfolgt in der Weise,
    daß ein Warenkorb zusammengestellt wird. Den
    Kassiererinnen wird der Artikel gezeigt, den diese
    dann einbongen. Bisher wurde dieser Test im Rahmen
    der Frühkontrolle durch den BL durchgeführt. Um
    jedoch alle Kräfte der Vst. einem solchen Test zu
    unterziehen, ist zu überlegen, die Warenzusammen-
    stellung auch durch den Filialleiter vornehmen zu
    lassen. Der Test könnte dann auch zu umsatzschwä-
    cheren Geschäftszeiten vom FL durchgeführt werden.

28. GF-Besprechung

    Die nächste GF-Besprechung findet vom

    24. bis 26. 4. 1974 in Herten statt.

    20.3.1974

Heute ist Kassieren viel einfacher. Der Computer macht die Arbeit, erhält die
Preise über die Banderole bzw. Artikelnummer angesagt. Schummeln ist aus-
geschlossen, sofern alle Ware über den Scanner läuft und dieser anschlägt.
Nicht geändert hat sich das betörende Schauspiel des rasanten Durchlaufs der
Ware über den Kassentisch. Es klingelt. Es klingelt. ALDI-Kassiererinnen sind
unübertroffen.

Wohin mit dem ganzen Zaster?

81   Die Liquiditätsspirale dreht sich unaufhörlich. Sie hat ALDI unter die reichsten
    Firmen des Landes, pardon der Welt, katapultiert, mit bester Bonität aus-

gestattet. Tägliche Liquidität ist aber auch ein Problem. Der Geldsegen muss verarbeitet werden. Millionen kommen täglich herein. Es gibt nur Bargeschäfte, keine Ausfälle. Auch die Kreditkarte ist sofort Bares. Geld wird zum „Gefahrengut" in den Filialen, es muss täglich „entsorgt" werden. Verwahrung und Transport zu den Banken erfordern eine effiziente Sicherheitsstrategie. Nur so viel aus dem klirrenden Nähkästchen: Die gute alte Geldbombe, früher mehrfach täglich bei der Bank abgeliefert, hat ausgedient.

Liquiditäts- und Geldpolitisches

Der exorbitante Liquiditätszufluss basiert nicht nur auf den Tageseinnahmen der Filialen. Extrem liquiditätsbeschleunigend wirkt die rasante Umschlagsgeschwindigkeit der Waren. Wird deren Bestand schneller umgeschlagen, als er zu bezahlen ist, häufen sich die Geldbestände kontinuierlich auf; bugwellengleich. Beispiel einer wirklichkeitsgetreuen Modellrechnung: Bei einer Umschlagsgeschwindigkeit der Waren von 8,5 Tagen und einem Zahlungsziel von 14 Tagen gegenüber dem Lieferanten ist die Ware nahezu zweimal verkauft, ehe sie einmal zu bezahlen ist. Und das mit 2 % Skonto. 82

Prämienziel für Einkäufer

a) Lagerumschlagsgeschwindigkeit

Gefordert wird eine Umschlagsgeschwindigkeit von 8,5 Tagen, von denen 7 Tage für normale Bestände und 1,5 Tage für Bestände, auf die der Einkäufer keinen Einfluß hat (Import-Artikel, Vorratskäufe), angesetzt sind. Ab Eintreffen der Saisonartikel zu Weihnachten kann die Umschlagsgeschwindigkeit um zusätzlich 1,5 Tage auf insgesamt 10 Tage verlängert werden, und zwar bis eine Woche nach Ostern bzw. Weihnachten.

Ermittlung der Umschlagsgeschwindigkeit:

Addition der Tagesmeldungen Lagerwarenbestände für eine Woche
. : durch Arbeitstage = durchschnittlicher Tagesbestand

Vst.-Umsatz der laufenden Woche : durch 7 (Kalendertage)
= Tagesumsatz

Tagesdurchschnitt Lagerwarenbestand : durch Tagesumsatz
= Umschlagsgeschwindigkeit   L- Kosten statt 8,5 mit 9,2
                             L- Euro   "   8,5 , 7,0

129

Eine faszinierende Formel – weniger für Mathematiker, aber für Kaufleute. Mit linearer Fortschreibung von Geldüberschüssen, die bei der Gleichung „Umschlagsgeschwindigkeit < Zahlungsziel" ins Unermessliche steigen, unausweichlich. Kernkapitalquote und Eigenkapitalrendite bei ALDI: reichhaltig und hochsolide. Die Kapitalausstattung würde jedem Stresstest unter schärfsten Bedingungen trotzen; die permanente Überschusssituation, eines der Geheimnisse des ALDI-Erfolgs. Sie erübrigt jegliche Umsatzbudgetierungen, auch bei einer globalen Absatzpolitik, allenfalls die Eröffnung eines neuen Standortes, platzt eine Filiale aus den Nähten.

ALDI wird als zuverlässiger Zahler gelobt. Kunststück. Sich bei den sprudelnd vorhandenen Liquiditätsreserven die Skonti entgehen zu lassen, wäre sträflich unkaufmännisch. Zwei Punkte Preisnachlass beispielsweise im Einkauf, da genügt bei Milliardenvolumen die dritte Stelle hinter dem Komma, Vermögen anzusammeln.[1] An heißen Sommertagen liegt die Umschlagszeit für Wasser und Getränke bei einem Tag. Waren, morgens angeliefert und sofort für die Filialen umgeladen, sind abends auf dem Kundentisch; der Obolus im Tresor. Kaum anders geht es den Saisonartikeln „Osterhasen" und „Weihnachtsmännern". Die tägliche Nachschubfrage ausreichender Ware ist es, die mitunter Kopfzerbrechen bereitet; ein bis zwei Monate Luxussituation für Hersteller bei vielem Nachordern. Und ohne Ausschuss, denn die übrigbleibenden Osterhasen werden in Weihnachtsmänner umgeschmolzen – und umgekehrt; so jedenfalls der lausig-lustige Rat der ALDI-Einkäufer an die Lieferanten, sobald Ostern und Weihnachten vorüber sind. Es gehört in die Kategorie humorvoller Resteverwertung, den sitzengebliebenen Weihnachtsmännern die Ohren lang zu ziehen und den nicht verkauften Osterhasen ihre Löffel zur Zipfelmütze zu binden.

Der ALDI-Pavillon

83 Zurück zum Geld. Eine zentrale Frage war und ist: Wohin mit dem sich potenzierenden Geldsegen? Eine erste globale Nutzung war, Mietobjekte durch eigene Immobilien zu ersetzen. Das Ergebnis war der graue ALDI-Pavillon; ambitiös malerisch schlicht. Das Mieterdasein hat ALDI ohnehin nie richtig Freude bereitet, schon wegen der Ungewissheit bei der Mietpreisentwicklung und ständigem Ärger bei Vertragsverhandlungen, etwa über Verlängerungen. Ein zumeist schwieriges Unterfangen bei ALDIs Maximalvorgaben für den Mietanteil an den Kosten bzw. Umsatz einer Verkaufsstelle. Drängte doch auch der Wett-

---

1 Siehe oben Rn. 58 ff.

bewerb in gute Standorte. Und überbot aggressiv. Ein Ärgernis für die sparsamen ALDIaner. Aber Mietkostenobergrenze blieb Mietkostenobergrenze. Mit
dem ALDI-Pavillon entfiel dieser Kummer. Vermieterin ist ein eigene Immobi-
lienvermietungs- und Verwaltungsgesellschaft.[1]

Beteiligungen und Geldanlagenvarianten

Viel Geld floss in Familienstiftungen; dort mündel- und gefahrsicher angelegt.[2]   84
Ausgespäht wurde zudem, wo man sich klugerweise eigennützig als stiller Gesellschafter beteiligen konnte. Im Visier stand früh die Plastikbranche. Einfaches ALDI-Kalkül: Teuerstes, weil unproduktives Detail an einer angelieferten
eingeschweißten Palettenlieferung war die die Ware umschließende Plastikfo-
lie. Man brauchte keine betriebswirtschaftliche Einzelstellenkostenrechnung;
Palettenwert minus Warenwert auf ihr gleich Plastikanteil. Die Palette selbst
ist kostenneutral, da ständiges Austauschobjekt. Plastik war nicht weiterver-
käuflich; auch nicht eins zu eins umtauschbar wie Paletten. Sie wurde anfangs
weggeworfen, erst später recycelt; kostete bis dahin Lagerplatz und Personalaufwand. Also war ALDI darauf aus, bei der Plastikindustrie mit dem Ziel einzusteigen, entweder die Folie preiswerter zu machen oder eigenmarktorien-
tiert mitzuverdienen.

Eine andere Anlagemöglichkeit bestand darin, Immobilien zu kaufen und so –
nach verlässlichen Recherchen – peu à peu zu einem der größten Immobilien-
eigentümer im Land zu wachsen. Nicht zur Anlagestrategie der Albrecht-Brüder gehörte es, Gelder an der Börse oder anderen privaten oder öffentlichen
„Spielgeldeinrichtungen" zu verzocken.

Wie dem auch sei. Die Einnahmen sind in jedem Fall gut angelegt, die unge-
stümen Geldzuflüsse hat man im Griff. Sie erleben jeden Verkaufstag neue Ur-
stände.

---

1 Siehe oben Rn. 25 ff.
2 Siehe unten Rn. 202 ff.

Verführung an der Kasse

18. Poesie der Vorstelltische

85 Clevere Kaufleute verfrachten, wenn Wischtücher, Schuhcreme, Socken oder Haarspray partout im Regal nicht räumen wollen, diese Dinge in die Vorstelltische an den Kassen – und siehe da, die Reste gehen problemlos weg. Ob falsche Platzierung, ein unattraktiver Preis oder unpassende Qualität die Artikel vor sich hinschlummern ließen, kann dahinstehen. Jetzt, auf dem Vorstelltisch mit gesteigertem Aufmerksamkeitseffekt langt statistisch gesehen jeder fünfzigste Kunde, in der Schlange an der Kasse wartend, gedankenverloren zu. Empirische Versuche belegen, dass man sogar den Preis anheben, ihn z. B. für einen Satz Socken von 3,59 € auf 3,89 €, also um beachtliche 8,4 % anheben kann – der Trick funktioniert trotzdem. Vorstelltische räumen auf. Nur bei verstockt preisbewussten Kunden, welchen der nonchalante Schwindel auffällt, verfängt das nicht. Dann greift eben der Nächste zu. Denn es ist Fakt, dass sichere Preiskenntnis und -vergleiche den meisten Käufern nicht vertraut sind; weil Zeit und Lust dazu fehlen.[1]

Der sanfte Verführer

86 Über Vorstelltische nahe der Kasse, an denen die meisten Kunden ungeduldig stehen, ehe sie ans Zahlen kommen, lässt sich wahrlich alles verkaufen; sie sind die ultimative Mehrzweckwaffe, mit der man vor dem Verschenken oder Wegwerfen noch etwas gewinnabwerfend an den Mann bringen kann. Das verkaufsspsychologische Geheimnis ist: Wartende Kunden lassen Spannung ab, indem sie in die Vorstelltische neben sich greifen; überwiegend aus Neugier. Auf Vorstelltischen präsentierte Waren atmen Schnäppchenatmosphäre, üben in optischer Nahaufnahme einen intuitiven Reiz auf die Kauflust aus. Kinder an der Hand der Eltern sind ein Musterbeispiel. Darum lockt mindestens ein Vorstelltisch mit einem süßen Sortiment, der „Quengelware". Kindermünder mit dem Gespür für Zuckerwerk und Leckerli ziehen Eltern zielsicher an diejenigen Kassen, wo Schokoladentaler grüßen und Gummibärchen sowie Smarties locken; Marzipankügelchen für die Väter und Mutters Likörpralinchen runden das verführerische Stillleben ab; Unwiderstehliches für alle Schattierungen von Naschkatzen, Zielgruppen ohne Ende und ohne Kaloriendisziplin. Der Vorstelltisch fokussiert mit entwaffnender Hinterlist auf breiter Front.

Vorstelltische sind von Haus aus grundsätzlich nicht dazu bestimmt, Ladenhüter oder Restbestände aufzunehmen. In Ausnahmefällen mag dies so sein,

---

1 Siehe oben Rn. 65 ff.

z. B. bei geringen Restbeständen, die Stellplatz sperren, oder bei Blumen und anderen „Tagesartikeln". Üblicherweise zeigen Vorstelltische Sonderartikel, Saisonartikel, Neueinführungen und Testartikel. Es ist hohe Verkaufskunst, dem Kunden in durchdachter und variantenreicher Präsentation Waren auf diese unwiderstehliche Art anzutragen. An der Bestückung der Vorstelltische und nicht nur am gewöhnlichen Abverkauf erkennt man die kaufmännische Fantasie, den Warenüberblick und das verkäuferische Raffinement eines Händlers.

Umsatzzuwachs schlägt Personalaufwand

Heute werden bei ALDI die Bestückungspläne für die Vorstelltische monatlich 87 von der regionalen Zentrale vorgegeben. Der Filialleiter springt nur eigenverantwortlich mit Ersatzbelegungen ein, wenn die Vorstellware aufgebraucht ist oder eine andere Vakanz eintritt. Zu meiner Zeit bei ALDI lagen die Dinge anders. Der für die Vorstelltische allein zuständige Filialleiter hatte ein vergnügliches Abenteuer zu bestehen, Tag für Tag; gefordert war Disponiergeschick, Beherrschung seines Sortiments und methodische Komposition bei der Artikelauswahl; hatte doch die Bestückung des Vorstelltisches eine äußerst kurze Halbwertzeit. Würden Restbestände über Wochen in ihm gelagert haben, bei Non-Food-Artikeln vielleicht mit sichtbaren Abnutzungsmerkmalen vom vielen Anfassen, mutierte der noble Verführer „Vorstelltisch" zur unattraktiven Kramkiste – und die spontane Kauflust erlahmte. Längstens eine Woche, am besten zweitägig ausgeräumt, so lautete der optimale Rhythmus für die Belegung. Häufiger Wechsel bedeutete zwar vermehrten Personalaufwand, der Umsatzzuwachs wog dies indes auf. Situatives Gespür des Filialleiters war gefragt,[1] Kundenansprache und Renditevermehrung gleichermaßen zu befriedigen. Vorstelltische ermöglichten dem Filialleiter, im Kürprogramm seine verkäuferische Finesse zu beweisen. Diese Option ist ihm heute durch die zentrale Direktion genommen. Ein Stück Nostalgie weniger.

---

1 Siehe oben Rn. 72 ff.

Anziehungskraft

19. Huckepack mit ALDI

88   ALDI war nicht immer der mit Brot, Fleisch, Fisch, Filzpantoffeln, Hautbalsam, Hygienespray, Wimperntusche und frischen Blumen sortierte Anbieter. Es gab Zeiten, da gehörten frische warme Brötchen aus dem sprechenden Computer, Schlacht- und Seeprodukte sowie Gesundheits-, Hygiene- und modische Körperpflegeartikel nicht zum Programm; waren im streng begrenzten Sortiment unvorstellbar; teils auch im Lebensmitteldiscount gesetzlich untersagt.

Den Komplementärbedarf einer modernen Durchschnittsfamilie sah ALDI sehr wohl. Fleischer, Fischläden, Schuhläden, Schuster, Reinigungen, Drogerien, Blumengeschäfte waren in räumlicher Nähe zur ALDI-Filiale gern gesehene Zusatzbranchen; nicht zu vergessen Toto- und Lottoannahmestellen. Strategisches Kalkül: Wenn die Hausfrau „zum ALDI" ging, sollte sie andere Besorgungen „in einem Abwasch" erledigen können. Um ihrem bunten Einkaufszettel bzw. -vergnügen gerecht zu werden, suchte ALDI bei Neuanmietungen entweder die Nachbarschaft solcher Geschäftszusammenballungen oder das Unternehmen griff, die einfallsreichere und häufigere Variante, auf größere Mietobjekte zu und bot Untervermietungen an. Bäckereien, Fleischgeschäfte und Reinigungen waren die bevorzugten Komplementärbranchen.

Mietverträge mit mehr als 5-jähriger Bindung   VA

Bei unumgänglichen Ausnahmen von unserer generellen Regelung, Mietverträge mit einer Laufzeit von 5 Jahren und entsprechenden Verlängerungen abzuschließen, sollen die Objekte folgende Voraussetzungen erfüllen:

a) Eine gute Lage, die auf den Abschlußzeitraum bezogen ein Risiko für uns möglichst ausschließt.
b) Eine Größe, die auf Sicht als ausreichend anzusehen is t oder durch Erweiterung dem späteren Bedarf angepaßt werden kann.
c) Einen Flächenzuschnitt, der uns eine günstige Möblierung und damit einen reibungslosen Geschäftsablauf ermöglicht sowie eine gute Fassade.

Untervermietung Fleischläden / Fleischabteilungen

1. Fleischläden bzw. Fleischabteilungen werden nur dann eingerichtet und weitervermietet, wenn eine völlige Trennung von unserem Laden gewährleistet ist.

2. In den Verträgen müssen folgende Vereinbarungen niedergelegt sein:

   a) Fester Vertragsabschluß für höchstens 5 Jahre, danach jährliche Kündigungsmöglichkeit für beide Seiten,

   b) Vereinbarung einer Kündigungsmöglichkeit, wenn ein bestimmter Umsatz nicht erreicht wird (DM 6o.ooo,-- bzw. 2o % unseres Umsatzes, wenn dieser unter DM 3oo.ooo,-- liegt),

ALDI-Einkaufszentren – Synergieeffekte für Komplementärbranchen

So entstanden schon in früheren Zeiten kleinere leistungsstarke Einkaufszentren, die auf den ALDI-Sogeffekt setzten und in denen sich die ALDI-Filiale und die akzeptierten Untermieter wechselseitig Vorteile vermittelten. ALDI legte allerdings größten Wert darauf, dass Untermieter ihren Kunden an allen Kontaktpunkten in den Markt hinein, werblich und verkaufstechnisch, deutlich vermittelten, nicht Teil von ALDI zu sein; man teilte halt nur das Dach und eventuell noch den Haupteingang miteinander. Diese differenzierte Publikumsansprache hatte im Wesentlichen zwei offiziöse Gründe und Ziele: Zum einen war ALDI zutiefst überzeugt davon, nur das eigene Unternehmen könne auf die Huckepack Reisenden eine positive Wirkung ausüben, umgekehrt sei wenig zu erwarten; unkritische Selbstbeschau aus verklärter Höhe. Der andere Grund war kaufmännischer Natur: ALDIs großzügige Umtauschregelung[1] musste auf eigene Ware begrenzt bleiben. Jedwede Qualitäts- und Produkthaftungsgemengelagen mit den Huckepacklern mied ALDI peinlichst.

89

---

1 Siehe unten Rn. 140 ff.

Freiberufler als „Backpacker"

90   Und noch ein anderes Phänomen wurde deutlich. Dort, wo ALDI saß, täglich reger Publikumsverkehr herrschte, hatten Freiberufler, also Ärzte, Rechtsanwälte, Steuerberater, Versicherungsmakler und andere Leistungsanbieter eine kostenlose „Blickwerbung". Deren simples Kalkül: Gingen jeden Tag 500 Personen bei ALDI ein und aus, sahen 20 % bewusst oder unbewusst auf eines der Büroschilder der Freiberufler. Das macht 100 Blickfänge. 10 % der Hinseher hatten ein konkretes Anliegen oder vielleicht ein latentes. Wurde es akut, erübrigte sich der Blick in Berufs- oder Branchenverzeichnisse. Die kontinuierliche Sogwirkung von ALDI eröffnete Märkte für andere Sparten, quasi im Vorübergehen, löste kreative Schübe für räumlich benachbarte Branchen aus. In einer ALDI-Filiale gehen, nebenbei bemerkt, mehr als 500 Kunden täglich ein und aus; oftmals liegt die Zahl im vierstelligen Bereich.

Die heutige Standortstrategie von ALDI, mit eigenen Pavillons an Ortsränder zu gehen und einer motorisierten Klientel großzügige Parkflächen anzubieten – damit diese sich den Wagen richtig vollpackt –, hat die ehemals geltenden werblichen Aspekte für ALDI-Profiteure in den Hintergrund treten lassen. Diese gehen nicht wegen der ALDI-Kundenströme mit auf die grüne Wiese vor die Toren der Stadt. Motiv für ein Satellitendasein in räumlicher Nähe einer ALDI-Filiale sind allenfalls die großzügigen Parkmöglichkeiten bei ALDI, unverzichtbar für jeden Standortwechsel oder geschäftlichen Neustart des Unternehmens. Wer will schon ernsthaft kontrollieren, ob die Parkplätze ausschließlich von ALDI-Kunden genutzt werden. Kundenfreundliche Parkplätze in unmittelbarer Nähe zur Kanzlei bilden auch für Freiberufler ein strategisches Pfund beim Kampf um den Kunden. Gleichwohl sind frühere fruchtbringende Huckpack-Konstellationen mit dem ALDI-Pavillon auf der grünen Wiese weggefallen.[1]

---

1 Siehe unten Rn. 186 ff.

Lieferung – wird zu eng

20. Die lusitanische Exkursion

91 In Deutschland hat ersichtlich kein Verbrauchermark, Discounter oder Supermarkt und kaum ein SB-Warenhaus portugiesischen Wein kontinuierlich gelistet. Europa und die restliche Weinwelt sind in gängigen Programmen vertreten; zudem ausländische Sorten aus allen Kontinenten. Portugiesischem Wein begegnet man im Einzelhandel, auch bei ALDI, nur in periodischen Sonderaktionen; also eine Weinrarität.

Die gute Fama

92 In den siebziger Jahren, als die Verkaufsstellenzahl von ALDI um die 700 lag, versuchte ALDI, den portugiesischen Weinmarkt zu explorieren, ob sich nicht eine Dauerbezugsquelle auftäte. Portugiesischem Wein ging ein hervorragender Ruf voraus, nicht nur in sprachlicher Anlehnung an die portugiesische Rebe. Urlauber überbrachten vollmundiges Lob vom Algarve, wohin man damals vornehmlich mit Charter reiste.

Der heimische Wein in Portugal, zu etwa gleichen Teilen rot und weiß, teilt sich in den Vinho Verde – den jungen Wein – und den Vinho maduro – den reifen. Rosé ist nur in bescheidenen Mengen vertreten. Es gibt typisierte Regionalsorten von Nord nach Süd, von den feinschmeckerischen Portugiesen weniger wissenschaftlich, eher individuell emotional klassifiziert und präferiert. Ein besonders edles Produkt des Landes ist bekanntermaßen der Portwein; hochprozentiges Produkt vornehmlich aus dem Tal des Douroflusses, welcher in Porto in den Atlantik mündet. Weißer Portwein, lieblicher als der rote Bruder, ist in Deutschland kaum bekannt; aber ein Spitzentropfen und von Kennern der herberen roten Variante häufig vorgezogen.

„Das soll der Fedtke mal versuchen"

93 Theo Albrecht beauftragte mich, der ich verwandtschaftlich in Portugal vernetzt bin, bei einem meiner Familienbesuche an kompetenter Stelle vor Ort die Möglichkeit regelmäßigen Bezugs von portugiesischen Wein für ALDI auszuloten.

Ein Rendezvous beim portugiesischen Weinexport wurde arrangiert. Der Empfang war südländisch aufgekratzt. Man war bestens vorbereitet. ALDI kam gleichsam wie zur Brautschau. Der Ruf als größter deutscher Discounter war längst bis Portugal gedrungen. Ein willkommener Bräutigam also. Zusätzlich stand die deutsch-portugiesische Industrie- und Handelskammer als Leumund Pate.

Das Gesprächsprogramm folgte dem üblichen Grundraster:

► Sorten

► Qualität

► Zertifikate, Qualitätskontrolle

► Mengenanforderungen

► Verfügbare Kapazitäten

► Belieferungsrhythmus

► Preise

► Vertragliche Gestaltung

Mit ausgiebiger Verkostung verlief die Sortenvorstellung harmonisch und anregend. Mancher gute Tropfen war eigentlich zu schade, ihn wieder von sich zu geben, statt ihn sich einzuverleiben. Aber professionelle Weindegustationen haben an allen Orten dieser Welt etwas Despektierliches dem feurigen, wärmenden und anregenden Produkt gegenüber. Bei Proben wird nicht getrunken; Zunge und Gaumen erledigen das Geschäft, den Rest der Spucknapf.

Begeisterung und Abspann in Fado-Stimmung

Der vierte Punkt auf unserer Agenda brachte die Gastgeber zunächst ins stau-   94
nende Schwärmen, das allerdings bald zunehmend einer ungläubigen Verzagt-
heit wich. Eine skizzierte Grobrechnung der Mengenanforderung bewirkte diesen Wandel:

Wenn – zum damaligen Zeitpunkt überschlägig – 700 ALDI-Filialen jeden Tag 50 Flaschen verkaufen, so ergibt dies bei sechs Verkaufstagen und 4,3 Wochen im Monat einen Bedarf von ca. 900.000 Flaschen, bei einem Vorlauf von wenigstens zwei Monaten 1,8 Millionen Stück, für den Fall einer Dauerbelieferung über das gesamte Kalenderjahr stattliche 10,8 Millionen Einheiten.[1]

Und das bitte jahraus jahrein, meine Herren. 50 Flaschen, so untermauerte ich mein Zahlenspiel, seien bei einem guten Produkt eine rechnerische Untergrenze; erfahrungsgemäß unrealistisch. Es könnten gut und gerne 100 oder 150 Stück pro Tag sein. Also noch faszinierender, staunten meine Gastgeber. ALDI müsse zudem – wohlgemerkt – jederzeit aktuell nachbestellen können, setzte ich nach; das sei unverzichtbares Beschaffungsprinzip; Fehlartikel seien kundenschädlich und kostspielige Stellplatzräuber. Das leuchtete allerseits ein.

---

1 Siehe zu anderen Rechenbeispielen oben Rn. 58 ff. und 69 ff.

Sogleich spitzten die Gastgeber behände ihre Bleistifte und addierten: 900.000 Flaschen pro Monat ergäben bei

► so und so viele Flaschen in einem Karton,

► so und so viele Kartons auf einer Palette,

► so und so viele Paletten auf einem LKW.

Man summierte schnell zwischen sieben und zehn große Sattelschlepper pro Tag. Das gehe, deren Anschaffung wäre eine Einmalinvestition. Der portugiesische Transportsektor im Übrigen war gut aufgestellt; Portugal ein Hauptlieferant in Textilien, Schuhen, Marmor, Granit und Kork nach Mittel-, Nord- und Osteuropa, sein Straßennetz modern an diese Gebiete angebunden, kannte keine logistischen Transportprobleme.

Aber die Mengen! Wirklich? Nachrechnen! Stimmt! Kein Rechenfehler. Woher diese atemberaubende Literzahl nehmen? Täglich, monatlich, jährlich. Unsichere Blicke auf den Gast. Atempause. Kaffee nachschenken.

Langes Schweigen. Schließlich das gefasste Eingeständnis, dass kein Produzent in Portugal diese Menge herbringen könne, stelle er sich selbst ganz auf ALDI ein. Beginnende Fado-Stimmung im Rund. Auch der spontane Einwurf eines der Gastgeber, man könne aus dem ganzen Land eine einzige große Kooperative machen, wenn man die Provenienzen aller gewünschten Weinlagen zusammenbekäme, wurde schnell wieder verworfen. Aussichtslos. Weitere Überlegungen abgeschlossen. Einvernehmliches Ende gemeinsamer Planspiele. Ende des Traums vom großen Geschäft. Versöhnliche Fado-Minen bei meinen Gesprächspartnern.

ALDI in Portugal – Weinmengen satt

95 Zum Austausch von Preisvorstellungen, welche dem ALDI-Niveau in Verbindung mit der Qualität bestens entsprochen hätten, kam man nicht mehr. Die Dimensionen 1 und 2[1] hätten das ALDI-Herz höherschlagen lassen. Doch eine andere Dimension, landestypisch geprägt, beendet das herzliche Treffen in typisch portugiesischer Manier: mit einer Geschenkschatulle ausgesuchter heimischer Tropfen zum Abschied.

ALDI solle nach Portugal kommen, dann sei die heikle Mengenfrage kein Problem, scherzte einer der Gastgeber beim Abschied. Strategisch gut vorausgedacht. 30 Jahre später erfüllte sich dieser Wunsch nach Zusammenarbeit. In

---

1 Siehe oben Rn. 1 ff.

ALDI-Läden – in schmucken Pavillons, grau in grau gemäß deutschem Baustil-muster[1] – vorerst nur im Algarve bis nach Lissabon – kann man seit Juni 2006[2] ausreichend portugiesischen Wein aller heimischen Regionen kaufen; qualita-tiv hochwertig und preiswert. Von dem man, ein offenes Geheimnis, niemals Schädelbrummen bekommt, habe man ihm noch so ausgiebig zugesprochen. Woran es genau liegt, ist nicht bekannt. Was allein zählt, ist der Befund.

Fazit meiner Erkundungsreise: Manchmal steht sich ein Marktriese selbst im Wege, wenn es gilt, Wunschvorstellungen zu verwirklichen.

---

1 Siehe oben Rn. 51 ff.
2 Siehe unten Rn. 177 ff.

Eigenprodukte

21. Kaffeeprobe mit Theo Albrecht

96 Kaffee ist unbestritten das Paradepferd im ALDI-Rennstall; ein absolutes Stilprodukt im Sortiment. Auf seine Güte hin wird er täglich verkostet; geradezu feierlich. Teilnehmer der Verkostung in der Zentrale Essen waren zu meinen ALDI-Zeiten Theo Albrecht, der restliche Verwaltungsrat, also V 2 und V 3,[1] der Leiter des zentralen Einkaufs und ich als der regionale Geschäftsführer. Sofern alle fünf Akteure anwesend waren, saß das globale und regionale Topmanagement vor dampfenden Kaffeekannen, gebrannte Wohlgerüche in der Nase, die Nüstern erwartungsvoll geweitet.

Smalltalk beim Blindtest

97 Diesen täglichen Treff nach der Mittagspause, gerade mal ein Plauderstündchen lang, nutzte Theo Albrecht ab und an für informellen Smalltalk. Ein seltenes Ereignis bei dem zur Zurückhaltung neigenden Inhaber. In gediegener Runde inmitten behaglichen Dufts und mit aromabeflügelter Laune Neuigkeiten vom wortkargen Firmenchef zu hören, das wog. Die Droge Kaffee beflügelt wohl die Zunge. Auch diejenige der selbstverordnet eher einsilbigen Zeitgenossen.

Also ritualisierte die erlesene Schar hochrangiger Kaffeetester den üblichen Ablauf vor den schmucklosen Probierkännchen, machte es sich auf einfachen Stühlen bequem, schlürfte und schleckte genüsslich um die Wette; räsonierte über diese unabdingbar notwendige Routine. Ring frei für das tägliche Standardszenario: ALDI-Auslesen gegen Wettbewerbsware; zum x-ten Mal im Blindtest. Der Ausgang des Wettrennens war absehbar. Theo Albrecht, stolz auf seine Produkte, und das vollkommen zu Recht. ALDI-Kaffee löste in ihm Glücksgefühle der besonderen Art aus, das sah man ihm an. Er war Kaffeeconnaisseur, wurde bisweilen einen Deut gesprächiger, fast feierlich.

Herten als erste Produktionsstätte

98 ALDI röstet seit den Frühzeiten des Unternehmens eigenen Kaffee. Entgegen der guten alten Kaufmannsweisheit, dass der Vertreiber nicht selbst produzieren soll; damit er sich nicht mit eigenen Reklamationen und Retouren zuschütte und ruiniere. Hersteller- und Vertriebscharaktere sind selten seelenverwandt. Doch war eine eigene Kaffeeproduktion seit jeher eines der Steckenpferde beider ALDI-Brüder, überzeugte Kaffeeliebhaber. Wo heute ihre Eigen-

---

1 Siehe oben Rn. 25 ff.

marken Nord und Süd gebrannt werden, steht auf den Verpackungen. Die erste Produktionsstätte war Herten.

Und Eier wurden auch gelegt

Intermezzo: Herten beheimatete in den Anfangsjahren des Unternehmens ein zweites Eigenprodukt: Eier. Jahrelang bezog ALDI aus eigener industrieller Hühnerhaltung tagesfrische Eier, lag im Qualitätsvergleich der Branche zumeist konkurrenzlos an der Spitze. ALDI-Eier in den Regionalbereichen Herten und Essen, sozusagen warm aus dem Nest auf den Frühstückstisch; diese Frische war schwerlich zu überbieten. Später fiel die Eierfarm den Umwelt- und Lebensmittelvorschriften mit vielen neuzeitlichen Auflagen zum Opfer. Bei ständig wachsendem Bedarf schrumpfte zudem die hauseigene Eierproduktion in Herten zum kostspieligen Hobby. ALDI-Nord gab sie klugerweise auf. Dass auf den hauseigenen Eiern „ALDI" aufgedruckt gewesen sei, ist ein Scherz, der zwar eine gewisse innere Schlüssigkeit für sich hat, aber dennoch nicht stimmt. Wirklich nicht.

99

Auftrumpfen im Wettbewerb

Die eigene Kaffeeproduktion blieb, später erweitert um zusätzliche Standorte. ALDI-Kaffee ist ein scharfes regulatorisches Preisschwert; beherrschender Leitpreis im Wettbewerb, ein nachfragesensibler Seismograph im Markt. Jeden Wochenanfang registrieren die Mitbewerber erwartungsgespannt, was die Kaffeepreise bei ALDI machen. Das Ergebnis der Recherche inspiriert sie durchaus zu Preiszugeständnissen. ALDI ist der Taktgeber für den Marktpreis: Durch großvolumige Eigenproduktion mit freier Preisgestaltung lässt sich – selbst unter Verzicht auf Gewinn an der Produktionsstätte – in der eigenbelieferten Discountlinie der Abgabepreis an den Kunden perfekt steuern; ein legales und effizientes „Innengeschäft".

100

Das unternehmerische Risiko für den Produzenten ALDI ist unbedeutend. Kaffee ist in der Herstellung ein recht unanfälliges, kaum mit Ausschuss belastetes Produkt. Sofern das Rohprodukt in qualitativ gewünschter und ausreichender Menge auf dem Weltmarkt vorhanden ist. Mit derlei Mengen- und Qualitätsfragen muss sich auch der Wettbewerb auseinandersetzen.

ALDI-Kaffee hat immer wieder Bestnoten von professionellen Warentestern erhalten. Er bleibt ein gehätschelter Preisrenner im Kampf um die Gunst der Kunden. In der Warengruppenanordnung der Läden steht er an auffälliger Stelle am Eingang. Vorhang auf! Einzug der Käufer mit hochgereckter Nase, den

Kaffee fest im Blick, der in den Regalen Spalier steht für den Empfang des Königs, des Kunden. Da sind die Luxus-Eigenmarken gerade gut genug.

Konkurrenzlos

22. Kundenansprache à la ALDI

101 ALDI wirbt nicht. Das Unternehmen konterkariert die Theorie, intensives Marketing sei die Seele des Erfolgs. Was denken sich die nadelstreifigen Theoretiker mit ihren schweinsledernen Aktenköfferchen und handgenähtem Schuhwerk eigentlich? ALDI entlarvt mit seiner Kundeansprache den glücksverheißenden Glamour smarter Marketing-Gurus und ihre vollmundigen Schönredereien von Gaumenfreuden und Statusutensilien als leeres Wortgeklingel, das den Blick auf das versperrt, was zählt. Das Unternehmen spricht den Kunden unter Verzicht auf peppige Ansagen und ohne babylonisches Verführungsvokabular an, gewinnt Glaubwürdigkeit – pointiert gesagt – über Qualität und Preis; beides unverschlüsselte eingängige Botschaften. ALDI unterhält keine Werbe- und Marketingabteilung. Werbekampagnen im Fernsehen? Welch nutzloser Luxus, sinnlos vergeudete Fabulierkunst, verzichtbar teure Floskeln und Plattitüden.

ALDI steckt die erzielten Kosteneinsparungen in kundenfreundliche Preise, seit jeher eine institutionalisierte Selbstverständlichkeit und erstrangige Marktwaffe. Die Dimensionen 1, 2 und 3 sind angesprochen.[1]

Marketing durch Weitersagen

102 ALDI braucht keine Werbung; aus doppeltem Grund und Kalkül. Ein Unternehmen, dem die Konsumenten in Scharen zulaufen, das allenfalls Beschaffungsprobleme und keinerlei Absatzüberhänge kennt – der Traum des Kaufmanns –, kann sich kostspielige Werbe- und Marketingpropheten schenken; es braucht keine tiefsinnigen Erkenntnisse darüber, wie der Kunde tickt, benötigt keine poetisch veranlagten Ideenfinder, die seine Waren anpreisen.

Mund-zu-Mund-Propaganda ist das effizienteste Marketing-Instrument, das weiß man; sie bringt ALDI den Publizitätsschub, den sich jeder Kaufmann im tiefsten Süden seines Herzens wünscht: Die frohe Botschaft seines Qualitäts- und Preis-/Leistungspotentials wird von zufriedenen Kunden im Markt – kostenlos – verbreitet, macht den Verkauf zum Selbstgänger. Man schaue auf die Warteschlangen vor den Kassen und die Parade der PKW auf den Parkplätzen. Der Absatz boomt bei ALDI auch ohne marktschreierische Werbekampagnen; ganz und gar im Einklang mit wirtschaftstheoretischen Erkenntnissen und einem Verständnis von den Mechanismen des Marktes, die aus Kundensicht wichtig sind. Kundengewinnung kann so einfach sein.

---

1 Siehe oben Rn. 1 ff.

Ein Produkt ist ein Produkt ist ein Produkt

ALDI betreibt simple Produktinformation in der Tagespresse und im Internet; 103
unverfänglich, einfühlsam – gescheit. In einfachen sprachlichen Strukturen.
Ausgesucht nach Sortimentsteilen und mit Schwerpunktsetzungen; jeweils für
montags und donnerstags, aufgeteilt in Food und Non-Food. Die Regelmäßig-
keit der Information erzeugt einen ins Blut gehenden Nachfragerhythmus,
fast eine Konditionierung, sie variiert nach Jahres- und Saisonzeiten, kennt
auch spezifische technische Themenschwerpunkte und präsentiert in ausgesuchten Zeitabständen ausländische Produktpaletten.

Die Produktauflistung wird von einer kargen Bildersprache mit Texten begleitet, die reine Sachinformationen über die Ware enthalten; alles für jedermann
verständlich, auch für eine Migrantenklientel mit bescheidenen Kenntnissen
der deutschen Sprache. Keine Abbildung erscheint in Hochglanzaufmachung,
versteht sich.

Bestimmte Highlights zum Lifestyle, wie technische Geräte und Reisen, werden durch Extraflyer oder Anschläge im Laden bekannt gemacht; sie sind zugleich Lockvogelartikel für das übrige Sortiment. Standardprodukte aus dem
Lebensmittelbereich werden generell nicht angesprochen, außer bei nachhalti-
gen Preisermäßigungsaktionen. Im Internet kann man sich über die Sonderartikel für die kommenden Wochen und Monate informieren. Hauspostillen
liegen zusätzlich in den Läden aus, runden die Modernität einer intensiven un-
mittelbaren Kundenansprache ab; sind Kennzeichen und Wesensmerkmale einer prosperierenden Verkaufskultur, die selbstsicher aus dem Vollen schöpft.

Blau-weißer Blickfang

Und dann verschwindet alles in der schmucken ALDI-Tragetüte, die im Stra- 104
ßenbild nicht zu übersehen ist. Werbefachleute würden von einem „Werbeträ-
ger" oder der „Verkörperung einer Marketingidee" sprechen, ein Werbe-Guru
das „potente Medium Tragetasche" preisen und sich „an der Kundenakzeptanz
mit multiplikativer Breitenwirkung" ergötzen – und keinen Cent mehr Umsatz
erzielen helfen.

Schön und informativ

23. Informations- und Statistikpolitik

105   „Information und Statistik", anerkanntermaßen wichtige unternehmerische Steuerungsinstrumente, behandelt ALDI stiefmütterlich; Zahlen und Statistiken im Gewand eines Hätschelstiefkinds. Korrespondierend mit intensiver Grabesstille in der Außendarstellung[1] wird auch nach innen in das Unternehmen hinein so wenig wie möglich an Informationen eingespeist; Transparenz des Firmeninnenlebens unerwünscht. Viele Mitwisser bilden potentiell viele Schwachstellen. Wo Zahlen und Statistiken Blicke auf sich ziehen, ist der Weg von schlichter Neugier oder beruflich gelenktem Informationsinteresse zur Preisgabe von Betriebsgeheimnissen manchmal recht kurz. Karl und Theo Albrecht beugten dem von Beginn an mit einer auf Minimalismus angelegten innerbetrieblichen Informationspolitik vor.

Aktive Informationsinstrumente des Verwaltungsrats

106   Bei ALDI gibt es kein übliches innerbetriebliches Informationssystem; weder horizontal noch vertikal. Als Führungsinstrument ist es bewusst rudimentär gehalten, flach angelegt, untiefenhaft. Stabstellen fehlen[2], die eigene Informationsflüsse auslösen.

Selbstverständlich kommt auch ALDI nicht ganz ohne interne Information und Statistik aus. In Führungssystemen, in denen wie bei ALDI von oben durchregiert wird, lenkt die Spitze die nachgeordneten Hierarchieebenen und versorgt sie mit den notwendigen Informationen für die Durchführung der Aufgaben. Das bewirkt der Verwaltungsrat[3] als Leitungsgremium mittels der Geschäftsführersitzungen sowie des zentralen Geschäftsführerhandbuches und anderer Handbüchern für Verkaufs- und Bezirksleitung.[4] ALDIs Informations- und Statistikkonzept richtet sich aktiv danach aus, welcher Mitarbeiter auf welcher Ebene welche unverzichtbaren Informationsvorläufe oder -zusätze erhalten muss, damit er die Aufgaben seines Stellenbereichs erfüllen kann. Anderes aus anderen Bereichen ist tabu, gilt als unternehmerischer Leerlauf und unnötiger informativer Ballast.[5] Eine Ausnahme ist der periodische allgemeine Betriebsvergleich der Niederlassungen.

---

1   Siehe oben Rn. 16 ff.
2   Siehe oben Rn. 28 ff.
3   Siehe oben Rn. 25 ff.
4   Siehe oben Rn. 45 ff.
5   Siehe oben Rn. 28 ff.

Passive Information

Geht man strikt von den unternehmensstrategisch bedeutsamen fünf Dimen-   107
sionen aus,[1] so ergibt sich für den auf alle Ebenen durchregierenden Verwaltungsrat als Bedarf an relevanten Informationen und Statistikmaterial für unternehmerische Entscheidungen:

1. Der günstigste Verkaufspreis wird vom Verwaltungsrat zusammen mit der
Einkaufs OHG bestimmt; dafür braucht es zur letzten Kalkulation externe
Preisvergleiche mit dem Wettbewerb,[2] aber keine betriebsinterne Information
oder Statistik; die Einkaufspreise regelt der zentrale Einkauf, abgesegnet durch
den Verwaltungsrat. Für Regionalartikel wird die Marge dem regionalen Einkäufer von oben vorgegeben.

2. Qualitätskriterien sind ohne besonderen internen Informationsbedarf; für
sortimentsanalytische Fragen reichen laufende Testberichte der regionalen
Niederlassungen und Ergebnisse der ständigen externen Prüfinstitute aus.[3]

3. Das dogmatisch verfasste ALDI-Memento zu Kostendisziplin und Wirt-
schaftlichkeitsstrenge enthalten alle Stellenbeschreibungen. Informationen
oder gar Statistiken sind insoweit entbehrlich. Für passive Information gilt:
Unwirtschaftliche Ausreißer nimmt sich der Verwaltungsrat anhand der monatlichen, halb- oder ganzjährigen Erfolgsrechnung oder der Betriebsvergleiche vor oder macht empirische oder spontane Schwachpunkte – etwa zum
Krankenstand oder überdurchschnittlichem Personalwechsel – zum Thema im
Rahmen der laufenden oder außerordentlichen Dienstaufsicht.[4]

4. Beim Personal, auch bei ALDI der Hauptkostenfaktor, wird es brisant. Verwaltung, Verkaufsstellen und Lager/Fuhrpark – darauf liegt das Hauptaugen-
merk. Hierfür dienen zur statistischen Erfassung u. a. folgende Erhebungen:
Personalkosten in der Verwaltung, Umsatz je Verwaltungsmitarbeiter, Per-
sonalumsatzstatistik Verkauf, Personalkosten Verkauf, Personalleistungszah-
len Verkauf, Umsatzstellenliste Verkaufsstellen mit Ergebnisberechnung monatlich und kumuliert (Bezirksübersicht als zentrale Statistik), ferner Personalkosten Lager und Fuhrpark sowie Umsatz je Person.

5. Zum Anmietungssektor interessieren die Unternehmensleitung Fragen zur
möglichen Austauschbarkeit unrentabler Objekte. Dafür ist keine laufende In-

---

1 Siehe oben Rn. 69 ff.
2 Siehe oben Rn. 65 ff.
3 Siehe oben Rn. 69 ff.
4 Siehe unten Rn. 189 ff.

formationssammlung erforderlich. Wenn die Werte der allgemeinen Verkaufs-
statistik für eine Verkaufsstelle im Vergleich zu anderen Niederlassungen wesentlich abfallen, ist eine Einzelwertanalyse fällig. Die dafür erforderlichen Informationen werden fallbezogen vom Geschäftsführer unter Mithilfe des An-
mieters – zur Vorlage an den Verwaltungsrat – zusammengestellt. Für neue
Standorte vermittelt der regionale Geschäftsführer seine Erkenntnisse „nach
oben".

Summa summarum ist damit die Verkaufsfront nebst Lager und Fuhrpark, wo
der Warenumschlag sich unmittelbar sach- und personalkostengemäß aus-
wirkt, dauerinformations- und -statistikrelevant; von dort müssen alle maßgeblichen Sach- und Personaldaten für die Unternehmensleitung präsent
sein.[1]

Brüderlicher Nord-Süd-Vergleich

108 Jährliche Betriebsvergleiche ALDI-Nord und ALDI-Süd, eine nicht gänzlich emo-
tionsfreie Zahlenspiegelei, erstrecken sich im Wesentlichen auf:

▶ Hauptkostenarten in Prozentanteilen bei Personal, Mieten, Energie, Ver-
sicherungen, Produktinformation, Reise und Spesen, Transport, Kraftfahr-
zeuge, Kommunikation, Büromaterial und Drucksachen,

▶ Für Einzelbereiche Büro, Verkauf und Lager/Fuhrpark werden verglichen:
Beschäftigte, Umsatz je Person, Kosten in Prozent vom Umsatz, Krankenstand,

▶ Für beide Stämme ALDI-Nord und Süd interessieren: Anzahl der Filialen,
Umsätze aller Filialen, Gesamtkosten in Prozent vom Umsatz.

---

1 Siehe oben Rn. 72 ff.

Ergebnisrechnung vom 1.1. bis __31. 8. 1976__   __ALDI Essen__

	Konto	Monat August 1976		vom 1.1. bis 31.8.1976	
		DM	% v. U.	DM	% v. U.
1. Warenumsatz					
a) Warenverkauf Verkaufsstellen	800	▬▬▬▬		▬▬▬▬	
b) Warenverkauf Lager	801				
c) Bruttoumsatz insgesamt					
./. Probeeinkäufe					
Nettoumsatz					
2. Wareneinsatz					
a) Anfangsbestand zum 1.1./1.8.76					
b) + Warenzugänge	300				
c) + Warenbezugskosten	37				
d) − Skonti von Lieferanten	380				
e) − Boni und sonstige Nachlässe	381/89				
f) − Endbestand zum 31.8.1976					
g) Zwischensumme Wareneinsatz					
h) − Interne Warenlieferungen	802				
i) bereinigter Wareneinsatz					
j) + Verpackungsmaterial	450				
Wareneinsatz insgesamt					
7. Kosten					
a) lt. Kostenaufstellung					
b) Abschreibungen Kostenvorschuß	470				
c) ~~Kostenumlage~~	260/61				
d) Gesamtkosten					
e) − Leistungserlöse Schreinerei					
bereinigte Kosten					
8. Betriebsergebnis + oder ./.					
9. Neutrale Erträge	21, 23, 25				
12. Nettoergebnis + oder ./.		▬▬▬ ▬		▬▬▬	▬▬▬

Wochentag des Bilanzstichtages: __Dienstag__   __Essen__, den 29. 9. 1976

(Stempel und Unterschriften)

ALDI GmbH & Co. KG

Z 28/3 100 Bl. à 50 Bl. 4.69

WOCHENBERICHT   Woche vom //.2. bis /3.2.74

VST-Nr.   513

1	2	3	4	5	6	7	8	9	1o	11	12	13	14
Dat.	Kasse	Null-stellung	Darbetrag	Ver-tastung	Fehl-betrag	Über schuß	Tagessoll Betrag	Kosten	abgelief. Geld	Gut-scheine	Kassenbest.	Tagessoll Betrag	abgeles Betrag

Letzter Kassenbestand des vorherigen WB

./. Vertastung u. Fehlbeträge
= Zwischensumme
+ Überschüsse
= Ges. Summe (s.Spalte 4)

Zeitmanagement

24. Management by Schablone

109 Jedermann in verantwortungsvoller Position weiß, wie wichtig Planung ist; für die eigene Arbeitseinteilung sowie in der Vernetzung mit anderen Planern. Acht bis zwölf Arbeitsstunden pro Tag können lang sein oder auch kurz, abhängig vom Planungsgeschick des Einzelnen. Wer nicht sinnvoll plant, wird von den Ereignissen geschoben, gerät in ständige Zeitnot und „hat nie Zeit". Der „passive Planungsmuffel" ist eine Figur, die bis oben in die Etagen des Topmanagements mit erfahrenen Mimen besetzt ist; die sich, wen wundert's, vorzüglich auf das Fach des „Improvisationskünstlers" verstehen, viel Planungs- und Durchführungsstress im Umfeld verbreitend.

Aktives Zeitmanagement für Führungskräfte

110 Das Geheimnis für langfristigen Erfolg liegt in der aktiven Zeitplanung. So lautet der in Stein gemeißelte Leitsatz. Zeitmanagement erfordert Disziplin, Ausdauer und Unverzagtheit angesichts der Erkenntnis, dass effiziente Planung unter vielfältigen Vorbehalten, oftmals auf tönernen Füßen steht; angefangen bei falscher Einschätzung des Zeitbedarfs für die Erledigung einer Aufgabe bis hin zu nicht planbaren latenten Unvorhersehbarkeiten im Tagesgeschehen, welche die aktuelle Tagesplanung beeinträchtigen, im Extremfall pulverisieren. Das ist aber kein Grund, überhaupt nicht zu planen, die Dinge einfach auf sich zurollen zu lassen, sich mit passiver Planung zu begnügen.

Natürlich hängt der Erfolg aktiver Zeitplanung auch davon ab, inwieweit man eigenständig planen kann oder in andere Planungsabläufe eingebunden ist; auch ist zu berücksichtigen, ob es sich um Standardaufgaben oder Einzelvorgänge im Tagesgeschäft handelt. Wer in einer Führungsposition arbeitet, für den ist aktives Zeitmanagement ein unverzichtbares Führungsmittel, das beherrscht werden muss. Ein souveräner Umgang mit dieser Materie schafft mentale Stabilität. Gutes Planungsgeschick ist ein Qualitätsausweis, nicht nur im Beruf. Auch das ist Allgemeingut. Um das hehre Ziel der Zeitbeherrschung zu erreichen, offeriert die Managementliteratur tiefschürfende bis illustre Anleitungen und hilfreiche Ratgeber mit Positiv- und Negativbeispielen; meterweise sind Regale der Buchhändler prall gefüllt mit „Aufklärungsliteratur" zur Tages-, Wochen- Monats-, und Jahresplanung für erfolgreiches Management. Schwächen im Zeitmanagement lassen sich durch ein Fehler- und Vorsorgemanagement zum richtigen Umgang mit Planungen beheben.[1]

---

1 Vgl. Fedtke, Zeitmanagement, 2001, erschienen im NWB Verlag, Herne.

Die eherne Gleichung

Bei allem Enthusiasmus für ein prall gefülltes Berufsleben geht es auch darum,   111
runde Lebensqualität über den Gesichtspunkt „Freizeit" zu definieren. Familie,
Sport, Hobbies – alles muss seinen Platz in der Tagesplanung finden, für die
eine einleuchtende Formel gilt:

	24 Stunden Tages- und Nachtdauer
./.	8 Stunden Ruhe- und Rüstzeit
./.	X Stunden Arbeitszeit
=	verfügbare Freizeit täglich

Die Gleichung erhellt, dass der entscheidende Schlüssel für eine ausgewogene
harmonische Zeitplanung auf der Ebene drei liegt, beim – individuell mehr
oder weniger variablen – Ansatz notwendiger Arbeitszeit. Stünde dort im Extremfall eine imponierende 16, gäbe es eine satte Null für Freizeit und Lebensqualität. Diese wächst, keine Rechenkunst, umso stärker an, je stringenter die
Arbeitszeit eingehalten werden kann; oder man spart – leichtfertig – auf der
Ebene zwei.[1] Das Geheimnis proaktiver Zeitplanung liegt mithin in der radikalen Begrenzung der Rechengröße „notwendige Arbeitszeit"; genauer: ihrer ver-
antwortbaren Minimierung.

Planungs-Make-up à la ALDI

Rückkehr ins ALDI-Ambiente. Wunsch und Wirklichkeit guten Zeitmanage-   112
ments prallten auch hier aufeinander. Workaholics und Lebenskünstler sollten
in punkto Planungsverfasstheit systematisiert werden. ALDI Nord entwickelte
dafür eine Planungsphilosophie in kompakter Form und setzte sie mit ge-
wohnter Gründlichkeit um: bürokratisch für alle Mitarbeiter, reihum. Für den
Geschäftsführer über die Linie bis in alle Abteilungen, allüberall galt das vom
Verwaltungsrat verordnete allgemeinverbindliche Planungs- und Selbstkon-
trollformular; formularisiertes Selbstmanagement.

---

1 Zur Tagesplanung des ALDI-Führungspersonals siehe oben Rn. 12 ff.

Tagesplanung

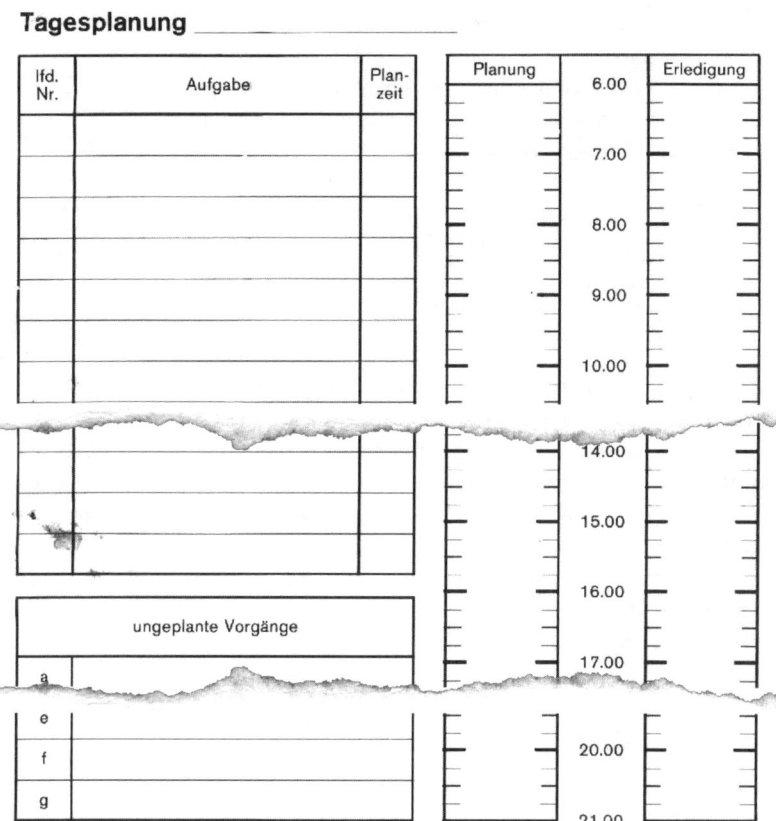

Plan dich oder ich fress dich!

113   In einem 15-Minuten-Raster waren die Soll- und Ist-Zeiten der Tagespartitur zu dokumentieren, am Tagesende auszuwerten und bei Überhängen auf den nächsten Tag fortzuschreiben. Alternative Zeitplanung, individuelle Planungssysteme oder unabhängiges Planungsdenken ließ das prokruste Uniformitätsprinzip par ordre ALDI nicht zu. Streng hielt der Verwaltungsrat die Befolgung

seiner Gebrauchsanweisung zur Arbeitszeitveredelung bei Dienstaufsichten nach.[1]

WOCHENBERICHT	Woche vom 11.2. bis 17.2.74								VST-Nr.	513		
1	2 3	4	5	6	7	8	9	1o	11	12	13	14
Dat.	∅ Null-stellung	Barbetrag	Ver-tastungbetrag	Fehl betrag	Über schuß	Tagessoll Betrag	Kosten	abgelief. Geld	Gut-scheine	Kassenbest.	Tagessoll Betrag	abgelos Betrag
			Letzter Kassenbestand des vorherigen WB									

./. Vertastung u. Fehlbeträge ███████
= Zwischensumme ███████
+ Überschüsse ███████
= Ges. Summe (s.Spalte 4) ██████

Wichtig war dem Verwaltungsrat, dass jeder Planer stets die Sollvorgaben mit den Ist-Zeiten verglich, zur objektiven Auswertung sowie subjektiven Selbstkontrolle und -erziehung, zur Gewissenerforschung über leichtfertige Zeitvergeudung und fällige Besserungsbemühungen. Eine Hauch von „Schulklassendisziplin" – und das mit einer tierischen Ernsthaftigkeit, die ordens- und preisverdächtig war.

Durch die kurzen Intervalle von einer Viertelstunde erfuhren alle betroffenen Stelleninhaber eine bedeutungsschwere Aufwertung ihrer Person, die ihnen bei nüchterner Betrachtung gar nicht zukam. Der einzig planerisch wirklich zeitkritische Fixpunkt im Tagesablauf des Geschäftsführers ist seit jeher die allmorgendliche Feststellung von Fehlartikeln oder ausbleibenden Lieferungen, etwa bedingt durch Wetter, Streiks, höhere Gewalt oder andere Ursachen. Der Umsatz muss rollen, der Fuhrpark laufen. Der Rest ist wichtig, aber in einem Selbstläufersystem zweitrangig planerisch begleitend. Doch unkritischer Perfektionismus des Verwaltungsrats verpflichtete dazu, den Tag unter Einsatz des fein linierten Bordbuchs aufzubröseln. Die Grundidee von Tagesplanung mittels einer Planungsunterlage hatte das oberste Leitungsgremium aus Bad Harzburg[2] mitgebracht. Bei der Umsetzung und Interpretation der Erkenntnisse in die ALDI-Fasson eskalierte das Ganze dann zu einem Muster physischer Gängelung und mentalem Overkill. Surreales Zeitmanagement, gemessen an den betrieblichen Anforderungen; führungsideologischer Unfug mit pseudopragmatischem Ansatz.

---

1 Siehe unten Rn. 189 ff. Auf die Ziffern 11 und 15 des Kontrollberichts vom 13. bis 17.9.1976 wird verwiesen (S. 258 f.). Ein amüsantes Beispiel für eine Bevormundung in Sachen „richtige Zeiteinteilung".

2 Zum Harzburger Modell siehe oben Rn. 25, 27.

Filigrane Personaleinsatzplanung in den Filialen

114 Große Bedeutung kommt der Personaleinsatzplanung in den Verkaufsstellen zu. Mit dem Minimum an Personal das Maximum an Umsatz zu erwirtschaften, ist ambitionierte kaufmännische Zielsetzung, sinnvoll und legitim. Verlangt von der Filialleitung sparsam ausgefeilte Choreographie der Personalbestückung. Dazu bedurfte es nicht dieses überkandidelten Planungsformats. Zwei Beispiele aus der Feder des Verwaltungsrats zur Personalbedarfsentwicklung lesen sich indes wie hyperaktive Regieanweisungen zur Planungs- und Controllingarbeit unter Einbindung des Verkaufsstellenpersonals.

```
Seite 2                          Stundentabelle


    Beispiel: Monatsumsatz x 9,5 Std.
              4,3 Wochen x 52,5 Std. pro Woche

            = 3ooooo x 9,5
              ---------------   = 1261o Tagesumsatz
                 226

              oder


              35oooo x 9,5
              ---------------   = 14712 Tagesumsatz
                 226
```

Nortorf, 25. Juni 1975

Tabelle Personal-Einsatzplanung

Kassieren			bis 250	250 - 350	350 - 450	450 - 550	550 - 650	650 - 750	750 - 850	850 - 950	über 950
Ums. TDM	Std.										
		Mo.-Fr.	8,0 Std.	9,5 Std.	11,0 Std.	12,5 Std.	14,0 Std.	15,0 Std.	16,5 Std.	18,0 Std.	19,5 Std.
		Samstag	4,5 Std.	5,0 Std.	6,0 Std.	7,0 Std.	7,5 Std.	8,5 Std.	9,0Std.	10,0 Std.	10,5 Std.
		Paletten									
4	4	8	6,5	6	5,5	5,5		5		4,5	4,5	4,0
5	5	9	7,5	7		6,5	6		5,5	5,5	5,0	4,5
6	6	10	8		7,5	7		6,5	6,5	6	5,5	5,5	5,0
7	7	11	9		8,5	8		7,5	7	6,5	6,5	6	5,5
8	8	12	10	9		8,5	8		7,5	7,5	7	6,5	6,5
9	9	13	10,5	10		9,5	9		8,5	8	7,5	7,5	7
10	10	14	11,5	10,5		10	9,5		9	8,5	8	7,5	7,5
11	10,5	15	12,5	11,5		11	10		9,5	9,5	8,5	8,5	8

Konfektioniertes Planungsgebahren schlug bis nach unten ins letzte Glied, zu den Verkaufsstellen durch. Dort trieb das überzogene Planungsgewerk die Kosten, lenkte vom Verkaufsgeschäft ab. Geschäftsführer, Mitarbeiter in Linienpositionen und Abteilungsleiter konnten das pralle Planungspaket in ihr Tagewerk integrieren, ohne dass es umsatzschädlich wurde. Im Verkauf sah das anders aus. Da ist „unproduktive" Büroarbeit schädlich. Vor allem die Filialleiter[1] wurden bei der Erfüllung ihrer Kernaufgaben behindert, wenn sie statt Fuhren anzunehmen, Paletten abzupacken, Waren aufzufüllen, leere Kartons zu ziehen, auszuräumen, zu kassieren etc. umfangreiche Planungsdaten erheben mussten; das alles zusätzlich zu ihren anderen Verwaltungstätigkeiten wie Kassenabschlüsse, Kassenbuch, Wochenberichte etc. Es war überdeutlich: Der Verwaltungsrat auf seinem „Olymp" hatte den Kontakt zur Realität an der Verkaufsfront ziemlich verloren: Ein guter Filialleiter zeichnet sich durch Übersicht, Umsicht und leichtfüßiges, geschmeidiges Planungsgebaren, ganz nach Bedarf, aus. Faustformelhafte Planungskriterien reichen aus.

Beliebig vermehrbare Beispiele belegen, welche überdehnten Anforderungen an die schriftliche Planung für Personalbedarf und Personaleinsatz im Verkaufstellenbereich gestellt wurden. Da gab es detaillierte Berichtspflichten für die Filialleiter z. B. über abgepackte oder nicht abgepackte Paletten oder Einzelaufzeichnungen der Mitarbeiter über ihren Tagesplan, von der Filialleitung gegenzuzeichnen.

Streng bürokratisch ging es auch im Zentrallager zu; jeder Ablauf wurde dokumentiert. Orwell lässt grüßen, der „Große Bruder" wachte über alles.

Personalplanung Woche vom ...... bis							

I. Personalbedarf

	Montag	Dienstag	Mittwoch	Donnerstag	Freitag	Samstag	Gesamt
Zu erwartender Umsatz							
Abzupackende Paletten							
Personalbedarf Kassieren							
Personalbedarf Warenauffüllung							
Personalbedarf sonstige Arbeiten							
Gesamtstunden (Richtwert für Personaleinsatz)							

II. Personaleinsatz

Name	Std.	Zeit	Std.	Zeit	Std.	Zeit	Std.	Zeit	Std.	Zeit	Std.	Zeit	Ges.-Stunden

---

1 Zur Bedeutung der Filialleiter für den Unternehmenserfolg siehe oben Rn. 72 ff.

```
.....................................        VST ...................
      Namen      /    Vornamen             .

    .   Mein Tagesablauf am ................., den ............... 1974
                      (Wochentag)
    ┌─────────────────────┬─────────────┬─────────────────┬──────────────────┐
    │ Abpacken            │             │ Kassieren       │ Sonstige Arbeiten│
 .  │ Uhrzeit von/bis     │ abgep..   · │ Uhrzeit von/bis │ Uhrzeit von/bis  │
    │               .     │ Pal./Stckz. │                 │                  │
    1) .........../...........  ............ ............./....... .........../.........
    2) .........../...........  ............ ............./....... .........../.........
    3) .........../...........  ............ ............./....... .........../.........
    4) .........../...........  ............ ............./....... .........../.........
    5) .........../...........  ............ ............./....... .........../.........

   14) .........../...........  ............ ............./....... .........../.......
   15) .........../...........  ............ ............./....... .........../.........

                 Zusammenfassung vom heutigen Tage :

   1) Ich packte heute .............. Paletten ab in ..........: .................... Std.
   2) Ich kassierte heute DM ...,.............. in ..........: .................... Std.
   3) Mit sonstigen Arbeiten war ich heute beschäftigt     : .................... Std.

                              gesamt     : ================== Std.


                          .....................
                               Unterschrift
                          ─────────────────────
                          Diese Angaben sind korrekt :


                          .....................
                              Unterschrift FL
```

Bürokratisches Resümee

115 Natürlich wurde der ganze Papierwust auch gelesen und ausgewertet; und sei
es nur für die Dienstaufsicht des Verwaltungsrats als Prüfungspunkt der Totalkontrolle. ALDI-Nord bekam – wieder das Jahr 1976 als Beispiel – dafür die
Quittung. Die Gesamtkosten des Unternehmens überstiegen um 22,4 % die
von ALDI-Süd.[1] Dort blieb der Verwaltungsaufwand zur Produktion statistischen Zahlenwerks in den Filialen – und generell im Unternehmen – auf das
Allernotwendigste beschränkt; es gab keine zirzensische Zahlenakrobatik, die

---

1 Siehe auch oben Rn. 45 ff.

Konzentration aller wesentlichen Energien war auf den Verkauf gerichtet; stieß man sich den Kopf nicht an Aktenordnern.

25. Prämiendschungel

116   Prämien waren seit jeher eines der Lieblingskinder der Albrecht-Brüder. Sie, die gemäß den fünf Firmen-Dimensionen[1]

▶ fortwährend um die Wahrung bzw. Verbesserung der Qualität ihres Sortiments bemüht waren,

▶ stets Preisprimus im Discount sein wollten,

▶ voll konzentriert allen Kostentreibern nachspürten,

▶ stetige Optimierung des Mitarbeiterstamms propagierten,

▶ das Verkaufsstellennetz nachfragegerecht ausbauten und aktualisierten,

sahen in der Prämie nicht nur ein Zubrot zu Gehalt oder Lohn, sondern Ansporn, Anreiz und im Erfolgsfall Beleg für eigene höhere Wertigkeit; extra-vergütete Bemühungen um die gemeinsame Sache ALDI, kurzum das prämierte „Wir". Unablässiger Steigerungswille war Spiegelbild ihrer eigenen rastlosen Strebsamkeit nach mehr Markt, besserem Markt, mehr Zuwachsraten, mehr Vermögensanhäufung.

Gruppendruck und -dynamik

117   Wer von den Mitarbeitern sich mit dem Grundgehalt begnügte, oftmals gering genug, um ohne Prämie anständig auszukommen, wurde als Prämienmuffel gebrandmarkt. War einer mit seinem Prämienergebnis Teil einer Erfolgsgemeinschaft, z. B. bei der Verkaufsstellenprämie,[2] geriet er in Generalverdacht, wenn er nicht voll mitzog. „Ergebnis- und Rennlisten"[3] wiesen seine Schwachpunkte oder Ausfälle aus; auf Dauer mit gravierenden Folgen für das Arbeitsklima. Meinungsverschiedenheiten gab es zu meiner aktiven Zeit bei ALDI, ob Kranke in den Genuss einer Gemeinschaftsprämie für unverschuldete Ausfallzeiten kämen. Der von der Gruppe direkt oder indirekt ausgeübte Druck ließ kaum eine gesundheitsförderliche, legitime Auszeit für einen fiebrigen Schnupfen zu; die Jahresanwesenheitsprämie war obendrein gefährdet. Lieber kam mancher sprichwörtlich mit dem Kopf unter dem Arm zum Dienst, um sein Prämienziel zu erreichen und den Kollegen zu gefallen. Die Rechtsprechung der Arbeitsgerichte ordnete schließlich die Dinge vernunftgerecht.

---

1 Siehe oben Rn. 1 ff.
2 Siehe oben Rn. 72 ff.
3 Zur „Rennliste" für Kassiererinnen siehe oben Rn. 77 ff.

Prämiengerüst

Um Filialleiter prämiengestimmt zu halten, partizipieren die Bezirksleiter bei   118
ihrer Prämienfindung an den Prämienergebnissen der von ihnen betreuten Filialen, der Verkaufsleiter wiederum an denen der ihm unterstellten Bezirksleiter. Das schafft eine Pyramide gleichgerichteter Interessen; mit Ergebnisblick
und -druck von oben: Der Verkaufsleiter darbt, wenn seine Bezirksleiter nichts
oder wenig erwirtschaften; diese wiederum sind davon abhängig, dass die Filialen ihre Prämienziele erreichen. Der Prämienerfolg strahlt von unten nach
oben durch; Animation oder Anschub kommen – zusätzlich als Fachaufsicht –
von oben. Dieses Prämiengerüst ist strukturell einfach gestrickt, leicht über-
schaubar, wenngleich nicht zeitunaufwändig abrechenbar.

33 Wege zur Prämie

Es fiele schwer, sich am Reißbrett für einen Discountbetrieb mit einfachen Or-   119
ganisationsstrukturen wie bei ALDI 33 Prämienarten auszudenken. Das nach-
folgende Schaubild blättert den variantenreichen und ausgeklügelten ALDI-
Prämien-Kanon der 70er Jahre auf, der in wesentlichen Teilen bis heute fort-
gilt. Alles nur Denkbare, das im Rahmen persönlichen Engagements, Leistungs-
willens und Einsatzes gemessen werden konnte, gezielt intensivierbar war
und sich renditebezogen auszuwirken vermochte, wurde unter dem Aspekt
„Prämie" figuriert und umgesetzt.

```
Gruppe 1  -  Personal

Prämienregelungen . (Übersicht)

0      Prämien für alle Mitarbeiter
00     Jahresanwesenheitsprämie
01     Prämien für außergewöhnliche Leistungen, Ideen
       und/oder Erfolge
1      Prämien für leitende Angestellte
10     Prämie für PVL
11     Prämien für VL
110    Prämie für Inventurergebnisse
111    Prämie nach Bezirksleiter-Regelung
```

```
150    Prämie für Inventurdifferenzen
151    Prämie für Lohnkosten
152    Prämie für Krankenstand
153    Prämie für Zielläden
2      Prämien für Mitarbeiter im Verkauf
20     Prämien für FL
200    Prämie für Inventurdifferenzen
201    Prämie für Verkaufsleistungen
202    Provision für Umsatz
```

```
33     Prämien für Fahrer von Transportmaschinen
330    Prämie für Gabelstaplerfahrer
331    Prämie für B & T Fahrer
332    Prämie für Bediener elektrischer Handgabelhubwage
```

Keine Prämie für Geschäftsführer

120   Der Geschäftsführer bekommt keine Prämie. Er erhält weder eine Sondervergütung für seine maßgebliche Beihilfe zur Flucht vor der Publizität[1] noch eine Beteiligung am Jahresergebnis der von ihm geführten regionalen Niederlassung. Als oberster Animateur mit Verantwortung für den Umsatz – getreu den Buchstaben seiner Stellenbeschreibung[2] – müsste er sie bekommen; das wäre systemgerecht. Es bleibt aber beim zusätzlich zum Monatssalair gewährten Urlaubs- und Weihnachtsgeld sowie dem Dienstwagen zur freien Nutzung mit

---

1 Siehe oben Rn. 20 ff.
2 Siehe oben Rn. 28 ff.

Familie. Ende der 70er Jahre kam die Neuerung einer bescheidenen Lebensversicherung hinzu. Differenzierte betriebliche Altersversorgung war und bleibt ein Tabu-Thema, ist nicht ALDI-konform.

Aus der Stellenbeschreibung des Geschäftsführers[1] könnte getrost der Passus gestrichen werden, dass er „auf Dauer den höchstmöglichen Umsatz zu erzielen hat". Er erzielt keinen, kann es gar nicht. Auch die Regelung, dass er „optimalen Gewinn erreichen muss", passt nicht ins Bild der für ihn niedergeschriebenen Partitur. Auf den Gewinn hat er keinerlei Einfluss, nicht mal bei den ihm neben dem Stammsortiment gestatteten Regionalartikeln. Deren Verkaufspreise legt der Verwaltungsrat unter Zuarbeit des Zentraleinkaufs fest, bestimmt zumindest den Margenrahmen.[2] Der regionale Geschäftsführer kann nach diesen Vorgaben in Beratung mit seinem Einkäufer und nach ausführlichen Preisvergleichen Preise festlegen. Wesentliche Kostenfaktoren der Niederlassungen wie Personal und Mieten sind für alle verbindlich gedeckelt, Kostenanteile für Lager und Fuhrpark, Verwaltung, Regionaleinkauf, Anmietung und Innenrevision von oben vorgegeben, Ausgaben für Werbung, den Zentraleinkauf, die Nebenstellen der OHG und den Verwaltungsrat[3] werden im Umlageverfahren allen zugeordnet.

Die geschönte Stellenbeschreibung meint in Wirklichkeit, dass der Geschäftsführer die Linie unter sich so führt, dass alle Mitarbeiter − höchst prämiengestimmt − fortdauernd maximalen Umsatz zu niedrigsten Personalkosten und minimalem Warenschwund erzielen. Und dass auf allen Ebenen durchgängig nach striktem Wirtschaftlichkeitsprinzip und mit rigoroser Kostendisziplin gearbeitet wird; unter ständiger Intensivierung dieser beiden Faktoren. Zu Deutsch: Noch mehr Energiekosten beim Licht einzusparen, noch billigeren Treibstoff für den Dienstwagen des Geschäftsführers und anderer „Leitender" zu tanken, noch preiswertere Handwerker zu verpflichten, noch günstigere Büroutensilien einzukaufen, noch sparsamer zu agieren − auf allen Feldern. Aufmunterndes Planungs-, Führungs-, Motivations- und Kontrollgeschick ist eindimensional in der Stellenbeschreibung der Geschäftsführer verankert, nicht multiples Verkaufstalent oder Fixierung auf Gewinnerzielung. Dem ALDI-Geschäftsführer verbleibt, vor allem in den Besprechungen zur Umsetzung der Beschlüsse der Geschäftsführersitzungen[4] und bei der Durchführung seiner

---

1 Zur Stellenbeschreibung des Geschäftsführers siehe oben Rn. 28 ff.
2 Siehe oben Rn. 105 ff.
3 Siehe oben Rn. 25 ff.
4 Siehe oben Rn. 45 ff.

Kontrollaufgaben der Part eines Vortänzers im Kreis des ihm unterstellten corps de ballet; immer allseits wahrnehmbar die Kostenkeule schwingend.

Zeit- und kostenträchtiges Prämienbrimborium

121 Prämienfindung, richtige Gewichtung von Basislohn und Prämie, realistische Vorgaben und Ergebnisauswertung, bei bestimmten Leistungen Vorgabe von Maßeinheiten, Arbeitsmengen, sachliche oder persönliche Anforderungen, Berücksichtigung maßgeblicher Arbeitsfakten, Arbeitsgeschwindigkeit, Bewertungsschlüssel, Sonderregelungen in Prämiengruppen für Ausfall bei Krankheit oder Urlaub, Messung von Warenbewegungsleistungen und deren Auswirkungen, mithin alles, was Prämienakrobatik erst ermöglicht, schafft ein respektables Kostenproblem: Komplexe Erfassungs-, Auswertungs- sowie Kontrollsysteme und -mechanismen sind erforderlich. Periodische Überarbeitungen, Anpassungen und Neuansätze kommen hinzu. Die großen Vereinfacher Karl und Theo Albrecht, Regulierungsminimalisten und Kostensenker par excellence, konnten sich nicht dazu durchringen, mit simplen Pauschalzuschlägen auf den Normallohn oder übertariflichem Entgelt das aufwendige Prämienbrimborium entbehrlich zu machen; Prämienregelungen auf einige wenige Kerntatbestände in den umsatz- und renditerelevanten Bereichs- und Verkaufsstellen bzw. auf den Lager-/Fuhrpark zu beschränken sowie die Restbelegschaft mit einem pauschalen Aufpreis zu belohnen. Monotoner monatlicher Normallohn würde nicht den Motivationseffekt der prämienbelohnten Sonderanstrengung entfachen, sei etwas „beamtisch Gleichmachendes" ohne den kreativen Kick auf ein weidliches Gehaltsplus; Potentiale und Einsatzreserven würden nicht aktiviert, persönlichkeitsprägende Restenergien lägen brach – darum ging es den Brüder Karl und Theo Albrecht bei ihrem gedanklichen Ansatz für filigrane Prämienmodelle.

ALDI schwört auf die selbstwertbestimmende Kraft und Heilswirkung der Prämie; eine heilige Kuh. Der „homo praemium" eine unantastbare Institution – und das betriebsumfassend. Aufrichtige Prämiengestimmtheit adelt, schafft Identifikation mit dem Unternehmen.

Prämienziel für Einkäufer

a) Lagerumschlagsgeschwindigkeit

Gefordert wird eine Umschlagsgeschwindigkeit von 8,5 Tagen, von denen 7 Tage für normale Bestände und 1,5 Tage für Bestände, auf die der Einkäufer keinen Einfluß hat (Import-Artikel, Vorrats-käufe), angesetzt sind. Ab Eintreffen der Saisonartikel zu Weih-nachten kann die Umschlagsgeschwindigkeit um zusätzlich 1,5 Ta-ge auf insgesamt 1o Tage verlängert werden, und zwar bis eine Woche nach Ostern bzw. Weihnachten.

b) Anzahl der Fehlartikel

Bei den Fehlartikeln wird unterschieden zwischen Artikeln:

1. die nicht fehlen sollen (Anlage)
2. die kurzfristig fehlen können

Beide Faktoren werden nicht mehr getrennt, sondern zusammenge-faßt nach folgender Staffelung je Quartal gewertet:

x) Ostern   - 2 -

DM 6oo,-- bei bis zu 8maliger Überschreitung
DM 5oo,-- bei bis zu 1omaliger Überschreitung
DM 4oo,-- bei bis zu 12maliger Überschreitung
DM 3oo,-- bei bis zu 14maliger Überschreitung

Überschreitungen während des Urlaubs und in der ersten darauf-folgenden Woche werden nicht eingerechnet. auch 1. Jan. (erste)

Die Auszahlung erfolgt brutto jeweils einen Monat nach dem be-treffenden Quartalsende.

26. In dubio pro Theo

122 Theo Albrecht hatte ein Steckenpferd. Ein Faible, eine Marotte gleichsam. Er wollte jede Einrichtungszeichnung einer Verkaufsstelle sehen, bevor die zentrale Schreinerei an die Fertigung der Regale und Einrichtungsteile ging. Ich leitete seinerzeit auch die Schreinerei in Kray, eigenständiger Nebenbetrieb der Regionalniederlassung Essen.

Der Hobbyarchitekt

123 Theo Albrecht kümmerte das Führungssystem der Delegation von Aufgaben zur eigenverantwortlichen Erledigung durch Dritte bisweilen nicht. In punkto Filialeinrichtung genehmigte er sich eine Ausnahme; gegen Wortlaut und Inhalt des Organisationsschemas zog er diesen Punkt praktisch komplett an sich: Chefsache! Einrichtungsplan und Warengruppenanordnung in Verkaufsstellen ist ausweislich der Stellenbeschreibung Aufgabe des Verkaufsleiters.[1] Dieser stimmte seine Einrichtungszeichnungen mit dem Leiter der Schreinerei ab. Die Regale wurden gefertigt, angeliefert und montiert. Ein Routinevorgang; alles im Bausatzstil vorfabriziert; hundertfach. Theo Albrecht durchbrach diese Systematik. Er wollte bei Einrichtungszeichnungen – Stellenbeschreibung des Verkaufsleiters hin oder her – ein Wörtchen mitreden; das letzte in aller Regel. Wollte die exakten Abmessungen festlegen, was wohin kam und wie die Waren angeordnet wurden. Statt zu führen und zu kontrollieren, wollte er – wie früher im Krämerladen seiner Eltern in Essen Schonnebeck[2] – selbst maßgeblich Hand anlegen.

„Harzburger Modell" – na und?

124 Was bewegte ihn zu einem Bruch mit seinem selbst gewählten Führungsstil nach den Grundsätzen des „Harzburger Modells"?[3] Eine verschüttete Leidenschaft war es. Mit verpasstem Lebensentwurf „Architekt" lebte er seine Vorliebe für das Zeichnen, Basteln, Herumexperimentieren und Gestalten an den Verkaufsstelleneinrichtungen aus. Sie waren geeignetes Objekt, nachdem ihm seine ursprüngliche Berufsplanung, Architekt zu werden, missriet, er zusam-

---

1 Die Stellenbeschreibung des Verkaufsleiters regelt unter dem Punkt „Aufgabenbereich", dass er die Einrichtungspläne der Verkaufsstellen festlegt und über die Warengruppenanordnung entscheidet.
2 Siehe oben Rn. 8 ff.
3 Zum „Harzburger Modell" siehe oben Rn. 27.

men mit seinem Bruder in den Discountsog hineingerissen wurde; tröstlich sicherlich das bessere finanzielle Ende.

Rückblende

In den Gründerjahren war Filialeneinrichtung eine seiner ureigenen Aufgaben. Bruder Karl Albrecht versah den Innendienst.[1] Theo Albrecht, der Vorsichtige und Tüftelnde, wusste noch aus den Zeiten der ersten Mietobjekte, wie kompliziert sie mitunter für eine sinnvolle Warenanordnung einzurichten waren. Er kannte die Tücken: Da eine Ecke, dort ein Mauervorsprung, hier eine schräge Wand, da eine unumgängliche Zwischenlösung, der Filialleiter- und Aufenthaltsraum mussten auf ein Minimum verkleinert werden, Stauraum für die Anlieferung entfallen – kreative Improvisationskunst war gefragt. 125

Die kalkulatorische Kostenvorgabe, maximale Höhe des Mietpreises pro m^2 bei zu erwartendem Umsatz pro m^2, ließ ALDI anfangs – dem eigenen Sparsamkeitscredo verpflichtet – zu Ladenobjekten zweiter oder dritter Klasse greifen. Auf besser platzierte, teurere Standorte wurde aus unverrückbaren Kostengründen verzichtet. Lieber wartete man und suchte weiter. Es lag noch vieles in Trümmern; erst langsam wuchsen bessere Standorte nach. Die Kostendisziplin hatte oberste Priorität.

Der ALDI-Verkaufspavillon – außen gotisch, innen romanisch

Bei den heutigen Verkaufspavillons,[2] außen ALDI-Gotik unter maßgeblicher Mitwirkung des Hobby-Architekten Theo Albrecht, ist die Einrichtung standarisiert unkompliziert. Etwa 1.200 m^2 Verkaufsraum, ausreichendes Filialbüro, hinreichend große Lager- und Sozialräume machen keine Einrichtungsprobleme für die vorgeschriebene Warenanordnung, erfordern nicht wie bei früheren Mietobjekten Inspiration und Bastelei. Heute entsprechen Verkaufsstelleneinrichtung und Standardwarenanordnung dem Grundmuster des Pavillons als Ausgangspunkt der Planung. 126

Theo Albrechts sprichwörtliche Besessenheit für Details blieb fortgesetzt angestachelt, auch als er schon auf dem Olymp in der Eckenbergstrasse saß und noch Einzeleinrichtungen anstanden. Es gäbe für alles eine Lösung, war sein Credo, gewachsen aus den Erfahrungen seines jahrzehntelang gepflegten Me-

---

1 Zur Aufgabenteilung zwischen Karl und Theo Albrecht siehe oben Rn. 12 ff.
2 Siehe oben Rn. 77 ff.

tiers der Einrichtung von Verkaufsstellen. Und so verfuhr er mit den Einrichtungszeichnungen, die ihm die Verkaufsleiter auf dem Weg über die OHG[1]
umgehend vorzulegen hatten; ihm, dem nimmermüden Chefdesigner und
-einrichtungsplaner.

```
4. Einrichtungszeichnungen / formelle Hinweise

    4. 1. Angegeben werden muß: a) Name des VL, der die
                                   Zeichnung erstellt hat
                                b) Datum der Erstellung
                                   der Zeichnung
                                c) Datum der voraussicht-
                                   lichen Eröffnung
                                d) Anlaß der Zeichnung
                                   (Neueröffnung, Umbau
                                   u.a.)

    4. 2. Die Zeichnung muß sofort nach Fertigstellung
          an die oHG geschickt werden.

    4. 3. Der Verlauf der umliegenden Straßen und evtl.
          angrenzende Gebäude sind skizzenhaft anzudeu-
          ten.

    4. 4. Die Nebenräume müssen gekennzeichnet sein, da-
          mit erkennbar wird, um welche Räume es sich
          handelt.

    4. 5. Die Anlieferung muß deutlich gekennzeichnet
          werden.

    4. 6. Alle Einrichtungsteile (wie z. B. Kartonbox
          und Einkaufswagen) müssen maßstabsgerecht ein-
          gezeichnet werden.

    4. 7. Die Drehkreuzanlage ist in allen Einzelheiten
          (Führungen) maßstabsgerecht zu zeichnen.

    4. 8. Im Grundsatz muß für den Leser der Zeichnung
          jede Einzelheit (z. B. Pfeiler, Tresore, Schau-
          fenster usw.) aus der Darstellung zweifelsfrei
          erkennbar sein.
```

Er drehte und wendete die Pläne, maß nach, änderte um, legte sein Haupt-
augenmerk auf den für ihn sehr wichtigen Eingangsbereich mit dem damals
üblichen Drehkreuz, spielte in Gedanken Kunde und fand in seiner akribischen
Art immer eine Lösung, eine, die ein systemisches Scheitern der Warendarbietung ausschloss; und seien es nur Nuancen und kleine Ausnahmen, die der

---

1 Zum Organigramm des Unternehmens siehe oben Rn. 25.

Einkaufsharmonie des Kunden dienten – selbstredend auch der Maximierung des Umsatzes. Praktisch jede Filiale trug seine Handschrift, die des architektonischen Tüftlers Theo Albrecht, bis die neuen Pavillons in uniformer ALDI-Ästhetik kamen. Lineal und Zentimetermaß waren nicht etwa geometrische Spielzeuge, sondern unverzichtbare Utensilien, die er stets griffbereit hatte. Gelegentlich, wenn er nicht am Schreibtisch saß, behalf er sich – zur Erheiterung seiner Entourage – mit dem Mini-Zentimermaß aus seinem aufgeklappten Notizbuch.

Die Verkaufsleiter strichen geistig den Punkt „Einrichtungspläne und Warengruppenanordnung" aus dem Verantwortungskatalog ihrer Stellenbeschreibung. Erosion der Zuständigkeit. Angenehmer Nebeneffekt, diese Aufgabe konnte niemals ein Punkt der Dienstaufsicht für den Verwaltungsrat sein, hatte doch Theo Albrecht das letzte Wort geführt.

Dem Respekt vor dem „Harzburger Modell"[1] hätte es entsprochen, dem Verkaufsleiter ein „Vorschlagsrecht" für eine Einrichtungszeichnung und Warenanordnung an den Firmeninhaber zuzuweisen oder eine – mehr oder weniger bedeutungsleere – „Beratungspflicht" zu postulieren. Das indes hätte bewirkt, dass Theo Albrecht formal in die Pflicht genommen worden wäre. Für ihn gab es keine Stellenbeschreibung. Wozu auch? So weit konnte der Verwaltungsrat indes nicht gehen; eine solch eklatante Abkehr von eigenen Führungsprinzipien der Aufgabendelegation sollte nicht dokumentiert werden. Theo Albrecht wollte die Fälle nach Belieben an sich ziehen und von Fall zu Fall entscheiden; ungezählte Male, sich keinen Deut um sein Führungsmodell scherend. Gutsherrenprivileg.

Ein veritables Kreuz mit dem Tarnwort „Harzburger Modell" und Firmeninhabern, die von liebgewonnenen Gewohnheiten und Leidenschaften nicht lassen können und damit ihr eigenes Führungskonzept zur Worthülse machen.

---

1 Zum Harzburger Modell siehe oben Rn. 27.

Nein, bei uns nicht!

27. Polterabend mit Folgen

127 „Polterabend", dieses Wort zählt nicht zum üblichen Firmenvokabular von AL-DI. Das Unternehmen pflegt weder nach innen soziale Begegnungen seiner Mitarbeiterschaft noch unterhält es ein Repräsentationskultur nach außen.[1]

Sozialkontakte Mangelware

128 Es fanden zu meiner Zeit grundsätzlich keine betriebsinternen Veranstaltungen statt, keine Betriebsfeste, keine Jubiläen. Sozialkontakte erstreckten sich nüchtern auf arbeitsbedingte Bindungen und gemeinsamen Einsatz für sprudelnden Umsatz, satte Rendite und fette Prämien; alle Mitarbeiter konzentriert auf Engagement und Leidenschaft für das gemeinsame Firmenwohl als den zentralen Bezugspunkt des Wir-Gefühls. Alles andere waren unerwünschte Ablenkungen bzw. überflüssiges Beiwerk. Betriebssportliche Betätigungen z. B. bedürfen der vorherigen Zustimmung des Verwaltungsrats.[2] Ein Fußballclub FC ALDI hätte sich im fußballverrückten Ruhrgebiet als absoluter Megahit erwiesen; wäre unschwer bezahlbar gewesen. Vier achtungseinflößende und werbeträchtige Buchstaben auf der Trikotbrust hätten die Wettbewerbshüter nicht verstimmen können. Stattdessen sportliche Phantasielosigkeit bei ALDI, was wegweisend für heutige Werksclubs hätte sein können.

Die Sozialstruktur der Leitungsebenen bestand aus unverknüpften Fäden; allemal bei den Geschäftsführern. Das bewirkte schon die Entfernung zwischen ihren Arbeitsplätzen. Sechswöchentliche Geschäftsführer-Sitzungen boten nur wenige Möglichkeiten für private Kontakte.[3] Der allgegenwärtige Verwaltungsrat wachte darüber, dass keine Kumpaneien unter Geschäftsführern aufkamen. Es genügte für umsichtige Regional-Geschäftsführer, in den drei Tagen Geschäftsführer-Sitzung[4] Gestimmtheit zur Schau zu tragen, sich für das Unternehmen aufzuopfern; im Übrigen nicht aufzufallen. Danach fuhr man wieder in sein Regionalreich. Abgekühlter geht's kaum.

„Sozialpolitischer" Selbstversuch

129 Einer der Geschäftsführer von ALDI durchbrach einmal die Monotonie fehlender sozialer Kontakte. Anlass war der Polterabend seiner Tochter. Eingeladen

---

1 Siehe unten Rn. 131 ff.
2 Siehe oben Rn. 25 ff.
3 Siehe unten Rn. 131 ff.
4 Siehe oben Rn. 28 ff. und 45 ff.

waren Kollegen und andere aus seinem Firmenumfeld. Mutig lud er ebenfalls Theo und Cilly Albrecht ein, ihnen die zauberhafte Braut und den hoffnungsvollen Schwiegersohn vorzustellen. Beide Albrechts kamen. Bunt und auserlesen war die Gästeschar; überwiegend gesetzt. Doch Theo und Cilly trauten ihren Augen nicht, auch etliche kapitale Lieferanten traten auf. Eine Assoziation von Einkaufsbesprechung in schwarzem Anzug und Abendkleid drängte sich dem phantasievolleren Teil der Gästeschar auf. Die Lieferanten defilierten mit Schachteln und Tabletts voller Geschenke herein. Es häufte sich auf den Tischen, je mehr Geschäftspartner erschienen; zum Polterabend der Tochter wohlgemerkt eines Geschäftsführers der kraft seiner Stellung für den Einkauf maßgeblichen Einfluss im Unternehmen besaß.

Die Präsente waren eine Augenweide, zum mit der Zunge schnalzen; Auserlesenes, was sich türmte und Theo und Ehefrau Cilly sich nie würden leisten wollen; aus ihrer exemplarischen Anspruchslosigkeit heraus und auch deshalb, weil sich dieser Pomp zum Image ihres Unternehmens wie Feuer zu Wasser verhielt. Man stelle sich das vor, ausgerechnet sie beide, denen Seide und Samt, weniger Blümchenmuster und Gestreiftes, suspekt waren, im Angesicht einer solchen aus ihrer Sicht unbegreiflichen Verschwendung.

„Die Schlussrechnung, mein Herr!"

Theo Albrecht verzog keine Miene ob dieses illustren Schauspiels; obgleich ein bitterer Affront gegen ihn, seinen Betrieb, seine lautere Geschäftsphilosophie, wie mit Kunden zu verkehren ist,[1] gegen seine unverdächtige Preispolitik, seine sensible Marge, seinen sauberen konservativen kaufmännischen Wertekanon. Höflich und gefasst lächelten Theo und Cilly Albrecht ihre Anwesenheit zu Ende. Die hochzeitgestimmte Tochter und ihr Bräutigam bemerkten nicht, welche Spannung sich über allem auflud, zwischen all dem Tafelsilber, feinstem Leder, Perlen und Schmuck zu knistern begann.

130

Das Ergebnis für den grundlauteren Schwiegervater in spe war ernüchternd. Sein Arbeitsverhältnis wurde gelöst; nach eindringlicher und mit einfachen Worten verfasster Kritikansprache von Theo Albrecht zum Thema, dass für das Geschäftsprofil allein eine jederzeit betonte Distanz zu Lieferanten und Kunden akzeptabel ist.[2] Er brachte diesen Vorfall mit seinen moralisch-basierten Kaufmannstugenden nicht in Einklang, seine Kaufmannskultur war angetastet worden. Er hatte einen seiner leitenden Mitarbeiter bei möglichen Interessens-

---

1 Siehe oben Rn. 58 ff.
2 Siehe auch unten Rn. 182 ff.

kollisionen ertappt. Der für den Einkauf mitverantwortliche Mann war von der Musterlinie sauberer ALDI-Handelsrouten abgewichen. Ein fader Beigeschmack lag in der Luft: Die Lieferanten hatten sich mit kostbaren Geschenken spendabel gezeigt; adäquat für sie natürlich. Bei Millionenumsätzen mit ALDI war nichts gut genug, um geschäftliche Beziehungen zu konservieren oder zu beflügeln. Kleinteiliges wäre unangemessen gewesen. Allesamt bewiesen die Lieferanten Stil. Es war des Erträglichen für Theo Albrecht zu viel.

Der mit den besten Absichten vorgepreschte Geschäftsführer war mit seinem ALDI-Latein am Ende, hatte sich übernommen, Identitätsstiftendes von Theo Albrecht korrumpiert. Schickte dieser doch wie Bruder Karl jedes Werbegeschenk zurück; grundsätzlich mit einem Dankesschreiben. Jeder Füllhalter, jede Aktentasche oder noch so nützliches Utensil fürs Büro oder den Privatbereich gingen retour, ungeachtet einer ungewissen Verstimmung des Spenders. Einzig ausgenommen waren Jahreskalender, da man eigene einsparte und die Verfallzeiten für eine weitere Verwendung, würde man sie zurückschicken, kurz oder endgültig waren.[1] An Mitarbeiter wurde grundsätzlich nichts verteilt. Nach welchen Maßstäben hätte man vorgehen sollen, welche Gleichheits- oder Gerechtigkeitsaspekte beherzigen? Kurzum: alles ging zurück! Eine einfache und klare Regel, die den bösen Anschein von Interessenkollision, Kumpanei und Vetternwirtschaft vermied, jegliche Klüngel- und Kuschelansätze im Keim erstickte. Eine unternehmerische Grundfeste von ALDI, sich keinerlei Vorteile und Luxus von Lieferantenseite andienen zu lassen. Einzige Ausnahme, wie gesagt, Kalender.

Das Exempel Theo Albrechts am gefeuerten Spitzenmann hat im Unternehmen eine fundamentale Dauerwirkung erzeugt; das Hohelied von der kaufmännischen Sauberkeit wurde und wird umso lauter gesungen. Ein beruflich bedauernswerter Reinfall für den blauäugigen Brautvater mit den hehren Absichten, soziale Kontakte auf der Führungsebene wachsen zu lassen. Wenn man ihm einen Vorhalt machen wollte, dann den, die radikalen moralischen Kaufmannsprinzipien seines Prinzipals nicht bedacht zu haben.

Der Blick auf eine reich beschenkte Braut mit Bräutigam und Brautmutter wird ihn wenig getröstet haben.

---

1 Siehe oben Rn. 51 ff.

28. „Prost, prost, meine Herren ..."

131 Nach drei anstrengenden Sitzungstagen der zentralen Treffen bedurfte jeder ALDI-Geschäftsführer eines Abspanns; nachdrücklich, dem Anlass angemessen. Pflichtschuldig konzentriertes, intensives Zuhören und Abnicken vorgefasster Verwaltungsratbeschlüsse verlangte nach einem urkräftigen Stoßseufzer am Ende der 72-Stunden-Tortur. Zum Glück nur alle sechs Wochen.

Betreutes Tagen – Entspannungsbemühungen

132 Die gemeinsam zelebrierten Entspannungsübungen verliefen nach bewährtem ALDI-Schema F; in jedem Ort, in dem sich die Geschäftsführer, der Verwaltungsrat und der Zentralkeinkaufschef trafen, gleichförmig choreographiert. Man saß zum gemeinsamen Abschlussabendessen zusammen. Langsam verlor sich die fahle und eintönige Stimmung der Sitzungstage. Einer wagte einen Witz oder gab eine Anekdote zum Besten. Zumeist wurde über Fußball geredet; stammtischartig über abgewetzte Fußballweisheiten. Übliche Rivalitätsmuster querbeet, fast jeder hatte „seinen" Verein. Fußball ist ein unverfängliches Thema. Man kann getrost austeilen. Alles lachte bei gelungenen Tritten gegen die Kniescheibe der Gegenmannschaft. Manch einer lachte wirklich gern. Unabhängig vom Thema. Jetzt war Gelegenheit, die Schwere des Sitzungsmarathons aufzulösen.

Musikalisches ALDI-Sortiment

133 Nach dem Essen stimmte einer ein Lied an. Keineswegs aus Übermut. Kollektives Singen im Ausklang der Geschäftsführertagungen war feste Übung, ein traditionelles Ritual des kollektiven Zusammenseins nach Tisch. Der baritonbewehrte Chef des Zentraleinkaufs gab intonationssicher den Ton an. Er bot größtes Repertoire. Seine Mannschaft stieg laufend in die erste Liga auf – und wieder ab. Solange man sang, wurden er und seine Mannschaft nicht bespöttelt, wurde nicht über seinen Paternosterclub gefrotzelt. Ein zwischenzeitliches melancholisches Ständchen auf seinen Verein tröstete. Singen beschwichtigt.

Gesungen wurde die ALDI-Shortlist rauf und runter: Von den Bergvagabunden, den Zelten drunten im Tal, von dem Kutscher auf dem gelben Wagen, dem Heller und dem Batzen, die beide „mein" waren, und anderen Klassikern aus dem Fahrtenliederbuch; ein Standard-Programm, das auch Mammutchöre inspiriert.

Zwölf Geschäftsführer, besagte zwölf Apostel,[1] zwei Verwaltungsräte und der Einkaufschef trällerten sich Anstrengung bzw. Frust der vorausgegangenen drei Tage aus den Rippen. Theo Albrecht blieb selten länger in der Runde, hatte sich meist vor den Gesangseinlagen – dezent – zur Ruhe begeben. Saß er dabei, summte er ein bisschen mit. Obwohl er das Liedgut aus seiner Rekrutenzeit oder von der Pfarrjugend Schonnebeck[2] gekannt haben dürfte. Ihn vergnügte es, das Rückgrat seines Imperiums vereint und lyrisch gestimmt zusammensitzen zu sehen – ein Landgraf mit seinen Erntehelfern.

Gesanglicher Höhepunkt war stets – wobei das Wort „Kameraden" dezent gegen „Herren" ausgetauscht wurde – der bekannte Ohrwurm traditionellen deutschen Frohsinns:

„Prost, Prost, meine Herren, prost, prost, meine Herren,

wir wollen uns einen verlöten,

prost, meine Herren.

(Dann Refrain forte:)

Hell die Gläser klingen, ein stolzes Lied wir singen,

Madel, schenk mir ein, es lebe der Verein,

leb wohl, auf Wiedersehen."

Es gab ein bizarres Ritual: Der Refrain wurde beim zweiten Mal nur angesungen. Nach dem – aus voller Brust geschmetterten – Wort „hell" und mit erhobenen Gläsern wurde der Gesang abrupt abgebrochen. Feierabend. Allgemeine Bettruhe. Wer bewusst über das „hell" hinaus weiter sang, verstieß gegen ungeschriebene Konventionen mit ALDI-Gesetzeskraft. Sofort wäre das zarte Pflänzchen einer aufgehellten Stimmung hingewelkt. Und ein Nachschlag privatissimum vom Verwaltungsrat V2[3] drohte, zudem ein „Strafgeld" von zehn Talern.[4] Das ganze Szenario atmete den Geist von Schützenverein, Jungvolk und Männer-WG.

Pseudovergnüglichkeiten auf „Firmenticket"

Ein „Madel" zum Einschenken gab es nie. Ehefrauen waren niemals anwesend, bei keinem Anlass; auch nicht bei Firmenfesten oder -feiern – Fehlanzeige. Nichts als Leere beim innerbetrieblichem Kulturprogramm und vertiefter sozi-

134

---

1 Siehe oben Rn. 28 ff.
2 Siehe hierzu oben Rn. 8 ff.
3 Siehe oben Rn. 25 ff.
4 Siehe unten Rn. 194 ff.

aler Begegnung;[1] nichts passierte bei ALDI in „Moll". Reine Männerwirtschaft. Lüsternheiten auf Marktwirtschaftliches fokussiert. Rauschzustände nur durch ein kräftiges Umsatzplus und Expansion. Verkehrte Welten!

Es hat sich auch niemals einer einen „verlötet". Hiervon zu tönen blieb dem Gesang vorbehalten, davon zu träumen der Phantasie des Einzelnen überlassen. Verwaltungsrat, Geschäftsführer und Einkaufschef waren allesamt Musterknaben, wohlgesittet mit guten Manieren, als moralisch stabil vom Verwaltungsrat bemustert; handverlesen von V 2,[2] bis auf einen. Theo Albrecht kannte mich seit 1967 aus dem ständigen Rechtsberatungsbüro als juristischen Sachbearbeiter für beide ALDI-Gruppen und bot mir 1972 die kaufmännische Geschäftsführung der neu aufzubauenden Niederlassung Essen an. Keiner der Teilnehmer an abendlichen Ausklängen trank einen Tropfen zu viel, eher wenig oder gar nichts. Betreutes Tagen; Blaukreuzler hätten ihre Freude an den wohlerzogenen Chorknaben gehabt.

Schalke- und Bochum-Fan im Doppelbett

135 Manch einer kämpfte bei diesen unbunten Abenden mit dem Gähnreflex, sehnte das Ende der gesungenen Langeweile herbei; andere wiederum schlichen am Ende wie notleidende Nagetiere auf ihr Hotelzimmer. Immer und überall diese aus asketischer Strenge geborene Anspruchslosigkeit. Nie habe ich es erlebt, dass die Corona anschließend noch einen Zug durch die Gemeinde machte. Die ständige Präsenz der Obergouvernanten V 2 und V 3,[3] effizienter als eine elektronische Fußfessel, blockierte jeden Gedanken an einen nächtlichen Ausflug. So blieb das Eisfach im Hotelzimmer die letzte Zuflucht, sofern bei der ausgesuchten Quartierkategorie vorhanden. Wenn nicht, war der Weg der Abstinenz für den Rest der Nacht vorgezeichnet; die Alternative eines Nachtgesprächs mit dem Zimmernachbarn über Fußball milderte die Mangellage ab. Man logierte aus Sparsamkeits- oder Platzgründen mitunter zu zweit; Schulter an Schulter, wie im Sportcamp. Der Verwaltungsrat wusste, was den Geschäftsführern gut tat und ALDI Geld sparte, ein fürsorgliches Nutzen-Kosten-Arrangement.

---

1 Siehe auch oben Rn. 127 ff.
2 Siehe hierzu oben Rn. 34 ff.
3 Siehe oben Rn. 25 ff.

Hotel Sellhorn INHABER: E. DIERKSEN

2116 Hanstedt Kreis Harburg

Hallenschwimmbad und Sauna
Jomi-Solarium

Winsener Straße 23 · Telefon 0 41 84 – 153

Bankkonto:

Kreissparkasse Harburg · 2116 Hanstedt
Konto 18000448

RECHNUNG

GF-Sitzung 16 – 18.7. 1975

mit Seuer Pool.

Herrn Dr. F r e d t k e

15.7.75	172	42,--	1
Ankunftstag	Zimmer-Nr.	Preis	Personenwahl

Leistungen:

Lo	=	Logis
%	=	Bedienung
Fr	=	Frühstück
Re	=	Restaurant
Ba	=	Bad
Te	=	Telefon
Ga	=	Garage
Wä	=	Wäsche
Au	=	Auslagen
Hot.	=	Hotel
Vzr	=	Verzehr
Div	=	Diverses
Kas	=	Zahlung
TX	=	Zwischensumme
To	=	Total
AS	=	Alter Saldo

Zeile	Datum	Buch-Nr.	Zimmer-Nr.	Betrag	Vorgang
1					
2					
3	19. Juli 1975				
4	2 Übernachtungen			DM 84,--	
5	2 Übernachtungen			DM 70,--	
6	Tel.			DM 10,--	
7					
8	Herr ▬▬▬				
9	2 Übernachtungen			DM 70,--	
10					
11				DM 234,--	
12	2 Nächte 17./18. und				
13					
14	18./19. mit Herrn ▬▬▬				
15					
16	Zimmer geteilt.				
17	Betrag dankend erhalten:				
18					

incl. Mehrwertsteuer 11 % 23,20 DM

Irgendwelche nachtschwärmerischen Divertimenti, bei Herrentreffen durchaus üblich und interkollegial kommunikationsfördernd, gab es bei ALDI nicht; nicht einmal harmlose tugendhafte Pseudovergnüglichkeiten auf „Firmenticket", passend zur makellosen Unternehmenskultur, etwa einen Kinobesuch, ein beschwingtes Heimatfest nebenan oder einen simplen Biergartenbesuch.

Hochhackige und vollbusige Verlockungen, vergleichbar exotischen Lustbarkeiten brasilianischer Baccarole in der Autobranche, oder erlesene Leckerbissen französischer Soirées von Elektro- und anderen Großfirmen, weltkulturorientiert aufgeputzt, oder – die ehrliche bürgerliche Variante – „wild parties" widersprachen jeder ALDI-Etikette. Derlei Feudales oder ganz und gar Unschickliches nur anzudenken, wäre ALDI-lästerlich gewesen. Entsprechend hausbacken konventionell, phantasiearm und unkulinarisch ging es bei den Geschäftsführer-Treffen zu. Mehrheitlich Einkehrtagestimmung, trübe Klausuratmosphäre. Die Kernbotschaft lautete: Umsatz, viele Heller und Batzen, Rendite. Bei der nächsten Morgenröte begann man üblicherweise mit Schwimmen oder Jogging vor dem Frühstück. Wenigstens etwas sportliche Abwechslung für Körper und Geist. Einige wenige rannten mit, der ausgeschlafene und langlaufgestählte V2[1] vorne weg; Theo Albrecht verzichtete. Mens ALDI in corpore sana sit. ALDI-Tagungs-Wellness.

Berlin ist (k)eine Reise wert

136 Einzige mir erinnerliche löbliche Ausnahme qualvoller Tagungsmonotonie bot ein Geschäftsführertreffen in Berlin. Gemeinsam ging man ins Kabarett; die Eingebung eines der beiden humorvollen Berliner Geschäftsführerkollegen. Gewiss nicht ohne bizarren Hintergedanken: Endlich etwas Espritvolles, ein Schuss Weltstädtisches erleben! Einmal raus aus dem zähen Trott, wie der Verwaltungsrat Geschäftsführer-Sitzungen und deren Drumherum einfallslos praktizierte. Erstmals war man in der Hauptstadt! Nicht in einem der landluftigen Nester weitab vom Schuss, wo die Niederlassungen für gewöhnlich ihren Sitz haben. Zumeist kulturell trostlose Enklaven; manch einer der Geschäftsführer stöhnte und maulte unter vertrauten Kollegen über „Statthalterdienste in der Walachei".

Also jetzt Berliner Luft. Kabarettprogramm „Stachelschweine". Niete gezogen. Applaus für den kollegialen Berliner Weckruf kam zurückhaltend, kränkend. Spärlich. Kein Wunder für den Reinfall bei dieser Konstellation: ALDI und Kabarett, Rationalität, Umsatzverbissenheit, Renditedenken, Umsatzmillionen und -milliarden, fortwährender ökonomischer Ausnahmezustand und denaturierte pekuniäre Langeweile versus brillante Zügellosigkeiten des hintergründigen Wortes, versus unbändiges Feuerwerk feinsinniger Sozialkritik, pikante stachelschweinige Frivolitäten, nachdenkliche Parodien und politische Anzüglichkeiten; Kaskaden satirischer Wortspiele vor schummrigem Zuschauerraum mit

---

1 Siehe oben Rn. 25 ff.

vollzählig angetretener ALDI-Führungscrew. Haben vor der Bühne, Sein auf der Bühne, der Widerspruch war krass. Es passte nicht zusammen. Der Funke sprang kaum einmal über. Porcus spinosus adiuva![1]

Beim Hinausgehen schauten einzelne Geschäftsführer gespannt, andere besorgt auf Theo Albrecht. Wie mag er das Trommelfeuer sozialer und politischer Anspielungen überstanden haben? Hatte er nicht, das sah man. Er gestand es in seiner offenen und ehrlichen Art ein, noch bevor er im Mantel war und flugs zurück ins Hotel eilte, seine Geschäftsführerschar im Schlepptau. Das Programm entsprach nicht seiner spirituellen Ausrichtung, war eine andere Welt. Er verstellte sich nicht. Der Abend traf auch nicht den satirischen, humoristischen oder schöngeistigen Nerv manch eines Geschäftsführer-Kollegen. Durchgezählt wurde nicht, mögliche Verständnisdefizite zum Libretto nicht erörtert. Es verblieb beim schwachen Applaus für den weltoffenen Kollegen von der Spree. Berlin vorerst ein einmaliger Versuch. Kein wirklich passender Tagungsort. Schade.

Also doch lieber zurück auf vertrautes Terrain, zurück zum anheimelnd volksmusischen Liedgut – a capella):

Prost, prost, meine Herren,

prost, prost, meine Herren, ...

---

1 Stachelschwein hilf!

29. Spesenkonto Null

137 Bei ALDI wird grundsätzlich niemandem, keinem Kunden, keinem Lieferanten, aufgetischt. Das ist im Grund konsequent, denn ein Schmaus in gelöster Atmosphäre setzt eine „Einladung" voraus, die es bei ALDI nicht gibt. „Vorladung" ist das treffende Wort; vorgeladen werden Lieferanten und Agenten zum Gespräch über Produkt und Preis; da bleibt kein Platz für Smalltalk und Gaumenfreuden – auch nicht in der Betriebskantine. Kaffee und Gebäck, die ALDI-Zwei-Sterne-Bewirtung – das muss reichen. Es wird nachgeschenkt, man kann nachlangen.

Preisgespräche schlagen bisweilen auf den Magen

138 Die schöne Kaufmannssitte, mit Kunden den Abschluss des Geschäfts bei einem Essen und einer Flasche guten Weins zu zimmern oder wenigstens den Erfolg zu begießen, sich die Geschäftsbeziehungen auch durch den Magen gehen zu lassen, diese sinnliche Justierung kaufmännischen Tuns ist bei ALDI verpönt. Kundeneinladungen sind ex cathedra untersagt. Das wäre ein Tabubruch, stünde nicht im Einklang mit der kompromisslosen Sparsamkeit und der betonten Distanz zum Lieferanten.[1] Bei der gigantischen Fülle von Geschäftsabschlüssen käme es überdies für die Einkäufer einer Tortur gleich; zu viel Essen und Trinken, das könnte mehr als ungesund sein.[2] Eine andere Lösung gab es nicht; die Anbindung der Lieferantenpflege an einen plüschigen Frühstücksdirektor, etwa einen pensionierten Generalstäbler, schied wegen der dirigistisch-patriarchalischen Personal- und Führungsstruktur des Unternehmens aus.[3] Die ALDI-Zwei-Sterne-Bewirtung – Kaffee plus Gebäck – ist bei Lichte betrachtet quantitativ ausreichend, denn den Lieferanten vergeht in der rauen Wirklichkeit von Preisgesprächen ohnehin häufig genug der Appetit. Preispoker[4] schlägt bisweilen heftig auf den Magen, wenn er sich auf die dritte Stelle hinter dem Komma bezieht.

Kritik wegen unternehmerischer Einfallslosigkeit oder einem Mangel an Format, Geschäftspartner angemessen zu bewirten, verbietet sich wegen des Massenauftriebs der Kunden und Lieferanten bei ALDI. Die Einsparung des Kontos Bewirtung in der Bilanz und der Wegfall buchhalterischer Verarbeitung von Spesenvorgängen waren angenehme Nebeneffekte.

---

1 Siehe oben Rn. 127 ff.
2 Siehe oben Rn. 34 ff.
3 Siehe oben Rn. 25 ff.
4 Siehe oben Rn. 58 ff.

Spesendisziplin – wider alle Verlockungen

Spesendisziplin bekam das Geschäftsführer-Ensemble regelmäßig bei den Ta-   139
gungen zu spüren. Saßen die zwölf Apostel bei der dreitägigen Marathon-Tret-
mühle[1] allabendlich andächtig beim Essen zusammen, freilich ohne ALDI-De-
kor und Drinks aus Highballgläsern, nicht einmal am Schlusstag,[2] ortete ein
jeder behutsam nach rechts und links, was man wohl essen sollte. Mit einem
Augen fest am rechten Speisekartenrand in der Preisspalte verhaftet, spähte
man aus, was dieser oder jener Kollege seinem Gegenüber mit spitzen Lippen
zuflüsterte. Unlukullischer Gedankenaustausch inmitten der Sicherheit vermit-
telnden Geschäftsführer-Herde, Konformismus hin oder her. Theo Albrecht, As-
ket, gertenschlank und Befürworter des Einfachen und geschmacklich Unver-
fänglichen, ging mit gutem Beispiel voran. Wie er wohl manchmal satt wurde,
nein wirklich!

Solche Anlässe boten die beste Gelegenheit, die Menukarte nach alten Rezep-
ten aus der Haute Cuisine des Gutbürgerlichen und Bodenständigen zu durch-
stöbern; Leckereien, süß bis sauer, die einem aus der Erinnerung plötzlich in
den Sinn gekommen waren und eine Renaissance verdienten, weil sie am auf-
merksamen Tisch nicht unangenehm auffallen würden. Als da sind Schweins-
kopfsülze mit Bratkartoffeln, Heringsstip mit Salzkartoffeln und viel Petersilie
darüber, Speckpfannekuchen mit Apfelkompott, Milchreis mit eingemachten
Pflaumen und Zimt, Tellergerichte mit Fleisch- oder Fischkleinklein, Erbsen-
oder Bohnensuppe mit deftiger Einlage; oder auch Regionales, abhängig vom
Tagungsort, Himmel und Erde oder Grünkohl mit Pinkel. Sich ein reizvolles Gespräch mit dem Ober zu erlauben, nach Garnelenschwänzchen, Hummerhäpp-
chen, Wachteleier zu fragen oder mit ihm über Trüffeliges zum Entree zu phi-
losophieren, wäre halsbrecherisch vorlaut gewesen und atmosphärisch eine
unverzeihliche Taktlosigkeit. Derlei stilvolle Bissen hätte man vor den erstaun-
ten und strafenden Blicken der Corona sowieso nicht herunterbekommen.
Eine Tagessuppe war drin, vielleicht abschließend noch ein Pudding nach Art
des Hauses. Ich bevorzugte, sofern es ihn gab, einen umgestülpten, möglichst
quabbeligen Griespudding nach Mutters Rezept; mit viel Himbeersauce darüber.

Nach unten gab es auch eine Demarkationslinie: Zu Buletten mit Fritten rot-
weiß musste sich niemand herablassen; so viel offen zur Schau gestelltes Kos-

---

1 Siehe oben Rn. 28 ff.
2 Siehe oben Rn. 131 ff.

tenbewusstsein wäre als Anbiederung aufgefasst worden. Sich unverbrüchlich mittelpreisig treu zu bleiben, das war der Königsweg.

Dank sei Theo Albrecht, der unsere Gaumen schon ob seiner Präsenz für die Vorzüge und Sinnesfreuden der gutbürgerlichen Küche sensibilisierte.

Wiedergutmachung

30. Minne-Ersatzdienst gefällig?

140   Die zweite Dimension[1] – Qualität – genießt höchste Priorität in der Unternehmensphilosophie. In der Startphase begegnete ALDI das Vorurteil, ein Billigladen mit Minderqualität zu sein.[2] Aller Anfang ist bekanntlich schwer. Bei den Mengenanforderungen schon bald zu Beginn der Discount-Revolution und den noch nicht erschlossenen, voll funktionierenden Bezugsquellen mussten Teile des Sortiments manchmal mit viel Improvisationskunst aufgefüllt werden, zumal Erzeuger und Beschaffungsmärkte mit dem Newcomer ALDI zurückhaltend verfuhren. So rutschte notgedrungen schon mal eine Partie geringerer Qualität dazwischen. Diese Engpässe bekam man schnell in den Griff; konsequent und zielstrebig. Gegen das Image des zweitklassigen Billigladens musste ALDI dennoch lange ankämpfen. Semper aliquid herit.[3]

Das ALDI-System kennzeichnet seit den 60ern hohe Qualitätsstandards, es genießt Anerkennung in der öffentlichen Meinung, im Kundenbereich und in der Fachpresse. Der hohe Leistungsanspruch wird unnachgiebig gesichert. Mit ALDI assoziiert der Verbraucher heutzutage ausgesucht gute Qualität; durchgehend im Food und Non-Food-Bereich; auch der Textilbereich wird, selbst wenn mal ein chinesischer Reißverschluss zu früh den Dienst versagt, immer qualitätsstärker – der Non-Food-Anteil am Sortiment gewinnt kapitalere Größe, eine gewisse Ironie für einen originären Lebensmittel-Discounter.

Rigoroses Qualitätsmanagement

141   ALDI-Qualitätsmanagement beginnt in der Sphäre des Lieferanten. Dieser hat ein Maximum an machbaren Qualitätsnachweisen zu erbringen: Gewicht, Größe, Konsistenz oder Anzahl u. a. m. Technisches, Chemisches, Herkunftsmäßiges oder was immer für das Produkt typisierend ist, etwa dass Lebensmittel voll den gesetzlichen Bestimmungen entsprechen, auch in der Kennzeichnung. ALDI-Einkaufsbedingungen legen strenge Qualitätskriterien für die Belieferer fest, bauen hohe Hürden für die Wahrhaftigkeit der Produkte auf, um dem modernen, kritischen Verbraucher gerecht zu werden.

Im Grunde sei das ALDI-interne rigorose Qualitätsmanagement entbehrlich, möchte man meinen. Denn jeder Lieferant weiß, dass bei Reklamationen, die

---

1 Siehe oben Rn. 1 ff.
2 Siehe oben Rn. 8 ff.
3 Etwas bleibt immer haften.

auf ihn zurückfallen, Verkaufsstopps oder Rückrufaktionen ein mittleres bis größeres wirtschaftliches Desaster bedeuten; von dem beschädigten guten Ruf in der Branche abgesehen. Warentester, Verbraucherschutzverbände, private und professionelle Marktbeobachter liegen kritikbereit auf der Lauer; sprungfertig, um das Opfer genüsslich zu zerreißen. Und geht etwas schief, gibt's die Häme der Konkurrenz gratis obendrauf. Man siehe die jüngsten Beispiele schludriger Autobauer. Ausgelistet[1] oder auf eine geringere Anzahl von ALDI-Lagern reduziert zu werden, kann einen Lieferanten bei den horrenden Mengen, um die es geht, ins Mark treffen.[2] ALDI als Abnehmer zu verlieren, ist für manche Lieferanten der wirtschaftliche Super-GAU. Dieses Horror-Szenario motiviert alle Lieferanten, ihre Produkte härtesten Qualitätsstandards und -tests zu unterwerfen.

Doch ALDI checkt alles noch einmal selbst, denn das Unternehmen ist dem Kunden – auch rechtlich – allein verantwortlich. Das betriebseigene Prüf- und Kontrollnetz siebt rigoros aus, was nicht einwandfrei ankommt oder in Lager oder Filialen verdirbt. Verbindliche Stichproben schon beim Einkauf, bei der Warenannahme bis zur Verkostung unter aktiver Beteiligung der Geschäftsleitung. Je nach Produktart gibt es Sicht-, Geschmacks- oder Gewichtskontrollen; bei Büchsen- oder Glasware werden repräsentative Proben gezogen. Flankiert werden diese internen Kontrollen durch fachspezifische Untersuchungsmethoden externer Lebensmittelprüflabors. Das gesamte Lebensmittelprogramm steht unter ständiger fachkundiger Obhut. Bei den Unmengen an Warenumschlag dennoch ein heikles Geschäft; eine Totalkontrolle ist nicht machbar.

Dauerverkostung mit täglich neuer „Speisekarte"

Es ist fester ALDI-Brauch, dass täglich in jeder Niederlassung eine bestimmte Anzahl Artikel des Nahrungsmittelsegments verkostet wird. Die ritualisierte Kaffeeprobe in der Zentrale genießt einen Sonderstatus.[3] Das gesamte Food-Programm, einschließlich der Regionalartikel, kommt der Reihe nach dran, immer wieder von vorn; ob als Rohkost, gekocht, geschmort oder gebraten. Wie es die Hausfrau auch täte; lebenswirklich. Jeder regionale Geschäftsführer beteiligt sich an den täglichen Tests, ein ungeschriebenes Gesetz. Der Einkäufer stellt die „Test-Speisekarte" zusammen. Diese Prozedur täglicher Verprobung ist wahrlich eine gefahrgeneigte Tätigkeit; ist man anfällig für Kalorien, droht

142

---

1 Siehe oben Rn. 61 ff.
2 Siehe hierzu oben Rn. 61 ff.
3 Siehe oben Rn. 96 ff.

eine Gewichtszunahme. Und wenn am Produkt etwas faul ist, „fallen Geschäftsführer und Einkäufer als erste um". Verantwortung in vorderster Reihe. Die täglichen Tests können auch zu vergleichenden Blindverkostungen mit Konkurrenzartikeln genutzt werden; Stimulans für die Verbesserung von Eigenmarken, wenn Tests nach wiederholten Vergleichen nicht zufriedenstellend ausfallen.

Alle Ergebnisse der Verkostungen werden fein säuberlich dokumentiert; Mahnung und Erbauung in einem; dem Verwaltungsrat als Entscheidungshilfe dienlich.[1] So zeigt das historische Archivgut etwa, dass der hauseigene Sekt „Stolzenfels" regelmäßig namhafte klassische Champagner bei Blindverkostungen mit Produzenten von Konkurrenzprodukten aus dem Feld schlug. Unreflektierte Markengläubigkeit führt immer wieder auf geschmackliche Abwege.

Qualitätskontrolle ist, bei ALDI ein Mengenproblem, nur als Stichprobe denkbar; lebensmittelrechtlich auch nur so erforderlich. Trotz akribisch perfektionierter Kontrollmechanismen rutschen immer mal wieder Ausreißer durch; da ein Metallsplitter in einer Gemüsekonserve, dort ein paar Tropfen Rückstände einer Reinigungsflüssigkeit in einer Sektflasche – technisch nicht vermeidbare Missgeschicke im Alltagsbetrieb der Massenproduktion. Dies führt zu berechtigten Reklamationen des Kunden, die mit dem ALDI-typischen Umtauschrecht zur Zufriedenheit aller abgepuffert werden. Es gibt aber auch Reklamationen, die der Spaßabteilung zuzurechnen sind, weil sie den Begriff „Warenmangel" auf amüsant-skurrile Art interpretieren. Ich erinnere mich aus meiner Zeit bei ALDI daran, dass jemand ein Netz voller Kartoffelschalen zurückbrachte und mit unschuldsvoller Miene die Qualität der Ware rügte. Er erhielt ein neues volles Netz und alle guten Wünsche mit auf den Weg.

Totale Kundenpflege – das ALDI-Umtauschprinzip

143 Bei ALDI wird, worauf das Unternehmen das exklusive Urheberecht besitzt, alles und jedes ausnahmslos umgetauscht, wenn der Kunde dies wünscht. Jede angequetschte Tomate, jede Laufmasche und jeder Luftzieher[2] findet verständnisvolle Beachtung. Filialmitarbeiter dürfen unter keinen Umständen Einwände erheben, gar den Umtausch ablehnen; und ist die Sache noch so durchsichtig und anrüchig. Diskussionsloser sofortiger Umtausch – ohne Reklamationspapierkrieg – erspart ALDI personalbindenden sowie verkaufsstörenden Zeit- und Verwaltungsaufwand. Verdachtsfälle allzu kecker Lumperei übernimmt

---

1 Siehe oben Rn. 105 ff.
2 Beschädigte Halbkonserve.

der Bezirksleiter. Mag sein, sofern der Kunde seine Adresse hinterlässt, mit einem Besuch bei diesem, um ihn mit einer zusätzlichen Aufmerksamkeit zu beschwichtigen. Gleiches gilt auch, wenn durch Unachtsamkeit des Kunden Ware im Kaufgewühl zu Bruch geht; sie ist nicht zu bezahlen. Die totale Kundenpflege als Prinzip, ein perfekt funktionierendes Marketing-Instrument.[1] ALDI-Kunden versuchen erfreulich selten unredliche Umtauschaktionen, holen sich kaum eine kostenlose zweite Ware oder einen Zuschlag. Das spricht für ein gefestigtes vertrauensvolles Miteinander von Unternehmen und Kundschaft. Einfaches und korrektes Umtauschen zahlt sich atmosphärisch aus. Durchaus kritisch zu sehen sind die kleinen Mundraube im Laden, z. B. der unbemerkte Direktverzehr einer Tafel Schokolode oder eines warmen Brötchens aus dem Backwarencontainer. Eine Tasse Kaffee oder Schokolade gibt es dazu nicht; ALDI ist glücklicherweise keine Cafeteria; atypisches Kundenverhalten würde zunehmen.

Mit Reis-Fleischkonserven zurück zum Familienglück

Das Sofort-Umtauschprinzip schafft Kundenbeschwerden regelmäßig schnellstens vom Tisch, kommen nicht pikante Details hinzu. Beklagte sich einmal ein Kunde, er sei durch den Verzehr einer verdorbenen Reis-Fleischkonserve von ALDI derart niedergestreckt worden, dass er seinen ehelichen Verpflichtungen eine ganze Woche lang nicht habe nachkommen können. Burschikoser Originalton! Er monierte nicht etwa, dass er – im Einklang mit dem familiären Pflichtenprogramm – das Gras im Garten nicht mähen, nicht abwaschen sowie staubsaugen und die bessere Ehehälfte nicht zum Tanz habe ausführen können. Es ging um Fundamentaleres, empörte sich der vermeintlich durch eine schadhafte ALDI-Konserve außer Gefecht Gesetzte. Völlige Verunsicherung bei der Filialleitung. Was umtauschen? Welcher Ersatz? Wem? Ihm, Ihr, beiden? Der als nächster zuständige Bezirksleiter, ebenfalls überfordert, bat mich als Geschäftsführer um Rat; der Fall neu und kurios, amüsierlich allemal. Das Geschäftsführer-Handbuch,[2] das alles und jedes regelte, schwieg beharrlich. Also Eigenverantwortung mobilisieren. Klare Linie: Ersatz durch Naturalrestitution, hier Minne-Ersatzdienst, schied in jedem Fall aus. Diplomatisch entschied ich zusammen mit dem Bezirksleiter, mit einem vollen Karton der gerügten Ware dem Paar Trost und Wiedergutmachung zu leisten. Als „Kurpackung" sozusagen für eine Woche erduldeter Entbehrungen. Es mag geholfen haben, gewissermaßen den Teufel mit dem Beelzebub auszutreiben. Über-

144

---

1 Zur Werbung siehe oben Rn. 101 ff.
2 Siehe oben Rn. 45 ff.

geben wurde das Paket durch den Bezirksleiter – mit Liebesgrüßen von ALDI. Keiner von beiden protestierte. Sie haben es sicherlich genossen und hoffentlich vielen Kunden von der kreativen, eleganten Lösung ihres Problems berichtet.

Allzeit bereit

31. Bereitstellungsbescheid von Vater Staat

145 Ende 1976 flatterte bei ALDI ein energisch formuliertes Schreiben des Kreis-
wehrersatzamtes herein. Inhalt: Anordnung der Bereitstellung der LKW des
Fuhrparks für den militärischen Ernstfall! Geheime Verschlusssache.

Erstaunen, Verunsicherung, Rätselraten

146 Basses Erstaunen bei Theo Albrecht, ungläubiges Rätselraten des Verwaltungsrats. Die Geschäftsführerrunde assistierte der allgemeinen Verwunderung mit
Unwohlsein. War irgendetwas schon wieder so weit? Im friedlichen Jahr 1976?
Hatte man vor lauter wirtschaftlicher Nabelschau elementare Verwerfungen
im globalen politischen Weltgeschehen übersehen, war der kalte Krieg doch
eisig – kälter als gefühlt, plante der Staat etwas, wovon man nichts wusste?
Etwa andere gegen ihn? ALDI mit einem Mobilmachungsbeitrag?

Die Älteren in jener Geschäftsführersitzung im Januar 1977, in welcher der
Verwaltungsrat die Hiobsbotschaft kundtat, erinnerten sich 30 Jahre zurück:
Mangelwirtschaft, Notversorgung der Bevölkerung, zentrale Lebensmittel-
depots, alles rationiert. Versorgungsengpässe, Wachposten vor den Fabrikto-
ren, Taschenkontrollen für Mitarbeiter der Versorgungsbetriebe, Menschen-
schlangen vor den Geschäften, eine Woche Rotkohl, eine Woche Sauerkraut,
eine Woche Sauerampfersuppe, eine Woche Salzheringe, Notvorrätementali-
tät, Hamsterkäufe, Kungelei und Schwarzmarkt.[1] Heiter makabre Reminiszen-
zen überspielten die Unsicherheit im Sitzungssaal. Theo Albrecht saß stumm,
schmallippig und sorgenvoll in sich versunken. Er war der einzige aktive
Kriegsteilnehmer in der Runde, resümierte wohl: Sein blühendes Unternehmen, seine Lebensleistung urplötzlich tangiert; Firmen-LKW-Park requiriert,
einfach so, hilflos dem Staat ausgeliefert? Man sah ihm die verdrossene Nachdenklichkeit an, als zöge er Bilanz. Was steckte letztendlich hinter dem Be-
scheid? Hoffentlich nichts Ernstes und Existentielles; ein übler Scherz, das
wäre noch die angenehmste Erklärung. Die Sache stieß monatelang im Unternehmen sauer auf; ein Albtraum für die Geschäftsleitung.

---

1 Siehe oben Rn. 8 ff.

„Stabsstelle Abwehr der Requirierung von ALDI-Eigentum"

Der Geschäftsführer Herten, vom Verwaltungsrat noch in nämlicher Sitzung   147
zur „Stabsstelle Abwehr der Requirierung von ALDI-Eigentum" auserkoren,[1]
ging der Sache auftragsgemäß auf den Grund. Erstaunliches kam heraus,
nichts letztlich Beruhigendes: Der Staat hatte eine breite Vorsorgeplanung für
den „militärischen Ernstfall" in der Schublade, die auch das Szenario berück-
sichtigte, dass in einer politischen Krise der freie Lebensmittelmarkt zusam-
menbräche, weil die üblicherweise benutzten Nachschubwege in Europa oder
weltweit geschlossen oder gestört wären. Vorsorge war zu treffen für die Situation, das sich Warenangebot und Nachfrage durch Krieg oder kriegsähn-
liche Störfälle nicht mehr harmonisieren ließen, die freie Marktwirtschaft in
punkto Warenbewegung bedrohlich aus Lot und Fugen geriete und Versorgungsengpässe die kulinarischen Grundbedürfnisse der prall versorgten Kon-
sumgesellschaft ins Wanken brächten. So das etwas blumig beschriebene Aus-
gangsszenario der befragten Behörde. Dafür brauche sie die Logistik leistungs-
starker Versorger, vor allem die notwendigen Transportmittel und -kapazitä-
ten. Nicht von ALDI allein, klang es beschwichtigend, auch von Wettbewerbern. Aber von einem Marktführer im Lebensmittelsektor zu allererst. Hab-
Acht-Strategie des Staates. Also doch etwas dran an der Bedrohung aus dem
Osten in den Siebzigern? Die Fuhrparks von Industrie und Handel als Wehrbei-
trag in der zivilen Etappe? ALDI-Expansionsträume in Gefahr?

Die Sache sei rein prophylaktisch zu sehen, wiegelte der Behördler ab; indes
Teil eines nationalen Konzeptes zur Krisenbewältigung im Logistikbereich der
Lebensmittelversorgung, um Überraschungen, ruinösen Hamsterkäufen und
Wildwüchsen in der Lebensmittelversorgung im Krisenfall zu begegnen; gemeint war der Schwarzmarkt. Blauäugige Behördensicht, als ob der Staat den
heimlichen freien Warenaustausch an der Straßenecke reglementieren könnte.
Dass dies nicht funktioniert, hatte die Nachkriegszeit gezeigt.[2] Weitere prag-
matisch-realistische Eröffnung seitens der Behörde: Lebensmittelkarten seien
auch gedruckt und lägen auf Halde; säuberlich aus Erfahrungen der Nachfünf-
undvierziger abgeschaut.

---

1 Siehe oben Rn. 28 ff.
2 Siehe oben Rn. 8 ff.

Discountsystem – Modell für die staatliche Notdistribution

148 Die Geschäftsführerrunde malte sich aus, was ALDI in einem Ernstfall als Nächstes im Verkaufssektor blühen würde. Mit seinem 1976 noch auf Grundbedürfnisse beschränkten Sortiment, ohne Fein- und Kühlkost, Bio- und Diätartikel, frische Feld- und Gartenfrüchte, Pistazien und Parfum im Angebot, hätte das von den Albrecht-Brüdern in Deutschland eingeführte Discountsystem mit Artikeln der Grundversorgung[1] Pate gestanden für eine effektive Notversorgung der gesamten Bevölkerung. Ironie des Schicksals, dass die ALDI-Idee, aus Hunger, Mangel und der Befriedigung von Elementarbedürfnissen geboren,[2] einer globalen nationalen Notlösung im Krisenfall bestens hätte dienen können; ALDI-Läden als zentrale Lebensmittel-Verteilungspunkte, so hätte es ausgesehen. Ein Kreis hätte sich geschlossen.

Er hat sich nicht geschlossen. Bisher nicht. Die Sandkastenspiele des Staates sind nach wie vor aktuell. ALDI-LKW bleiben ein Teil davon. Aus Gründen fürsorglicher Staatsraison.

ALDI lohnt sich immer, in politisch guten wie in schlechten Zeiten.

---

1 Siehe oben Rn. 8 ff.
2 Siehe oben Rn. 8 ff.

32. Vergebliche Entwicklungshilfe

149 ALDI pflegt ein distanziert korrektes Verhältnis zu seinen Lieferanten und Agenturen.[1] Man braucht einander; jeder weiß das. Ohne gute und zuverlässige Produzenten, Lieferanten oder Warenvermittler gäbe es angesichts der gigantischen Mengen[2] Qualitäts- und Beschaffungsprobleme. Umgekehrt suchen Hersteller und Agenturen ihr wirtschaftliches Heil bei ALDI. Und finden es.

Qualität ist unverzichtbar,...

150 Qualität, Kontinuität und Mengenbeschaffung sind Daueraufgaben im unternehmerischen ALDI-Fünffakter.[3] Ein Lieferant mit guter Akzeptanz seiner Ware beim Kunden muss erhalten bleiben, rentable Dauerlieferanten sowieso. Eingespieltes ist von Vorteil, Bewährtes Teil des Unternehmenserfolgs. Zurückhaltung demgegenüber beim Experimentieren ohne rentable Grundausrichtung.

Gelingt es einem Lieferanten oder Agenten nicht, Betrieb oder Beschaffung qualitäts- oder mengenkonform aufzustellen, treffen ihn unerbittlich die Folgen, ausgelistet oder auf weniger Bezugsmengen reduziert zu werden.[4] ALDI sieht sich voll dem Kunden verpflichtet; Produzenten und Lieferanten sind vorleistungspflichtig. Schnell wäre bei minderer oder nicht ausreichender Qualität und Menge der Name ALDI beschädigt. Der Kunde ist wählerisch und verwöhnt. Fehlartikel sowie Qualitätseinbußen sind ernst zu nehmende Störfaktoren. Alternativanbieter gibt es zumeist hinreichend. Doch vor einer endgültigen Auslistung oder temporären Mengenreduzierung wird versucht, Schieflagen zu beheben. ALDI übernimmt hierbei keine strategische oder operative Mitverantwortung, berät allenfalls. So lautet die Grundregel.

... auch wenn's manchmal schwerfällt

151 Ein besonderer Einzelfall aus dem so genannten Streckengeschäft sorgte in den 70ern ALDI-intern für Aufsehen; ein Fall in der Nachbarschaft von Theo Albrecht gleichsam. Streckengeschäft ist die direkte Anlieferung einer Ware bei den Filialen, also nicht auf dem Weg über das Zentrallager eines Regionalbereichs. Es ging um einen Brotlieferanten mit ausschließlich eigener Produkti-

---

1 Siehe oben Rn. 51 ff., 58 ff., 61 ff., 127 ff., 137 ff.
2 Siehe oben Rn. 58 ff., 91 ff.
3 Zu den fünf Dimensionen siehe oben Rn. 1 ff.
4 Siehe oben Rn. 61 ff.

on. Seine Ware errang bei hausinternen Blindtests[1] in meiner Niederlassung Essen ständig Bestnoten; das Kaufpublikum war angetan, der tägliche Abverkauf blendend. Ein Musterlieferant mit einem Spitzenprodukt, ein Vorzeigebäcker.

Doch die Belieferung klappte nicht reibungslos; nicht turnusgemäß fehlerfrei zweimal täglich. Ständig waren Fehlartikel zu monieren, kein regelmäßiges vollständiges Sortiment; Reklamationen enttäuschter Kunden, die leer ausgingen, waren an der Tagesordnung. Klagen der Filialleitung über zu wenig Ware sowie Umsatz kamen hinzu. Wiederholte Kritikgespräche des zuständigen Verkaufsleiters mit dem Lieferanten verpufften wirkungslos. Nach kurzen Phasen der Besserung schrillten wieder die Alarmglocken. Das Brot ein Glücksfall, die Belieferung ein Glücksspiel, der fündige Brotkunde ein Glückspilz. Ergebnis: Ein ALDI-ungemäßer Schwachpunkt im Verkauf. Untragbar.

Die Sache ging an den Verwaltungsrat, dieser taktierte. Den Lieferanten nach Abmahnung mit Fristsetzung auslisten? Diese schmackhafte Brotsorte? Diesen brillanten Renner im Sortiment? Den kaufmännisch kühlen ALDI-Schnitt machen,[2] weil Kundenzufriedenheit und Umsatz litten? Oder nach einer anderen Lösung suchen? Gleichwertiger Ersatz im Umkreis von Essen war nicht in Sicht, die Tests sprachen eine eindeutige Sprache.

Der Auftrag – von Theo Albrecht höchstpersönlich

Theo Albrecht beauftragte mich als den regionalen Geschäftsführer, den Fall persönlich zu betreuen; vorab den Betrieb zu inspizieren; die Gründe der Mängel zu erforschen und selbst eine zeitlang Managementhilfe zu leisten, um die täglich zweimalige Belieferung zu sichern. Danach wäre der endgültige Lösungsvorschläge zu formulieren. Maximaler strategischer Aufwand, um einen begnadeten Brot-Lieferanten bei der Stange zu halten. Irgendjemand in dem Kleinbetrieb hatte ein gutes Händchen für die Teigmischung, wahrscheinlich ein gutes altes Hausrezept, keine Industriemixtur wie bei der üblichen Massenware. Dieses individuelle Produktprofil gefiel Theo Albrecht. Also hieß die Devise: Vor Ort durch tatkräftige Führungshilfe die Rettung eines Spitzenprodukts einleiten. 152

Gesagt, getan: Ich schlüpfte nach Dienstschluss in den Rock eines Bäckereimanagers – und fand einen Familienbetrieb vor, braver und sauberer Zuschnitt,

---

1 Siehe auch oben Rn. 69 ff.
2 Siehe oben Rn. 61 ff.

Vier-Personen-Besetzung; der Vater, ein Bäckermeister mit solidem handwerklichen Traditionsbewusstsein, die mitarbeitende Ehefrau, zwei erwachsene Söhne. Ein eingespieltes Team mit einem 14- bis 16-Stundentag. Die Eltern besorgten das Backgeschäft und erledigten abends die Verwaltungsarbeit; ihre Fertigungsmethoden waren auf neuestem Stand. Ein Sohn kommissionierte Container nach Abnehmern und Bestellmengen; der Bruder versah den Fahrdienst. Ausgefahren wurde mit einem firmeneigenen LKW; für den Kunden ALDI an eine überschaubare, fast an den Fingern beider Hände abzählbare Anzahl von Filialen im nahen Umkreis der Betriebsstätte.

Betriebsanalyse eines Bäckereihandwerksbetriebs

153 Die erste Betriebsaufnahme ergab: An allen Ecken und Kanten fehlte professionelles Planungsverständnis; keine detaillierte Tages- oder Wochenplanung, keine schriftlichen Übersichten über Bestellmengen und erforderliche Kapazitäten, über Einkäufe für Mehl, Backzutaten und Spezereien, keine präzisen Fuhren- oder Belieferungspläne für die unterschiedlichen Abnehmer. Entscheidungen fielen nach „Erfahrung und Gefühl", ohne eine dokumentierte Nachschau zu Fehl-, Falsch- oder Minderlieferungen. Tägliches Arbeiten auf Zuruf, mit vollstem Einsatz und wilder Entschlossenheit, es auch heute wieder hinzubiegen. Der Betrieb lief permanent auf Hochlast. Die Vier konnten kaum mal durchatmen. Privatleben und Urlaub Fehlanzeige. Es mangelte ersichtlich an einer ordnenden Hand, an Koordination, an einfachem Managementrüstzeug. Stattdessen erlebte ich hautnah die aus der Zeit gefallene Restromantik eines Familienhandwerksbetriebs. Schnell wurde klar, warum die zweimalige tägliche Belieferung der ALDI-Filialen nicht funktionierte. Der Fahrdienst mit nur einem LKW war eine permanente planerische Zerreißprobe für den Außendienstler, den Sohn Nr. 2; sein Tourenplan voller Unwägbarkeiten bei allen regelmäßig anzufahrenden Kunden, ALDI als Hauptabnehmer vorweg. Es wurde zu viel produziert, um es allen Kunden mit nur einem LKW termingerecht auszuliefern. Strategie, Logistik und Zeitmanagement waren Fremdworte, Improvisation beherrschte das Tagesgeschäft.

Mit zum Therapiekonzept zählten zu allererst regelmäßige abendliche Besprechungen. „Notgeschäftsführer" und Bäcker-Familie bei der Manöverkritik an einem Tisch. Ganz programmatisch: Was läuft falsch? Gründe? Verbesserungsvorschläge? Umsetzung! Kontrolle! Ein Rezept zur Selbsthilfe. Erstellt wurde ein komplettes betriebliches Grundgerüst, eingebettet in einen fortlaufenden planerischen Soll-/Ist-Vergleich. Im Ergebnis entstand ein maßgeschneidertes Prozess- und Logistikmanagement für einen mittleren Bäckereihandwerksbetrieb, selbstredend mit einer priorisierten Ausrichtung auf die Belieferung der ALDI-Filialen zu exakt fixierten Zeitpunkten, zweimal am Tag, sechsmal die Woche, volles Sortiment. Eine Mammutaufgabe für das Vierer-Familienteam, aber mit der gemeinsam erarbeiteten neuen Betriebsorganisation zu stemmen.

Letztlich doch eine Mission impossible

Schon zwei Wochen nach der Umsetzung der Vorgaben und regelmäßigen Planungs- und Kontrollgesprächen ging es weniger hektisch zu; und sichtlich effizienter bei entspannterem Arbeitsklima, wie mir berichtet wurde – auch ohne Zusatzkraft für die nachhinkende Verwaltung. Keinerlei Ausfälle bei den zweimal täglichen ALDI-Touren, deren Mengen und Brotsorten wieder stimmten. ALDI-Kunden und Filialleiter waren voll zufrieden. Theo Albrecht erst recht. Die sanfte Entwicklungshilfe schien zu wirken.

154

Leider eine Fehleinschätzung. Alsbald nachdem ich meine abendlichen Besuche eingestellt hatte, erfolgte der Rückfall in alte, langjährig praktizierte Verhaltensmuster. Erneut keine verlässliche Belieferung der Verkaufsstellen, Fehlartikel, Kundenbeschwerden, „geregelter" Ärger für die Filialleitungen, beachtliche Umsatzeinbußen. Die alte Misere.

Theo Albrecht ließ sich von mir berichten und entschied: auslisten, endgültig. Schweren Herzens, wie er bemerkte. Aber konsequent und folgerichtig. Der Kunde steht an erster Stelle. Von ihm lebt ALDI. Produzent und Zulieferer stehen vorbehaltlos für ihre Produkte gerade.[1] Diese Regelstrenge lässt keine Ausnahmen zu, auch nicht bei einem Spitzenbrot mit einem himmlischen Familienrezept aus einem kleinen Bäckereibetrieb vor der Haustür von Theo Albrecht. Die vergebliche Rettungsaktion war schon Ausnahme genug, komplett Aldi-untypisch.[2]

Müßig ist es, nach den Gründen für das Scheitern zu fragen. Zu wenig Kapazität im Innen- und Außendienst mit vier Familienangehörigen, permanente Unterbesetzung, generelles Planungsunvermögen oder fehlende Flexibilität des Vaters, vom Bäckereinhandwerk zur Brotfabrikation strukturell und mental umzuswitchen? Mangelnde Sensibilität für die Anforderungen des unstillbaren Warenhungers eines Großdiscounters? Eine Tragödie.

---

1 Siehe oben Rn. 140 ff.
2 Siehe oben Rn. 61 ff.

Geiselnahme

33. Preis des Erfolgs – Gefährdungspotentiale

155 Die Entführung von Theo Albrecht im Jahr 1971 warf abrupt Sicherheitsfragen auf; in Nord und Süd gleichermaßen. Bisher hatte man keine Vorkehrungen im Köcher, weder für die Inhaber noch für die leitenden Mitarbeiter – für niemanden. Unreflektierte Leichtfertigkeit? Wirklichkeitsfremde Naivität?

Abgenötigte Sicherheitsdiskussion

156 Jedermann konnte auf direktem Weg bis an die Schaltzentralen des Unternehmens gelangen. Er meldet sich am Eingang und wurde durchgelassen; dann lag es an ihm zu entscheiden, wohin er sich tatsächlich wendete. Man war völlig arglos. Ein friedliches und kundenfreundliches Unternehmen – wer sollte wem etwas antun? Aber es brodelte unbemerkt im Hintergrund: Das viele Geld bei ALDI; immer mehr in aller Munde. Eine verlockende Goldgrube für Kriminelle! Aber niemand sah die Gefahr kommen. Plötzlich wurde es nach dem grauenvollen Ereignis klar. Sieben Millionen DM, damals eine Rekordsumme in Deutschland, konnten Nachahmer animieren. Die allgemeine Verunsicherung bei ALDI war mit beiden Händen greifbar. Ratlosigkeit und Hilflosigkeit. Die Entführung, ein Einzelfall? Waren weitere Personenkreise gefährdet? Der Verwaltungsrat, die Geschäftsführer, etwa auch deren Familien? Wenn man eine Putzhilfe entführte, musste man diese nicht auch auslösen? Die Diskussion bei ALDI schwappte auf und nieder: Einfach wie bisher weitermachen und die Augen sorgfältig aufhalten? Sicherheitsstandards einführen? Welche? Die von Politikern? Dann müssten auch Ehefrauen und Kinder geschützt werden. Fragen über Fragen. Keiner wollte die unsäglichen Erlebnisse von Theo Albrecht auf sich selbst beziehen. Der Fokus der Sicherheitsdiskussion lag auf dem Schutz vor Wiederholung.

Was würde „Sicherheit" kosten? Keine unwichtige Frage bei einem Unternehmen mit einer ausgeprägten Sparsamkeitsphilosophie. Die erste Sofortmaßnahme, die Haupteingänge der Zentralen sicherer zu machen, bedeutete noch den geringsten Aufwand. Zutritt zum Haus erhielt fortan nur, wer sich ausweisen konnte und von der Person, die er besuchen wollte, z. B. im hoch frequentierten zentralen Einkauf, im Foyer unten abgeholt, zurückgebracht und aus der Besucherliste ausgetragen wurde; begrenzter Verwaltungsaufwand an der Pforte – ohne Personalaufstockung.

Weitere Sofortmaßnahmen: Theo Albrecht war abseits der Zentrale in Herten, wo sein Wagen im Dunkeln parkte, in den Hinterhalt geraten. Derartig potentiell gefährliche Expositionen waren ab sofort für die Leitenden untersagt. Alle

Niederlassungen sowie die spätere Zentrale Essen verfügten über eine hinreichende Anzahl eingefriedeter Stellplätze. Wie aber sahen die angemessenen Schutzmaßnahmen im Übrigen aus?

Personenschutz von den ALDI-Brüdern abgelehnt

Beauftragte Sicherheitsfachleute rieten zu einer allgemeinen Schulung der Verwaltungsratsmitglieder und der Geschäftsführer – Aufmerksamkeitstraining. Kompletter Personenschutz schied aus, weil nicht praktikabel. Höchstens für die Inhaber. Das aber wollten Karl und Theo Albrecht nicht, sie lehnten jede Sonderbehandlung ab. Eine ziemlich widersprüchliche Situation. 157

Die Mitglieder des Verwaltungsrats und die Geschäftsführer wurden durch Experten geschult. Jeder bläute sich deren Ratschläge für die Prävention und den Ernstfall ein:

► Nahe am Zentraleingang parken.

► Türen, Kofferraum, Hauben und Fenster abgestellter Wagen stets verschließen.

► Wenn möglich, abends den Betrieb nicht allein verlassen, vor allem nicht bei Dunkelheit.

► Wenn möglich, zu zweit oder dritt gehen – je mehr Personen, umso sicherer.

► Vor dem Verlassen des Hauseingangs – die Tür noch nicht hinter sich schließend, die Klinke in der Hand – nach draußen absichern, ob verdächtige Personen, Fahrzeuge oder andere Dinge auffielen; bei Verdacht zurücktreten und die Tür sichern.

► Vor dem Einsteigen auf den Rücksitz schauen, um das Fahrzeug herumgehen, ob Verdächtiges oder Auffälliges zu bemerken ist.

► Springt der Wagen nicht an, keine unerbetene fremde Hilfe annehmen, den Hausmeister hinzuziehen.

► Nach dem Einsteigen Wagen von innen verriegeln und verriegelt lassen.

► Beim Wegfahren vom Gelände, wenn möglich, in Kolonne fahren.

► Bei verdächtigen Fahrzeugen, die dem eigenen PKW folgen, sich Wagentyp und Nummer merken und die nächste Tankstelle ansteuern, um zu sehen, ob sich die Lage verändert; erforderlichenfalls dort um Hilfe bitten, bevorzugt die Polizei rufen lassen.

► Beim Versuch Dritter, den Wagen anzuhalten, nicht reagieren; einen sicheren Platz, präferiert Tankstelle, ansteuern.

▶ Bei leichten Auffahrunfällen bzw. Anschubsern dito, da Gefahr der Absicht besteht.

▶ In allen Gefahrensituationen Hupe auffällig betätigen.

▶ Die An- und Abfahrzeiten zum und vom Betriebsgelände variabel gestalten.

Der „gefahrfreie" sonntägliche Kirchgang

158   Seltsamerweise hielten sich Karl und Theo Albrecht selbst am wenigsten an die definierten Vorsichtsmaßnahmen, jedenfalls in ihrem privaten Lebensbereich. Allsonntäglich besuchten sie die Messe in ihrer Pfarrkirche St. Markus in Essen-Bredeney.[1] Nach dem Gottesdienst standen sie regelmäßig, wenn das Wetter es zuließ, mit Ehefrauen und Familienmitgliedern auf dem Bürgersteig am Kirchplatz, um einen mehrminütigen Plausch zu halten, bevor sie zu ihren stets getrennt geparkten Autos gingen und ohne Begleitfahrzeuge wegfuhren. Nirgendwo war Begleitschutz, verdeckt oder uniformiert, auszumachen, auch nicht für das im Personenschutz geschulte Auge. Man konnte sich des mulmigen Gefühls nicht erwehren, beide Inhaber stünden da auf dem Bürgersteig wie auf einem voll sortierten Präsentierteller. Karl Albrecht musste besonders aufmerksam sein. Die Entführung 1971 galt ihm. Die Entführer hatten nicht bedacht, dass Herten die Zentrale von ALDI-Nord war. Theo Albrechts Entführung war also, wenn man so will, ein „Betriebsunfall" der Halunken.

Geballtes Gottvertrauen

159   Die Brüder verbreiteten mit ihrem Verhalten beim Kirchgang ein solches Maß unerschütterlichen, unverstellten Gottvertrauens, dass sich offensichtlich niemand – weder sie noch die übrigen Kirchgänger – vorstellen wollten, sie könnten nach Ende des Gottesdienstes Zielscheibe eines Angriffs oder einer bewaffneten Entführung werden. Die Örtlichkeit mit kurzem Fluchtweg auf die nahe gelegene Autobahn bot wenig Schutz, war nachgerade besonders einladend und daher gefährlich. Keiner der übrigen Kirchgänger hätte einschreiten können. Die ostentative Gelassenheit des Brüderpaars nötigte Respekt ab, löste aber auch ungläubige Verwunderung und zwiespältige Gefühle aus. In der Gemeinde kannte man die Familien Albrecht; wusste man von der Entführung des jüngeren Bruders. Das unbekümmerte Auftreten beider nach den Kirchengängen war jedes Mal grenzwertig. Es bedurfte starken Gottvertrauens aller

---

1 Siehe oben Rn. 12 ff.

Mitglieder der Pfarrgemeinde, allsonntäglich Normalität zu demonstrieren, wenn der ALDI-Clan anwesend war.

Bizarrer Schlussakkord der bitteren Entführungsgeschichte: Die Finanzbehörden verweigerten die steuerliche Abzugsfähigkeit der Lösegeldsumme als Betriebsausgabe. Hätte Theo Albrecht sieben Millionen für Sicherheitsvorkehrungen in sein Unternehmen investiert, sähe die Sache anders aus. Unvereinbar kollidierten Gesetz und moralisch-ethische Aspekte; die Finanzbehörde blieb hart, fand keine salomonische Lösung. Entführung eines Firmenchefs reine Privatsache? Betriebsaufwandunrelevantes Schicksal?

Verordnetes Lächeln

34. Humor und ALDI – Scherflein zum Ruhestand

160 Bei ALDI gab es wenig zu lachen, erinnere ich mich. Zu stark lastete der Druck auf allen. Er wurde von der Spitze her aufgebaut. Das einzige, was ständig lachte, war die tägliche Liquidität. Aber dieser Freudenfunke sprang nicht über, im Gegenteil. Wenn Milliarden aufeinander gestapelt werden, vergeht einem die Fähigkeit zum Lächeln bei dem Gedanken, diesen Mammon zusammenzuhalten und nach besten Kräften vor dem Fiskus zu retten. Wer nichts zu verlieren hat, der hat gut lachen, sagt der Volksmund. Wer ständig neue Umsatz-Superlative schafft, kann in diesem Mahlstrom vielleicht gar nicht froh werden. Jedenfalls sind tiefschwarze Zahlen auf den Kontoauszügen keinesfalls ein Garant für Humor und Frohsinn. Obsessives Umsatzdenken, brachiale Erfolgsorientierung, markiger Blick auf Markterweiterung als Humorhemmer? Aus Sorge um seinen Besitzstand? Auch der „Hans im Glück" war erst richtig froh, als er – endlich wieder – besitzlos war.

Beschwörend der Grundton in Geschäftsführersitzungen, sorgenvoll antreibend die fortwährenden Mahnungen des Verwaltungsrats, die Marktposition auszubauen, sie nicht nur zu halten, die Kosten noch weiter zu reduzieren, noch ein Brikett in den ohnehin ständig überhitzten Umsatzofen zu schieben. Beliebtes Sorgenszenario gegenüber dem aufkeimenden Wettbewerb, dem es präventiv entgegenzuwirken galt: Entschleunigung der Zuwachsraten und Antastbarkeit des Marktvorsprungs. Ein humorabträgliches Denkmuster.

Sättigungsgefühl ausgeschlossen

161 Dabei hätte es hinlänglich gute Anlässe zu interner sowie öffentlich bekundeter Freude gegeben: Die weitere Milliarde Vermögenszuwachs, eine neue Niederlassung, das nächste Sonderlob von der „Stiftung Warentest". Doch nie Konfettistimmung, keine Regung, stoische Ruhe, streng der Blick auf die Millionenumsätze am nächsten Tag gerichtet; nie auch nur ein kurzes frohgestimmtes Innehalten, Einfallslosigkeit beim Nachdenken darüber, ob und wie man die Erfolge gemeinschaftlich genießt und begießt.[1] Theo Albrecht hielt unbeirrt trotz seines ungebremst wachsenden Reichtums an seiner verschlossenen, in sich gekehrten Lebensweise fest,[2] frohlockte nie beschwingt, ging nie aus sich heraus, ließ sich stimmungsmäßig nie von den neuesten Erfolgsmeldun-

---

1 Siehe hierzu auch oben Rn. 131 ff.
2 Siehe auch oben Rn. 12 ff.

gen hinreißen; praktizierte Understatement in allem ohne Aufhebens oder Sentimentalität. Sein Arbeitstag verlief nach monotonem Rhythmus. Kaum einmal begleitete er seine leitenden Mitarbeiter wenigstens zum gemeinsamen Mittagstisch in die Kantine in der Eckenbergstraße. Lieber saß er zurückgezogen in seinem holzgetäfelten Zimmer in der obersten Etage, in seinem Zwinger und genoss dort das mitgebrachte Butterbrot; Klappstullennoblesse, Reminiszenz an die alten Zeiten bei Muttern in Schonnebeck.[1] Bescheidenheit ehrt, beengt das Umfeld allerdings auch bisweilen. Sättigungsgefühle konnten bei ALDI nicht aufkommen – in keinerlei Hinsicht.

„Allgemeinregelung Geschenke"

Bester Humor kommt manchmal ungewollt, Zufälle bereiten ihm den Weg. Qualitativ hochwertige Beiträge in Sachen unfreiwilligen Humors lieferten bei ALDI die Regelungen für besondere Feieranlässe von Mitarbeitern, als da sind Hochzeiten, Dienstjubiläen, Ruhestand, Ausscheiden nach langjähriger Tätigkeit, Krankenbesuche, Todesfall. Belege für das ursprüngliche und unverfälschte ALDI-Innenleben, das von Sparsamkeit und Selbstkasteiung zeugt.   162

Dafür entwickelte ALDI auf Geschäftsführerebene eine „Allgemeinregelung Geschenke". Ausgenommen waren Todesfälle, da gab es einen obligatorischen Kranz und dieser ließ sich schwerlich – weder verbal noch buchhalterisch – unter „Geschenk" einordnen. Aber der Rest des Programms wurde unter „Geschenke" im Geschäftsführerhandbuch kanonisiert.

---

1 Siehe oben Rn. 8 ff.

6. Geschenke an Mitarbeiter

a) Hochzeitsgeschenk

Allgemein 70,00 DM in bar. Bei leitenden Ange-
stellten wird ein Geschenk im Werte bis zu
200,00 DM vergeben.

b) 10jähriges Dienstjubiläum

Die bisherigen Netto-Sätze werden allgemein

um 100,00 DM netto erhöht.

Allg.	Abt. L.	BL/BHL	PVL/VL/OA
DM 400,--	500,--	600,--	700,--

c) 25jähriges Dienstjubiläum

Es werden 1.500,00 DM netto gezahlt.

d) Geschenke bei Beendigung des Arbeitsverhältnisses

Für folgende Mitarbeiter soll ein Geschenk mit
Erinnerungswert vorgesehen werden.

da) Für Mitarbeiter, die länger als 10 Jahre bei
uns beschäftigt waren, und mit deren Leistungen
wir zufrieden waren, die jedoch auf ei genen
Wunsch ausscheiden

db) Für Mitarbeiter, die wegen Erreichung der
Altersgrenze ausscheiden

dc) Mitarbeiter, die vor 10 Jahren Betriebszuge-
hörigkeit ausscheiden und besonders gute Leistungen erbracht haben, erhalten dann ein Geschenk, wenn die Genehmigung des GF dafür vor-
liegt.

Kritische Geister hatten Schwierigkeiten mit dem Wort „Geschenk" im Kontext mit Firmenjubiläen. Geschenk impliziere Unentgeltlichkeit ohne eigenes Verdienst; bei zehn Jahren, gar 25 Jahren eine heikle Subsumtion. Ob nicht „Anerkennung" oder „Sonderprämie" die bessere Wortwahl sei, sinnierten die Bedenkenträger. Das aber passte wiederum nicht für den Tatbestand „Hochzeit". Man beließ es also bei der vergröbernden Formulierung „Geschenk". Vorneweg wurde das „Hochzeitsgeschenk" gesetzt, das nun wirklich Geschenkcharakter hat, weder Anerkennung noch Prämie sein kann; das Hochzeitgeschenk zog schwungvoll all die anderen Fälle mit, verlieh ihnen ein bisschen Glanz.

Der Geschenkwert für eine Firmenzugehörigkeit von zehn Jahren und mehr wurde einheitlich geregelt. Das ersparte diffizile Abstufungen bei Geschenken zwischen dem elften und 24. Jahr der Firmenzugehörigkeit. In dieser Phase sollte die Dotation lieber wie im Evangelium der Arbeiter im Weinberg des Herrn sein: Einheitspreis, ob nun 14 oder 19 Jahre in Frage standen. Nur wer auf deren 25 käme, also bei langjähriger Firmentreue, erhielt den Hauptgewinn von 1.500 DM. Über 25 Jahre Firmenzugehörigkeit hinaus gab es bei ALDI keine Regelungen. Mal abwarten, wer es wohl schafft.

Ihre humoristische Zuspitzung erfuhr die „Allgemeinregelung Geschenke" weniger durch die Festlegung der Anlässe oder Zeitpunkte, sondern mehr durch die ausgelobten Geschenke selbst: Ab zehn bis 24 Jahren Firmenzugehörigkeit gab es eine Armbanduhr für den Herrn, eine Goldmedaille mit Fassung und Kette für die Dame; arg bescheiden für die 70er Jahre vor dem Hintergrund der dynamischen Geschäftsentwicklung bei ALDI und der Bedeutung gerade des Verkaufsstellenpersonals für den Erfolg.[1] Heute jedenfalls wäre eine Armbanduhr kaum mehr als ein Trostpreis. Und ein goldenes Medaillon mit Fassung und Kette traut sich ALDI nicht einmal in den „Einmaligen Verkauf" zu geben.

Die treffsichere Kommentierung im schönsten Ruhrgebietsdeutsch eines Albrechtnachbarn in Schonnebeck klingt eindeutig und rührend: „Weisse wat, da malochste zehn Epochen wie einen Bekloppten und der ALDI, der mit seinem Goldregen, verpasst dir einen Armwecker und deiner Perle 'nen Goldtaler mit Eichenlaub und Schwertern; dat hab ich gern, weisse wat!".

---

1 Siehe oben Rn. 72 ff.

28. <u>Geschenke bei Krankenbesuchen</u>

Der Vorgesetzte von erkrankten Mitarbeitern, der
berechtigt ist, Krankenbesuche vorzunehmen bzw.
zu veranlassen, entscheidet auch darüber, ob dabei
ein Geschenk im Werte bis zu DM 4,-- überreicht
werden soll. Lassen bestimmte Umstände ein höher
wertiges Geschenk ratsam erscheinen, <u>so entschei-</u>
<u>det darüber der nächsthöhere Vorgesetzte</u>. Die Fra-
ge, in welchen Fällen Geschenke überreicht werden
sollen, <u>wird mit den zur Entscheidung befugten Mit-</u>
<u>arbeitern eingehend besprochen.</u> Die Überreichung
eines Geschenkes und der Tag der Erkrankung sollen
– außer den bereits genannten Punkten – im Kranken-
besuchsbericht vermerkt werden.

Grosse Schritte ins Ausland

35. Verlässliches Österreich

163 Es war kein konzeptioneller Zufall, dass man bei ALDI auch nach der Trennung in strategischen Grundsatzfragen an einem Strang zog, z. B. als ALDI-Süd die Grenze nach Österreich überschritt. Dort bot der kleine Filialist Hofer, vor sich hindümpelnd und wenig eigenkapitalkräftig, die Chance zum Einstieg; der erste Versuch, im Ausland Fuß zu fassen. Deutschsprachiges Umfeld und verwandtes Konsummuster waren gewogene Zusatzfaktoren für den Schritt über die Grenze. Weitere internationale Duftmarken sollten folgen.[1]

Karl, Vordenker und entschlossener Macher, griff zu; nichtsahnend, welche Welle von Ablehnung und alpenländischer Widerspenstigkeit auf ihn zuschwappen würde.

Aufbegehren und Mobilmachung des alpenländischen Handels

164 Obwohl 1967 mehr als zwanzig Jahre seit Kriegsende verstrichen waren, gab es beachtliche Ressentiments gegenüber dem großen Nachbarn, von dem man sich gerade mühsam abgenabelt hatte. Die „Piefkes", wie das Kosewort lautet, jetzt in der Alpenrepublik? Mit dieser furchteinflößenden Marktmacht. War das der Anfang einer weiterer Vereinnahmungen – jetzt auf der ökonomischen Schiene? Die Presse beflügelte den dumpfen Zorn mit Bedenken, der alpenländische Handel protestierte. Ein mittleres Erdbeben ging durch die Lebensmittelbranche Österreichs. Zeichen auf Sturm.

Und dann dieser Name, dieses fast militärisch knappe Kürzel ALDI; ganz und gar nicht zu vergleichen mit dem Wohlklang des traditionsreichen Namens Hofer, eine österreichische Klanginstitution. Was war nicht alles „Hofer" in Österreich. „Hofer" stand für Tradition, Heimatverbundenheit, Kultur und Charme; hatte K+K-Würze. Ein tirolischer Freiheitskämpfer Hofer als historisches, jetzt als Aushängeschild für Sauerkraut, Hagebuttentee, Kinderwindeln und Waschpulver, das passte irgendwie nicht. Wie unhöfisch klang da „ALDI"! Aus dem rußigen Ruhrpott! Die Vorbehalte steigerten sich, wie in solchen Situationen üblich, ins Unsachliche. Der Ruf nach dem Schutz der Heimat wurde laut, protektionistische Maßnahmen wurden geprüft und auf den Weg gebracht. Der übernahmewillige Hofer geriet ins Visier der öffentlichten Meinung; gesellschaftliche Verfemung drohte. Als ginge es um Vaterlandsverrat. Publizistischer Schmäh zuhauf. Karl Albrecht hatte robusten Gegenwind; mehr

---

1 Siehe unten Rn. 177 ff.

als ihm lieb war. Hatte er die interkulturellen Befindlichkeiten falsch eingeschätzt?

Bis zur letzten Platzpatrone

Die Abwehrbemühungen gipfelten in dem Vorschlag, das Parlament möge, um die Übernahme zu verhindern, eine „Lex Hofer" schaffen. Gefordert wurde zudem, die heimischen Lebensmittler strategisch mit umgekrempeltem, modernisiertem Sortiment gegen ALDI aufzustellen; vor allem Milch, Milchprodukte sowie Brot- und Backwaren ins Verkaufsprogramm aufzunehmen. Nach geltendem Muster – mit fein säuberlicher Ständetrennung – wurden nämlich Milch und Milchprodukte von einer eigenen Kaufmannsgilde vertrieben; Brot und Backwaren kamen vom hochehrwürdigen Bäcker, nicht aus einem dubiosen sperrholzigen Discountregal – welch frivole Pietät- und Geschmacklosigkeit. So zog sich das Wetterleuchten hinter den Bergen monatelang hin, fein dosiert gesteuert von inländischen Interessengruppen, die um ihre angestammten Pfründe fürchteten. Die eigene strategische Lebensmittelversorgung sei gesättigt, hieß es kategorisch, deutsche Nachbarschaftshilfe entbehrlich. Die Jausen-, Kipferl- und Gugelhupfmafia zog alle Register, beschwor heimische Tradition, um „dem ALDI zu wehren".

165

Hofer wird ALDI – ALDI ist Hofer – passt scho

Es blieb eine Fehde mit Worten und typisch österreichischem Happyend: Du glückliches Österreich, schmuse und heirate! Die Verbindung mit Hofer glückte, immerhin ALDIs erste aufregende Brautschau im Ausland.[1] Mit Bedacht schnürte Karl Albrecht das Brautgebinde, machte eine kluge und sinnvolle Konzession: er ließ den Namen „Hofer" bestehen. Dieser prangt bis heute auf Firmenschildern und -plakaten; mit dem typischen – Corporate Identity prägenden[2] – Label von drei Flashs und drei Minuszeichen in kerniger blau-weißer Umrandung im A-Emblem. Jeder Kenner der Lebensmittelszene ahnt sofort, wer sich hinter „Hofer" verbirgt, merkt es spätestens dann, wenn er den Laden betritt und typische ALDI-Luft schnuppert.

166

Der österreichische Markt nahm ALDI an. Das Discountprinzip mit dem ALDI-Warensortiment überzeugte die Kunden. Die traditionelle Konsumkultur Österreichs dagegen dunstete langsam aus. Den Verbrauchern gefiel das bescheidene ALDI-Konzept, die bedarfsgerechte und effiziente Sortierung der

---

1 Siehe oben Rn. 12 ff.
2 Siehe unten Rn. 177 .

Waren, die unaufwändige einfache Darbietung auf Paletten, ohne das lästige Ein- und Umräumen, die schlichte und übersichtliche Preisauszeichnung, dazu Gratiskartons, die gleichzeitig plausibles radikales Abfallmanagement waren;[1] nichts Klotziges und Protziges, wie man es sonst vom großen lauten Bruder im Westen gewohnt war. Entscheidend war indes das Qualitäts-/Preisgefüge. ALDI brachte mit seinem unprätentiösen Discountprinzip Licht in das Halbdunkel der österreichischen Versorgungslandschaft im Lebensmittelbereich, modernisierte überlebte heimische Versorgungsstrukturen und brach verkrustete Ständepraktiken auf; kraxelte bis in die tiefsten Talwinkel fremdenverkehrswirksam für deutsche ALDI-abhängige und -verschworene Urlauber.[2]

Die uralte Marktregel griff: Der Konsument entscheidet; vox populi. ALDI setzte sich durch. ALDI-Österreich wuchs mit „Hofer" zum Brückenkopf weiterer Auslandsgründungen und zur unermüdlichen Experimentier- und Probierstube neuer Marktsegmente wie Unterhaltungselektronik, Reisen und Billigtanken.

Auf die Österreicher ist eben Verlass; mal wieder. Dejà vecu, passt scho!

---

1 Siehe oben Rn. 51 ff.
2 Siehe oben Rn. 51 ff.

Geschäftsversuch „Imbiss"

36. ALDI-Schnellimbiss

167 In den 70er Jahren trug sich ALDI-Nord mit dem Gedanken an eine Schnellimbisskette. Die Planung war entworfen und durchgerechnet. Es ging um das Angebot von preiswerten Mittagsmenüs im großen Stil. Die Konzeption sollte das Vertriebssystem der Lebensmittelläden so gut wie möglich kopieren; vor allem die fünf Dimensionen berücksichtigen.[1] Als Geschäftsführer der Niederlassung Essen war ich mit dem Konzept beauftragt. Theo Albrecht wählte den Heimvorteil seines Wohnsitzes. Als Chefdesigner in allen Fragen von Filialeinrichtungen[2] wollte er die Testphase persönlich begleiten.

Zielgruppe waren Personen, die im Beruf außer Haus eine warme Mittagsmahlzeit wünschten, im Büro oder Betrieb nicht versorgt wurden oder das Angebot nicht in Anspruch nahmen, weil die Preise zu hoch waren. ALDI wollte mit aggressiven Niedrigpreisen in eine vermeintliche Marktlücke stoßen und ein neues Geschäftsfeld aufbauen: Mittagsmenüs von ALDI!

Das ALDI-To go-Konzept

168 Die angebotenen Produkte sollten auf Bestellung vorgefertigte Speisen zum Mitnehmen sein, welche in der Imbissstelle nur vorgewärmt wurden (Variante 1), bedingt möglich auch eine Abgabe an Laufkundschaft (Variante 2) – vergleichbar den heutigen Konzepten „Take-away" oder „to go". Eine dritte Variante war der Verzehr im Imbissladen.

Filialnetz und Ladenzuschnitt

169 Standorte sollten Ortsteile mit einem hohen Anteil an Büros und Verkaufsgeschäften sein; am besten Arbeitstrabantenstädte mit einem hohen Anteil berufstätiger Personen. Der Imbissladen war klein zu halten, aus Kostengründen, um einen niedrigen Mietzins zu ermöglichen: ein Verkaufsraum, ein Arbeitsraum mit einem Gerät zum Aufwärmen der Speisen, eine Sozialecke/Sozialraum mit Tisch für Mitarbeiter oder Mitarbeiterin, ein kleiner Tresor für Wechselgeld, Tageseinnahmen und Geldbombendepot, Kassenautomat im Verkaufsraum. Dort sollten maximal zwei Stehtische platziert werden, falls jemand sein Essen vor Ort verzehren wollte; vor allem für allgemeine Laufkundschaft. Idealvorstellung war die Kundengruppe 1, die ihr vorbestelltes Essen abholte, keine leeren Pappschachteln und Zellophanpapier hinterließ und da-

---

1 Siehe oben Rn. 1 ff.
2 Siehe oben Rn. 122 ff.

mit ein Müll- und Aufräummanagement wie in den ALDI-Verkaufsstellen ermöglichte, wo die Ware samt Verpackungskartons mitgenommen wurde. Die Kunden-Varianten 2 und 3 warfen das unbequeme Problem der Bevorratung auf.

Menge und Ablauf

Angepeilte Stückzahl an Mittagessen war „einige hundert pro Tag", je nach dem Ergebnis einer ausreichend langen Experimentierphase mit „Volkszählung" in Einzugsbereichen; auf Erfahrungen konnte man nicht zurückgreifen. Eine Abgabe von Getränken war nicht vorgesehen, jedenfalls kein Alkoholausschank. 170

Angeboten würden fünf Mal in der Woche zwei warme Fertigmahlzeiten; zur Auswahl stand eine niedrig- und eine mittelpreisige Variante, bewusst keine hochpreisige Ausführung; Geschmacksrichtung – ganz ALDI-gemäß – gut bürgerlich.

Bestellt werden sollte im Voraus, wochenweise oder mindestens am Vortag bis 14:00 Uhr. Der Essensplan hing aus; an Flyer war gedacht; telefonisch konnte nicht bestellt werden. Wie in den ALDI-Verkaufsstellen gab es aus Kostengründen keinen Telefonanschluss. Mobiltelefone waren noch unbekannt.

Personalbestückung

Betrieben würde der Imbiss von einer Halbtagskraft; Arbeitszeit von 10:30 bis 14:30 Uhr bzw. 11:00 bis 15:00 Uhr, maximal vier Stunden, eher weniger, z. B. 11:00 Uhr bis 14:00 Uhr. Personalkostendisziplin: nur eine Person je Imbissladen, auch für Direktverzehr. Die Kraft nähme täglich die Anlieferung der georderten Essenseinheiten an, wärmte diese maschinell auf, lieferte aus, entsorgte die nicht abgeholten Gerichte, möglichst an eine soziale oder öffentliche Einrichtung, die den Transport selbst besorgt, reinigte den Imbissladen, entfernte Pappschalen und anderen Restmüll in den nächsten öffentlichen Container, machte Tageskasse, schloss den Imbiss ab, warf die Geldbombe bei einer Haus-Bank ein und orderte beim Lieferanten die Mengen für den nächsten Tag von einer öffentlichen Telefonzelle auf dem Weg nach Hause oder von dort aus. Einmal pro Woche fertigte sie einen Umsatzbericht, nach Tagen und Essenswahl aufgegliedert. Speiseprogramme würden von der Zentrale monatlich mit Lieferanten festgelegt. Telefonauslagen der Imbisskraft mit der nächsten Monatslohnabrechnung vergütet. 171

Kostenabgrenzungsüberlegungen

172   Kunden, die nicht vorbestellt hatten, sollten einen Aufpreis zahlen; zur Absicherung der Kosten der auf täglichen Vorrat vorbestellten, aber nicht verkauften Essensportionen. Diese Zweigleisigkeit war von Anfang an nicht unumstritten; wenig ALDI-like, allein wegen der Zusatzdokumentation. Die Außendarstellung und -wahrnehmung, „Ein ALDI – ein Preis", aus dem Kerngeschäftssektor sollte nicht ins Wanken gebracht werden.

Rechtliches, behördliches und führungsmäßiges Beiwerk

173   Zu klären waren die Voraussetzungen nach dem Gaststättengesetz und ordnungsbehördliche Fragen, vor allem zum Lebensmittelgesetz, zu Hygiene- und Gesundheitsfragen. Für die Halbtagskraft wurde alternativ geplant, sie in Teilzeit im Angestelltenverhältnis, als Stundenkraft oder auf Provisionsbasis zu beschäftigen; auch der Einsatz von Studenten wurde erwogen. Arbeitsrechtliche Voraussetzungen waren zu klären, personaleinsatzmäßig Urlaubs- und Krankheitsabwesenheiten zu berücksichtigen. Zumindest für den Anfangsbereich war daran gedacht, den Imbiss führungs- und dienstaufsichtsmäßig einem Bezirksleiter des Gebiets zu unterstellen. Dieser nähme die Umsatzberichte und Kassenabrechnungen entgegen und überbrächte die Essensprogramme, erledigte alle weiteren anfallenden Personal- und Verwaltungsangelegenheiten einschließlich der Dienstaufsicht analog zum Programm in den von ihm betreuten ALDI-Filialen.

Ernste Probleme – Standort und Produzenten

174   Früh zu Beginn der Umsetzungsphase ergaben sich Probleme, nach Lage, Größe und Zuschnitt geeignete Objekte zu finden. In den Ballungszentren mit projizierter Umsatzerwartung gab es die gewünschten „Mini-Läden" nicht. An eigene Objekte war nicht zu denken; sie ließen sich in dieser Größe nicht erstellen. Plausibelste Lösung war, in größeren Ladengeschäften in Miete oder Untermiete zu gehen; das hätte mit allen bau- und anderen öffentlich-rechtlichen Voraussetzungen dargestellt werden können, fände man geeignete Anbieter, die passenden Raum abgaben. Auch der Gedanke, Imbissläden den eigenen Lebensmittelfilialen anzuschließen, wurde erwogen. Diese indes lagen zu weit „downtown", waren in aller Regel durch die anvisierte „Imbisskundschaft" nicht bequem genug zu erreichen. ALDI-Verkaufsstellen wurden seinerzeit nach einer Grobplanung platziert: In der Umgebung von bis zu 800 m Fuß-

weg in einer möglichst konzentrierten Wohnbebauung sollten wöchentlich 30 DM pro Kopf vereinnahmt werden, um mindestens 250.000 DM Monatsumsatz zu erzielen; Rechenbeispiel: 2.000 Personen mal 30 DM mal 4,3 Wochen im Monat gleich 258.000 DM. Der Einzugsbereich der Lebensmittelfilialen stimmte jedoch regelmäßig nicht mit dem der städtischen Büro- und Geschäftsansiedlungen überein, aus dem sich die Imbisskunden rekrutieren sollten. Der Imbiss musste für die Mittagspause „um die Ecke" oder „über die Straße" liegen; allemal ohne Fahrweg erreichbar sein.

Als problematisch erwies sich auch die Beschaffungsseite; sogleich ein ALDI-typisches Mengenproblem, wenn der Imbiss richtig anlief. Damals fanden sich noch keine marktstarken Produzenten vorgefertigter Mittagsmahlzeiten, die eine flächendeckende Belieferung garantieren konnten. Das Gewerbe war im Entstehen. Die wenigen Kandidaten hatten zudem keine hinreichende Erfahrung mit Fertiggerichten vielfältiger Geschmacksrichtungen und Zusammensetzungen. Ein ALDI-Produzent musste unverzichtbar über eine zuverlässige Logistik für eine kontinuierliche, täglich rechtzeige und ausreichende Belieferung verfügen,[1] selbst auf größere Entfernungen mit dem Risiko, zu einzelnen Imbissläden wenig Ware zu bringen. Vorausbelieferung auf mehrere Tage schied aus. ALDI-Essenskunden sollten bis einen Tag im Voraus bestellen können. Täglich frische Ware als Werbeeffekt war eine maßgebliche Bedingung. Ohnedies sah das Konzept nicht beliebig großen Stauraum im Imbissladen vor, unabhängig von Haltbarkeitsfragen für Fertiggerichte; lebensmittelchemisch damals noch nicht vollumfänglich gesichert. Es sollte den einfachen Weg einer täglichen Anlieferung, der Abgabe an den Kunden, des Zahlens und des Wegtragens von Ware samt Verpackung, ausnahmsweise Verzehr im Laden geben. Minimalismus an Arbeitsaufwand und Kosten mit dem Effekt, dem Kunden ein einfaches, qualitativ voll zufriedenstellendes, nämlich schmackhaftes und preiswertes Mittagsmenü anzubieten. Das Projekt sollte nicht an der Beschaffungs- und Belieferungsfrage scheitern; die passenden Strukturen würde ein Produzent aufbauen wollen und können, die Umsatzverheißungen für einen ALDI-Lieferanten vor Augen.[2]

Ernste Probleme – mit Auswirkung

Die Durchführung des Projektes stockte alsbald. Von der preislichen Seite hätte   175
man unter Einbeziehung aller Unwägbarkeiten die neue Imbisslinie für eine

---

1 Siehe oben Rn. 149 ff.
2 Siehe oben Rn. 51 ff., 91 ff.

bestimmte Phase subventionieren können; dazu war ALDI bereit. Auch gab es keine unüberwindlichen arbeits- oder öffentlich-rechtlichen Hindernisse. Die richtigen Produzenten wären gefunden oder eine Eigenmarke aufgebaut worden. Unlösbare Standortschwierigkeiten gaben den Ausschlag, die angedachte großflächige Imbisskette nicht zu realisieren. Eingehende Strukturanalysen ergaben, dass in kundengeeigneten Standorten keine adäquaten Räumlichkeiten zu finden waren.

Die Standortfrage und andere Details wie die kontrovers diskutierte Frage, ob ausschließlich eine Belieferung gegen Vorbestellung möglich sein sollte oder auch Laufkundschaft einzubeziehen sei, führten schon in der Planungs- und Suchphase zu der Erkenntnis, dass die Übertragung der fünf Dimensionen[1] aus dem Lebensmittelsektor auf eine Imbisskette nicht zu bewerkstelligen war; maßgeblich haperte es an der fünften Dimension, den nachfragegerechten Filialstandorten. Das Fehlen dieses maßgeblichen Erfolgsfaktors hätte eine Imbisskette zu einer mit der ALDI-Geschäftsphilosophie unverträglichen Gratwanderung werden lassen.

Glück gehabt – rechts überholt

176 Diese Erkenntnis ließ ALDI nüchtern von der Idee einer Imbisskette Abstand nehmen; ein Testlauf mit einem Musterladen entfiel. Der vorsichtige Schuster Theo Albrecht blieb bei seinen Leisten. Zu Recht, wie sich schnell zeigte, denn in den 70er Jahren schossen kleine Speise- und Spezialrestaurants plötzlich wie Pilze aus der Erde. Italienische Pizzerien, türkische Kebab-Läden, jugoslawische, spanische und portugiesische Klein- und Kleinst-Imbisse sowie -Lokale, nahezu die gesamte europäische Familie gab ihre lukullische Visitenkarte in Deutschland ab. Kostensparend betrieben auf Familienbasis, noch ökonomischer als es ALDI jemals gekonnt hätte. Bei ihnen bekam man zudem einen guten Tropfen zu trinken, sogar Alkoholisches aus fernen Gefilden.

Heute ist das Geschäft mit Speisen und Getränken, auch „to go", ein Teil der Alltagskultur. Das klug angedachte Fast-Food-Konzept von ALDI ruhe sanft – und in Frieden!

---

1 Siehe oben Rn. 1 ff.

an Aldi's Wesen
soll de Discount genesen

37. Aldi-Discount-System – ein Exportschlager

177 Es konnte nur eine Frage der Zeit sein, bis die zentrifugalen Fliehkräfte das AL-DI-System über die nationalen Grenzen hinaus würden ausbrechen lassen. Der Urknall[1] hat in Deutschland zu etwa 70 regionalen Niederlassungen bei ALDI Nord und Süd geführt; knapp 5.000 Filialen hängen daran. Im eigenen Land herrscht noch keine Marktsättigung; die Ausweitung des Filialnetzes verläuft bedachtsamer und wohltemporiert. Vielfach sind es Standortverbesserungen und nach Profitabilitätsgesichtspunkten der Austausch von Miet- in Eigenobjekte. Neuplatzierungen erfolgen auch noch stärker wettbewerbsorientiert.

Exportfähigkeit des ALDI-Modells

178 Das Ausland lockt immer stärker. Die „Methode ALDI" hat universellen Zuschnitt; Modelcharakter für alle freien Märkte, an denen genügsame Konsumenten mit der Lust an Selbstbedienung flache Kostenstrukturen für die Deckung des Grundbedarfs im Lebensmittelbereich honorieren. Auf der Basis der fünf Dimensionen[2] repräsentiert der ALDI-Discount die schwer zu toppende normative Wahrheit im Lebensmitteleinzelhandel. In den europäischen Nachbarländern sind durchschnittliches Bedarfsniveau, Elementarsortierung der Küche sowie prägendes Käuferverhalten ähnlich bis identisch mit der Situation im Inland; belegen signifikante globale interkulturelle Marktähnlichkeiten, die dem Trend zum Discount entgegenkommen. Nicht zu vergessen die antiinflatorische und marktstabilisierende Preismacht des Massen-Discounts. Das echte ALDI-Modell ist exportfähig – weltweit.

Dabei kann ALDI auf nationale Gegebenheiten und Lebensarten Rücksicht nehmen. Völlige Deckungsgleichheit im Sortiment, landauf landab, wird auch in Deutschland nicht gefordert. Jede Niederlassung genießt die Freiheit, zum verbindlichen Standardsortiment eine bestimmte Anzahl so genannter „Regionalartikel" hinzuzuwählen. Sie nehmen auf landsmannschaftliche wie regionale Geschmäcker Rücksicht. Es liegt auf der Hand: Nicht überall im Lande werden etwa Weißwurst mit süßem Senf, Königsberger Klopse, Saumagen oder Zwiebelkuchen die gleiche Verehrung entgegengebracht. Bei regionalen Alkoholsorten wird die interkulturelle Differenzierung an Geschmackssprüngen im Sortiment noch ausgeprägter. Wie weit Nuancierungen grenzüberschreitend gehen, zeigt sich z. B. im Dreiländereck Aachen. Hier liegen nur wenige hundert

---

1 Siehe oben Rn. 8 ff.
2 Siehe oben Rn. 1 ff.

Meter voneinander entfernt ALDI-Läden in Deutschland, Belgien und den Niederlanden. Der ALDI-Look ist bei allen Abweichungen im Angebot, im Grundmuster von Ladengestaltung und Ausstattung frappierend einheitlich; belegt unverkennbar die Systemkontinuität des ALDI-Prinzips und die Kraft der typisierenden „Corporate Identity",[1] eine optisch unverwechselbare Linie der Identität mit Signalwirkung für den Kunden; eines der Erfolgsrezepte des Unternehmens, auch grenzüberschreitend.

Brückenschläge nach Europa und Übersee

Die ersten Brückenschläge vollzog ALDI zu den Anrainerstaaten Belgien (1973), den Niederlanden (1975), Dänemark (1977), Frankreich (1988) und Luxemburg (1990). Den Anfang hatte allerdings Österreich 1967/68[2] gemacht; das Paradebeispiel für den globalen Aufbruch des Unternehmens; Österreich ab diesem Zeitpunkt die Basis aller strategischen Überlegungen für Explorationen von ALDI-Süd. 179

Die nächste Stufe der Expansion nach Europa beschritt ALDI mit Spanien (2002), der Schweiz (2005), Slowenien (2005), Portugal (2006), Griechenland (2008), Ungarn (2008) und Polen (2008). Über den Ärmelkanal ging es bereits 1990 nach England und 1998 nach Irland, über den großen Teich ins Mutterland des Discounts wagte sich ALDI bereits 1977, nach Australien schließlich 2001.

Damit geht im Discount-Imperium von Karl Albrecht die Sonne nie unter. Ein betörendes Bild, wenn man sich an den bescheidenen Anfang zurückdenkt.[3] „Karl der ALDI" in der Nachfolge von Karl V etwa?

Teile und herrsche

Nach heutiger ALDI-Visitenkarte gehören zu ALDI-Süd Österreich, die Schweiz, Slowenien, Ungarn, Griechenland, England, Irland, Australien und die USA. ALDI-Nord siedelte sich in Belgien, den Niederlanden, Frankreich, Luxemburg, Dänemark, Polen, Spanien und Portugal an. Beide Stämme vergleichsweise mit zaghaften kosmopolitischen Anflügen, nicht mit Fußstapfen von Karl V. Erst recht noch nichts Conquistatorisches oder Weltachse im Auslandsgeschäft. 180

---

1 Siehe oben Rn. 163 ff.
2 Siehe oben Rn. 163 ff.
3 Siehe oben Rn. 8 ff.

Man warte die nächsten Neustarts bzw. Zukäufe ab; wo immer ALDI ante portas steht.

Die territorial etwas willkürlich anmutenden Expansionen ins Ausland entsprechen nicht der geografisch eingängigen heimischen Nord-Süd-Ausrichtung der ALDI-Brüder mit Blick auf ihren innerdeutschen „ALDI-Äquator". Doch steckt unternehmerische Finesse dahinter. Gezielte Strategie von Karl Albrecht war es, vorwiegend, zumindest anfangs, in Länder mit englischer Sprache zu gehen; Bestreben einer Konzernkommunikation „ohne viele Untertitel", Vermeidung von zeit- und kostenraubender Übersetzungsarbeit. Die Sicherung einer zentralen Konferenzsprache ist Ausdruck der auch hier aufblitzenden Einfachheit und Kostenstrenge des ALDI-Konzeptes. Theo Albrecht markierte sein Revier konzentriert in Ländern, in denen die deutsche Sprache zumindest eine mittragende Rolle spielt oder in denen man aus Migrantenschichten hinreichend deutschsprachige Mitarbeiter rekrutieren kann; wie etwa in Spanien, Portugal oder Polen.

Auch Asien-tauglich?

181 Das ALDI-Modell wird sich nicht in allen Winkeln dieser Welt hundertprozentig gleichförmig verwirklichen lassen – nicht in Reinkultur. Der Weg in den asiatischen Raum dürfte schwierig werden. Die karge und spröde Leitkultur von ALDI passt schwerlich in diese Landschaft. Asiaten sind in geschäftlichen Dingen feierfreudige, genießerisch veranlagte und einander zugetane Partner, was ganz und gar nicht mit dem Geschäftsgebaren bei ALDI kompatibel ist; ganz im Gegenteil.[1] Da wird es die dritte ALDI-Dimension schwer haben; mit direkter Rückkopplung auf die zweite.[2] Man wird es sehen, sobald der erste ALDI-Laden in Hongkong auf der Bildfläche erscheint. Erstaunen würde es indes nicht, wenn doch noch eine authentische asiatische Passform gefunden wird, welche die Überzeugungs- und Durchsetzungskraft der ALDI-Prinzipien und des ALDI-Designs im Kern bewahrt.

---

1 Siehe etwa oben Rn. 58 ff.
2 Siehe oben Rn. 1 ff.

Gefühlvolle Entsorgung

38. „Theo, Du schaffst sie alle!"

182 Das schrieb, so wird berichtet, Karl Albrecht seinem Bruder gelegentlich ins Stammbuch. Er spielte auf den Schwund an Manpower im Leitungsbereich von ALDI-Nord an. Frauen-Power konnte nicht gemeint sein; die gab es auf der oberen Führungsebene nicht; ALDI-Grundeinstellung; Männerdomäne. Auch heute noch.

Zum Ersten...

183 Zunächst erwischte es den treuherzigen und idealistischen Brautvater, der ahnungslos Theo Albrecht und seine Frau zur Verlobung der Tochter einlud.[1] Theo, in seiner grübelnden Art, seiner puristischen Geschäftsauffassung, witterte mögliche Kumpaneien zwischen seinem Topmanager und Lieferanten; ihm missfiel allein der böse Anschein. Das langte, sich von einem Spitzenmann zu trennen. Der arglose Brautvater war baff.

Zum Zweiten...

184 Als nächstes ereilte der Exitus V 3[2] aus der vorderen Führungslinie.[3] Von Nortorf 1975 in den ALDI-Tower der Eckenbergstraße in Essen gewechselt, versuchte er naturgemäß, sich dort zu profilieren. Diese Bemühungen fruchteten wenig; das hatte institutionelle Gründe, fehlende eigene Spielräume im ALDI-Machtgefüge. Er rieb sich zunehmend an V 2, unterschätzte die Kompetenzarithmetik im Verwaltungsrat. V 2 hielt alle Fäden in der Hand, von Theo Albrecht abgedeckt, der ihm blind vertraute. Das konnte er auch. V 2, Uraltgestein und ALDI-Eigengewächs, hatte Beachtliches über Jahrzehnte geleistet. Er war Theo Albrechts Aushängeschild. Identifikationsfigur des Aufbaus und Erfolgs. Der Otto-Motor, hieß es anerkennend in Anspielung auf seinen Vornamen. Theo Albrecht war wohlwollender und zufriedener Betrachter der Unternehmensentwicklung unter der Federführung von V 2. V 3, eloquent und leichtfüßig, erzählerisch versiert, passte wenig zu dem verschlossenen, wortkargen, spröden und stressdauerrauchenden V 2, dessen Stärke das Reden nicht war. Als seinen Adlatus und Mann für das Grobe gegenüber den regionalen Geschäftsführern[4] sah V 3 sich nicht; wollte fortschrittlicher Fackelträger

---

1 Siehe oben Rn. 127 ff.
2 Siehe oben Rn. 26.
3 Siehe oben Rn. 25 ff.
4 Siehe oben Rn. 28 ff. und unten Rn. 189 ff.

für das Unternehmen sein. Zwischen beiden mehrten sich die Differenzen im Laufe der Jahre. Beider Charaktere, ihre kognitiven Panoramen und Managementtemperamente, differierten entscheidend. Dies hätte Theo Albrecht, für gewöhnlich in Personalfragen mit angeborenem Blick für das optimal Machbare und einem gewissen siebtem Sinn für personelle Führungsmuster, spüren müssen. V 3 trug zudem gegenüber V 2 den „Malus" eines akademischen Diploms;[1] unpassend zu dem unentwegt und selbstdiszipliniert um Nach- und Fortbildung bemühten V 2; dieser hatte sich mühevoll und zielstrebig von ganz unten in den Verwaltungsrat emporgearbeitet, dennoch um stetige Auffüllung von Defiziten bemüht. Augenhöhe kam da nicht auf.

V 2 war nicht geneigt, seine gewachsene Erst- und Alleinposition im Rat zu teilen. V 3 hätte früh sehen müssen, dass es zu wenige Optionen für eine Schlüsselrolle gab. Das letzte Wort, das V 2, von Theo Albrechts generellem Plazet abgesehen, für sich postulierte und über Jahrzehnte gefestigt hatte, engte V 3 entscheidend ein. Er legte es gleichwohl auf kooperative Entscheidungsfindungen im Gremium an; kollusive, wenn es ihm in der Sache angebracht schien. Die zunehmend erbittert geführten Scharmützel zwischen V 2 und V 3 nahm der harmoniebedürftige Theo Albrecht nicht hin. Sein Lenkungsinstrument Verwaltungsrat, dem er vorstand, sollte Einigkeit leben und demonstrieren, Gleichklang und Zusammenhalt verinnerlichen. Er musste sich in den Geschäftsführerbesprechungen unisono präsentieren; keinesfalls etwa seine vorgefassten Beschlüsse[2] coram publicum in Frage stellen.

Schließlich beendete der bekennende Vereinfacher Theo Albrecht die kräftezehrenden Grundsatzdiskussionen zwischen V 2 und V 3. Letzterer nahm seinen Abschied. Kein langes Zwischenspiel für ihn in der Eckenbergstraße, wenig erbaulich allemal; er wäre besser in Nortorf geblieben. Sang- und klangloses Ende eines unbefriedigenden Intermezzos in der fernen Zentrale.

Und zum Dritten...

1982 ging auch V 2. Wiederum war das heikle Vorrangsprinzip im Spiel, nur mit anderen Vorzeichen. Theo Albrecht eröffnete ihm, seinen älteren Sohn in den Verwaltungsrat aufzunehmen. Damit war die Alleinstellung von V 2 ernsthaft in Gefahr; auf Sicht obsolet. Mit einem jungen Albrecht an der Seite, mit neuen Ideen, wie V 3 studiert, die Führungsposition teilen? Noch ärgerlicher: Einer ohne die mühevolle und langwierige Ochsentour über den holprigen Ein-

185

---

1 Siehe oben Rn. 39 ff.
2 Siehe oben Rn. 28 ff.

arbeitungsparcours, den jeder Geschäftsführer möglichst fehlerfrei absolvieren musste?[1] Hatte der Herr Filius etwa wie die anderen Kandidaten monatelang das vorgeschriebene Trainee-Programm durchlaufen, u. a. im Lager gearbeitet, Paletten mit dem Gabelstapler transportiert, auf dem LKW-Bock Filialbelieferungen ausgefahren und Fuhren abgeladen, wochenlang im Laden geschuftet? In der Verwaltung hospitiert, Bezirksleiter gespielt, Verkaufsleiter und Anmieter begleitet? Wo blieben Systemtreue und Prinzipienstrenge, dass sich bei ALDI jeder Geschäftsführer akribisch durch alle Abteilungen hochzuhangeln hatte? Und erst recht für eine Verwaltungsratstauglichkeit jahrelange hausinterne Geschäftsführerpraxis nachweisen musste, wie etwa V 3 in Nortorf, ehe er in der Zentrale debütieren konnte? V 2, prinzipienfest und unbeugsam wie sein Mentor, wollte den drohenden Machtabbau und den Bruch eherner Karriereregeln, die er mit aufgestellt hatte, nicht mitmachen, die krasse Privilegierung des Inhabersohns nicht hinnehmen. Einen zweiten Fall wie mit V 2 würde er, so sein instinktives Kalkül, nicht durchstehen. Also stieg er aus, wohl wissend und an sich selbst ablesend, dass das Unternehmen längst die Führungskraft eines Einzelnen überforderte, Machtabgabe Not tat. Aber nein: Prinzipienstarre dominierte bessere Einsichten. V 2, seines Zeichens und Amtes Vordenker, Cheftexter, oberster Formularist, Zuchtmeister und ALDI-Herzstück Nord, ging von Bord. Mit feuchten Augen verabschiedete er sich in seiner letzten Geschäftsführersitzung stilvoll und in aufrechter Haltung von den dem Verwaltungsrat getreuen versammelten Jüngern. Selbststillegung des Otto-Motors, Qualm aus für die ALDI-Dampflok. Ausgepafft.

V 2, unangefochten erster Geiger im ALDI-Orchester, hatte die Rolle des Dirigenten unterschätzt. Theo Albrecht war nicht nur Monarch mit einem ausgeprägt starken Ego; aus Gründen der Familienraison nahm er wohl oder übel die Trennung von seiner Galionsfigur hin. Familienbande triumphierten über gewachsene Firmenraison. So werden gemeinhin Fäden in Familiendynastien gesponnen, erfahren Kandidaten von hauseigenem Geblüt eine Sonderbehandlung – bisweilen auch in puristisch geprägten Wirtschaftsherrscherhäusern.

Wieseman kam als neuer Purpurträger. Wieder ein Eigengewächs, ein Musterschüler von der Pike auf, mit Spurweite Hübner. Verkörperte Unternehmenstradition, war unverbrüchlich Theo-ergeben und, hochaufgewachsen, insoweit auf Augenhöhe mit ihm. Mit Antritt als der neue Muss-Intimus von Theo Albrecht änderte er Restsaulisches aus Geschäftsführertagen ins Paulische: Als

---

1 Siehe oben Rn. 39 ff.

der neue Muss-Intimus von Theo Albrecht war er einer der engagierten Wortführer gegen den willkürlichen Umgang des Verwaltungsrats mit den Geschäftsführern, haderte mit den törichten und Unterwürfigkeit provozierenden Zwei-Taler-Fuchteleien.[1]

Kreuze am Discountweg

39. Kreuze am Discountweg

186   Der Discount hat sich nicht nur segensreich für die Verbraucher ausgewirkt. ALDI kennt die Kehrseite der Medaille aus eigener Anschauung. Holte das Unternehmen früher zusätzliche Anbieter im Huckepack unter das eigene Dach, um seinen Kunden ein breit gefächertes Komplementärangebot zu machen – Bäcker, Fleischer, Blumenhändler, Drogerien und Reinigungen waren bevorzugte „Untermieter" in der Peripherie der ALDI-Filiale –,[1] wandelten sich ehemals einander befruchtende Gemeinsamkeiten vor dem Hintergrund einer Erweiterung der ALDI-Produktpalette zu einem streitbaren Wettbewerb. Mit einem für die kleinen Geschäfte zumeist katastrophalen Ergebnis. Es ist eine Erfahrung des Marktes: Der Große verdrängt den Kleinen; das ist nicht ALDI-spezifisch. Mit der Erweiterung des Sortiments auf die Sparten der Satelliten-Anbieter und dem Wegfall des gemeinsamen Interessengeflechts haben Huckepackler heutzutage neben ALDI keine oder nur geringe Existenzchancen. Die vormalige Sogwirkung von ALDI mutierte zu einem Abstoß- und Verdrängungs-, mitunter Vernichtungseffekt. Der kundenfreundliche Preis entscheidet, der Kunde hat das letzte Wort, ALDI die Nase vorn.

Mit dem Charme eines Friedhofgärtners

187   Am Discountweg stehen Kreuze; auch an ALDIs (Erfolgs-)Spur. Sie sind Zeichen der systemimmanenten Marktbereinigungsstrategie der Verkaufsmodelle Supermarkt, SB-Warenhaus und Discountkette. Auch wenn es nicht auf ihren Fahnen geschrieben steht, die Massenanbieter nehmen den kleineren Wettbewerbern mit der unerbittlichen Diktatur des Preises die Luft zum Atmen, es sei denn, Nischenanbieter erfinden sich gänzlich neu, bieten Außergewöhnliches für eine spezielle Zielgruppe. Wenn, um ein plastisches Verdrängungsbeispiel zu nennen, ALDI knusprig frische Brötchen von 9.00 bis 20.00 Uhr aus seinem Brotcomputer ständig zu 75 % des Preises zaubert, den der Bäcker nebenan als gelegentliches Sonderangebot wagt, ist der Kundenentscheid klar. Die Fleisch-, Blumen- und Drogerieprodukte ALDIs lösen den gleichen Verdrängungseffekt aus. Die Exklusivität der Apotheken bröckelt bei einzelnen Produkten; segensreiche Marktbereinigung. Reinigungen können sich wegen intensiveren Personalaufwands und der speziellen Produktbearbeitung noch auf der sicheren Seite wähnen; noch.

---

1 Siehe oben Rn. 88 ff.

Ein Strauß Vergissmeinnicht

Schreitet die Konzentration der Großanbieter weiter voran und dünnt der   188
Markt des Kleinhandels weiter aus, wird es am Ende keinen kreativen Wettbewerb mehr zu solchen Sparten geben, die von Massenanbietern gelistet werden; die Preise nivellieren sich; nach unten in aller Regel. Das ist nicht nur für betroffene Kleinexistenzen von Übel, sondern generell beklagenswert mit Blick auf die Vielfalt des Marktes; von dem Verlust traditioneller Handwerkskünste auf hoher Qualitätsstufe, welche der industriellen Massenware weichen müssen, ganz abgesehen.[1] Auch ALDI trägt an dem Schwund des Mittelstandes im Lebensmittelhandel und seiner qualitativen Erosion ein gerütteltes Maß an Mitverantwortung.

Was bleibt, ist ein Strauß Vergissmeinnicht, vom Abräumer ALDI liebevoll unter den Kreuzen am Discountweg für geschundene und massakrierte ehemalige Mitstreiter arrangiert! Landauf landab. Gepflanzt in eigener ALDI-Graberde, „Einmaliger Verkauf", 1,99 € pro 20 Liter im Plastiksack.

---

1 Siehe oben Rn. 149 ff.

Das Haar in der Suppe

40. Prokrustes[1] – Dienstaufsicht des Verwaltungsrates

189 Kompromisslose Kontrolle ist ALDI-Prinzip. Der Verwaltungsrat prüfte zu meiner Zeit regelmäßig die Geschäftsführer und deren Niederlassungsbereiche. Was seine Argusaugen nicht ohnehin schon wahrgenommen hatten, erschloss er sich durch mehrtägige „Mängelentdeckungsreisen" in die regionalen Niederlassungen. Feste Überprüfungsintervalle gab es zwar, es konnte aber auch eine Spontanprüfung sein; überfallartig jederzeit bei begründeten oder vermeintlichen Anlässen. V 2 und V 3[2] teilten sich diese Dienstaufsichtsbesuche, stramm in Law and Order-Stimmung.

„Besuchsbericht" – Motivation durch Monieren

190 „Besuchsberichte" heißen die schriftlich niedergelegten, inquisitorisch umfänglich ausgedehnten Kontrollen verniedlichend; verkappte Totalkontrollen. Geprüft wurde, ob alle Vorgaben der Geschäftsführer-Sitzungen umgesetzt und die Anweisungen aus dem Geschäftsführer-Handbuch[3] lückenlos befolgt wurden. Dafür stieg der Prüfer in einer drei- bis viertägigen Mammutaktion eingehend in alle Niederlassungsbereiche wie regionaler Einkauf, Lager/Fuhrpark, Verwaltung, Anmietung und Innenrevision ein. Besonderes Augenmerk galt ausgewählten Verkaufsstellenbesuchen; ebenfalls den Teilnahmen an Bezirksleitersitzungen, welche der regionale Geschäftsführer leitete. Prüfpunkt war hier die Führungsfähigkeit und vorbehaltlose Umsetzung sowie korrekte verbale Vermittlung aller Vorgaben von oben – die ALDI-Treue nach Wort und Sinn stand auf dem Prüfstand. Eine einheitliche Sprachregelung sollte dazu beitragen. Der regionale Geschäftsführer in freier Rede und Interpretation eingeschränkt.

Die Anwesenheit des Verwaltungsrates erzeugte erhebliche Nervositäten in den Niederlassungen. Teilnahmen der Superrevisoren V 2 oder V 3 an den Sitzungen paralysierten manch einen Teilnehmer geradezu. Jeder wusste um die Allmacht des Verwaltungsrats, seine unnachgiebigen Kontrollmechanismen und -methoden. Anklänge an den „Revisor" von Nikolai Gogol und Werner Egk schwangen munter mit.

---

1 Prokrustesbett: Schema, in das jemand hineingezwängt wird.
2 Siehe oben Rn. 25 ff.
3 Siehe oben Rn. 45 ff.

Die Besuchsberichte waren penibel gleichförmig in Form und Ziel ausgerichtet: Über Fehlersuche und -nachweis wurde der Geschäftsführer angehalten, stetig Verbesserungen auf allen Gebieten seines Regionalbereichs herbeizuführen; sich der Unvollkommenheit seiner Niederlassung und des eigenen Handelns bewusst zu sein, eine latente Fehleranfälligkeit rundherum zu verinnerlichen, und sei es nur punktuell im Quervergleich mit statistischen Betriebsdaten anderer Niederlassungskollegen. In absichtlich unausgewogener Aufteilung von Lob und Rügen zielte die Kontrolle auf eine über Maßregelung erzeugte Selbstbesinnung, die sich im gedachten Idealfall in Selbstzerknirschung manifestierte. Ein wenig Zuckerbrot und viele Peitschenhiebe. Bloß keine Selbstzufriedenheit aufkommen lassen! Vor allem nicht, wenn der allererste Besuchsbericht bei einem Geschäftsführer-Newcomer anstand. Mochten dessen Umsätze noch so kräftig sprudeln, die Kassen klingeln und die Renditedaten seiner Niederlassung beglückend sein. Selbst eine durchgehend formal richtige Amtsführung nach Buchstaben und Sinn der Vorgaben des Verwaltungsrates bzw. der Geschäftsführersitzungen[1] reichte nicht für eine gute Benotung. „Noch mangelnder Geschäftsführungs-Esprit", „nachhinkende Aufgabenfantasie", „unzureichendes Ausfüllen von wahrer Geschäftsführungsverantwortung" u. a. m. waren beliebte Phrasen, die als Wermutstropfen zur Aufmunterung der Geschäftsführer in die Prüfberichte geträufelt wurden. Ein kurios anmutendes Monitum, wenn man die Funktion der Geschäftsführer als bloße Erfüllungsgehilfen des Verwaltungsrats ohne eigenen kreativen Spielraum bedenkt.[2] An eine besondere Kultur der Anerkennung zu Ansporn und Kreativität war nicht zu denken. Motivieren durch kontinuierliches Monieren.

Vier Kontrollebenen – exessiver Verwaltungsaufwand

Der Verwaltungsrat nutzte seine mehrtägigen Prüfintermezzi in den Niederlassungen als Gelegenheit, selbstreferentiell sämtliche Bereiche auszuleuchten; entsprechend gingen Lampen und Lauscher an, wo immer er erschien. Man kannte Theo Albrechts Arbeitsdevise: Alles und jedes zur Optimierung des eigenen Aufgabenbereiches zu unternehmen und vor allem Kosten zu sparen. Diese gebetsmühlenartig im Unternehmen verwendete Botschaft lähmte vielerorts, hemmte unternehmerisches Handeln. Überkontrolle störte vor allem in den Verkaufsstellen, die alles andere als die Superrevisoren V 2 oder V 3 benötigten, um zu funktionieren.[3] Bezirksleiter und Verkaufsleiter hatten die

191

---

1 Siehe oben Rn. 28 ff.
2 Siehe oben Rn. 39 ff., 45 ff.
3 Siehe oben Rn. 72 ff.

Kontrolle der Filialen als Frontkämpfer bestens im Griff; schließlich erwirtschafteten sie ihre Prämien mit.[1] Der Geschäftsführer obendrein bei gelegentlichen Besuchen reichte als dritte Kontrollinstanz. Und dann noch die Kritikaster des Verwaltungsrats obendrauf mit ihren Stichprobenkontrollen? Es langte! Ob eine Leuchtstoffröhre mehr oder weniger im Laden brannte, ein Preisschild schief steckte oder ein Kartonschnitt nicht ganz akkurat saß, war umsatzunschädlich und schlicht unbedeutend.

„Kritikgespräch" mit Nachkontrolle für Aufmüpfige

192   Muckte ein Geschäftsführer auf, schmunzelte gar über allzu banalen oder überzogenen Prüfeifer des vor Ort agierenden Verwaltungsratsmitglieds, wagte diesem die Grenzwertigkeit seines Umgangs mit leitenden Mitarbeitern oder rackerndem Verkaufsstellenpersonal als Eingriffe in souverän gestaltete Abläufe oder offene Brüche mit Kompetenzregeln des hauseigenen Führungsmodells anzudeuten, bescherte dies sehr leicht eine Nachkontrolle. Diese zusätzlich zu einer Standpauke für den uneinsichtigen Geschäftsführer, modellgetreu im Harzburgjargon[2] „Kritikgespräch" genannt. Nachkontrolle bedeutete erneut tagelange Spannung in der Niederlassung, stichprobenweises kleinliches Stochern und Pulen in beliebigen Ecken, barg zudem die Gefahr für etliche Mitarbeiter in der Linie, „etwas auf den Deckel zu bekommen", unmittelbar oder mittelbar. Einen positiven Effekt gab es allerdings doch in diesem monströsen Kontrollgeflecht: Die Kontrolle des Verwaltungsrats solidarisierte alle betroffenen Ebenen in den regionalen Bereichen gegen die kleinen und größeren Dolche im Gewand der Prüfer vom Olymp.[3]

Summa summarum: Die ALDI-Dienstaufsicht ist ein Musterbeispiel lückenlos totalitärer Unternehmensführung, die zudem unter falscher Flagge segelt. „Harzburger Modell" bedeutet essentiell Dezentralisierung von Eigenverantwortung und nicht bloße Aufgabendurchführung nach Vorgabe, also passives Pflichtaufgabenmanagement der Geschäftsführer in ihren regionalen Niederlassungen.

---

1 Siehe oben Rn. 116 ff.
2 Siehe oben Rn. 25 ff.
3 Siehe oben Rn. 25 ff.

Schriftliche Abfassung und Archivierung der „Besuchsberichte"

Authentisches Anschauungsmaterial bietet der nachstehend auszugsweise abgedruckte Besuchsbericht mit ausdrücklicher Nachkontrolle. Er steht stellvertretend für viele und belegt explizit und implizit die Intention einer lupenreinen Durchgriffsunternehmensführung und Durchgriffskontrolle; auch die teils absonderliche Akribie bei der Definition des Ziels von Prüfung und Nachprüfung. Kabarettreife Formulierungen teilweise. In der Personalführung Beleg für die Entmachtung der regionalen Geschäftsführer; betrieblich von durchschlagendem Erfolg, auch wenn ALDI-Nord viel Geschäftsführerpotential und kreativer Freigeist an den Wettbewerb verloren ging;[1] aber solche Begabungen braucht man ohnehin nicht, das sieht die prokrustische Führungsverfasstheit von ALDI nicht vor.

193

Bericht über einen Besuch in der ALDI GmbH & Co. KG Essen in der Zeit vom 13.-17. 9. 1976

```
Bericht über einen Besuch in der Aldi GmbH & Co. KG  Essen in der Zeit
vom 13. - 17.9.1976

1. BL-Besprechung am 13.9.1976
   Die organisatorische Abwicklung verlief zufriedenstellend. In den übrigen
   Bereichen sollten die nachstehenden Feststellungen bei künftigen Besprechun-
   gen beachtet werden:
   a) Eine bessere Vorbereitung ist zwingend erforderlich. Zu jedem Besprechungs-
      punkt muß eine klare Vorstellung von dem damit angestrebten Ziel vorliegen,
      d. h., daß die einzelnen Punkte (Informationen, Anweisungen) aus der Sicht
      des Bezirksleiters gesehen werden müssen, um daraus die für ihn wesent-
      lichen Inhalte in einer für den BL verständlichen Darstellung abzuhandeln.
      Unnötiges Beiwerk wie Hinweise darauf, daß andere Gesellschaften dies und
      jenes untersuchen usw., lenken die BL nur vom Kern des Themas ab und er-
      schweren es ihnen, das eigentlich Wichtige zu erfassen.
      Den daraus möglichen Zeitgewinn in der Art zu verwenden, um die „Bot-
      schaft" zu vertiefen und durch Rückfragen sicherzustellen, daß alles
      richtig verstanden worden ist.
      Für die Behandlung der einzelnen Angelegenheiten, insbesondere von sol-
      chen, die sich noch im Stadium der Vorklärung befinden, jeweils einen
      Fahrplan aufstellen, nach dem die Diskussion das Problem stufenweise er-
      hellen kann. Eine Diskussion ohne Richtungsweiser und ohne Fragenstel-
      lung überfordert die Besprechungsteilnehmer auch eindeutig.
      Wichtig ist auch, daß die Gewichtung der einzelnen Punkte deutlich wird
      und nicht relativ unbedeutenden Themen (wie z.B. die ALVA-Versicherung)
      überhöhtes Gewicht zukommt.
```

---

1 Siehe oben Rn. 34 ff., 182 ff.

zu 14. Die stichwortartige Behandlung des Harzburger Modells von A - Z ist Zeitverschwendung und ruft außerdem bei den BL Unbehagen hervor, weil sie genau spüren, daß sie dieser Aufgabe noch nicht gewachsen sind.

Die Verlesung einzelner Paragraphen des Ladenschlußgesetzes führt zu gar nichts. Das ganze ist nach spätestens 30 Minuten vergessen. Wenn schon bestimmte Gesetze behandelt werden sollen, dann nicht in dieser Weise und vor allem nur bezogen auf Punkte, die für die tägliche Arbeit des BL Bedeutung haben.

Die BL sollten unter sich das Dienstaufsichtsprogramm festlegen. Mit der Auswahl der durchzuführenden Maßnahmen haben sie nichts zu tun.

7. Unfallverhütung

a) Vermerk über Begehung des GF im I. Halbjahr 1976

Begehung am 26.3. und 22.6.1976 durchgeführt; umfassende Kontrollen, vorbildliche Berichte.

b) Ergebnis der Nachforschung und veranlaßte Maßnahmen bei umgestürzten Palettenstapeln

9.8. :	Stapel Watte; dabei hat sich ein Mitarbeiter den Oberschenkel[G1] gebrochen;
26.-28.6. :	6 Paletten mit Waffelröllchen umgestürzt, Ursache: fehlende Zwischenplatte;
25./26.3. :	2 Paletten mit Negerküssen umgestürzt, ebenfalls wegen fehlender Zwischenplatte.

Als Maßnahmen wurden jeweils Kritikgespräche genannt. Das ist nicht ausreichend. Genaue Vorschriften über die Stapelhöhe bei den betreffenden Artikeln und verschärfte Kontrollen wären eigentlich erforderlich gewesen.

11. Tagesplanung GF

Die Art der Durchführung läßt vermuten, daß Herr Dr. Fedtke die Tagesplanung nicht richtig handhabt.

12. Erfolgskontrolle

Das oberste Ziel der Erfolgskontrolle liegt darin, die wesentlichen Ergebnisse im Delegationsbereich eines Stelleninhabers zu bewerten und dem Mitarbeiter dadurch deutlich zu machen, inwieweit seine Arbeit erfolgreich
war und auf welche Gebiete er das Schwergewicht seiner künftigen Tätigkeit
zu legen hat. Grundlage für die Erfolgsbewertung ist die Zielsetzung,
wo nicht vorhanden, der Vergleich mit Ergebnissen innerhalb der eigenen
Gesellschaft bzw. in anderen Gesellschaften. Beim Vergleich mit anderen
Gesellschaften sind regionale Besonderheiten (andere Tarife, Durchschnitts-
umsätze, Fahrtstrecken usw.) zu berücksichtigen.

a) Erfolgskontrolle Einkäufer

aa) Umschlagsgeschwindigkeit auch zu bewerten, ohne daß Vergleichszahlen
aus dem Vorjahr vorliegen

bb) Prämien-Erzielung ist kein Aufgabenbereich

cc) Qualitätsvergleiche allgemein und Qualitätsvergleiche Kartoffeln
eigentlich kein Punkt für die Erfolgskontrolle (Dienstaufsicht)

15. Tagesplanung BL (Herr ▓▓▓)

Herr ▓▓▓ plant seine Tätigkeit mit Hilfe des Formulars „Tagesplanung DIN A"
und des Tätigkeitsberichtes. Den entscheidenden Vorteil sieht er darin, daß er
bei neuen Problemen nicht mehr dem Drang folgt, sie sofort anzupacken, sondern
jetzt erst prüft, ob eine unverzügliche Bearbeitung erforderlich ist, außerdem käme es seltener vor, daß etwas vergessen würde.

Das Tagesplanungsformular wird von ihm nachlässig geführt, Erledigungsein-
tragungen nimmt er nicht vor.

20. Auftragsvergabe Anstreicharbeiten

Zwei Firmen ▓▓▓ geben für jede zu renovierende Vst. ein
Angebot ab. Die Aufträge erhielt jeweils die Firma ▓▓▓ als billigster
Anbieter.

Dieses Verfahren erfordert von seiten der Anbieter einen relativ hohen
Aufwand, zwangsläufig können so immer nur wenige Firmen zur Angebotsab-
gabe aufgefordert werden. Soweit bekannt, werden von den übrigen Gesellschaften nur die Einzelpreise der Positionen angefordert, dabei kann
die Zahl der Aufgeforderten entsprechend hoch sein.

27. Belegung Bildzeitung regional

Nach Überprüfung entschieden, daß in der Bild-Zeitung nicht inseriert
werden soll.

Die Entscheidung ist richtig. Eine Insertion wäre u. U. möglich im Bereich 5,
östliches Ruhrgebiet; in diesem Gebiet liegen jedoch Vst'n von 4 Gesellschaften (E, R, H, SH), außerdem ist die Auflage mit 165.000 relativ niedrig.

40. Entwicklung Bürokosten

Zielvorgabe II. Halbjahr 1976   :   0,21 %

Kostensatz   Juli 1976   :   0,25 %

Das Ziel ist wohl kaum noch zu realisieren.

Herr Dr. Fedtke hat über diesen Punkt mehrmals mit Herrn ▨ gesprochen konkrete Beschlüsse wurden bislang jedoch nicht gefaßt.

48. Händetrockner

Überall keine Handtuchrollen mehr.

49. Schlüsselnachweis, Aufbewahrung Reserveschlüssel

Zur Zeit in Vorbereitung, Übergabe vorgesehen, wenn Herr ▨ aus dem Urlaub zurück ist.

53. Fehlartikel - Zeitraum 1.8. bis 31.8. Warengruppen 1/2, 3/4

3. 8. Berliner Weiße   (nicht lieferbar)

6.8. Raffinade

17.8. Bitter Lemon

Ein gutes Ergebnis.

56. Disposition Saisonartikel

a) Verfahren:

Individuelle Umsatzeinschätzung eines jeden Artikels bei Erwartung eines Umsatzzuwachses von rd. 10 %

b) Dispositions-Beurteilung:

Die bestellten Mengen folgender Artikel sind relativ hoch:

gefüllte Lebkuchenschnitten - Anteil Gesamtmenge		12,05 %
Autos - " " "		16,74 %
Lebkuchen-Brezel 600 g - " " "		13,55 %

Die übrigen Dispositionen sind nach den Vorjahresumsätzen richtig vorgenommen.

61. Testartikel (in 3 Vst'n) vom 1.4. bis 30.6.

Artikel	Umsatzanteil	Kalkulation	Entscheidung
Salzgurken	0,27 %	19,6 %	inzwischen Gesamtsorti
Kinderschaumbad	0,27 %	21,0 %	wird zur Aufnahme ins samtsortiment vorgesch gen
Tennisschläger			kein Erfolg
Whisky-Likör	0,05	21,2	nicht geeignet

64. Standortplanung Essen

Die abgeschlossene Planung kommt zu dem Ergebnis, daß in Essen mit 778.000 Einwohnern 27 Standorte ausreichen, um einen optimalen Marktanteil zu gewinnen. Danach ergibt sich folgende Situation:

a) neue Standorte: Heisingen und Hörsterfeld

b) Austausch folgender Vst'n bei unverändertem Standort:

Vst. 17 Rellinghauser Str.

Vst. 15 Frankenstraße

Vst. 13 Gemarkenstraße

c) Ersatzlose Schließung: Vst. 4 - Heibauerfeld

(im Zusammenhang mit der Bewertung der Sonderaktion wurde die Schließung der Vst. 4 an andere Voraussetzungen geknüpft).

Beurteilung:

Das Planungsergebnis ist nicht zu akzeptieren. Die während der Dienstaufsicht vorgenommene Stichproben-Analyse für die Stadtgebiete Dellwig,
Gerschede, Frintrop und Bedingrade erbrachte folgendes Bild:

Zahl der Einwohner dieses Gebietes: 45.926

für ausreichend gehaltenes Objekt: 1 Vst.

nämlich die Vst. 8 - Reuenberg.

70. Krankenbesuche Lager Juli/August 1976

2.8. Frl.████████████   (nicht angetroffen)

3.8. "   "   "   "   "   (wohnte während der Krankheit woanders)

27.8. Herr████ (Unfall, Geschenk für DM 7,50, durch Herrn Dr. Fedtke
genehmigt).

```
77. Lagerbesichtigung

     a) Warenannahme:      Sauber, gute Ordnung; durch Reserven z.Z. etwas
                           eingeengt; bespielte Tonband-Kasetten lagern in
                           der Annahme II und werden von dort verteilt.
                           (Diebstahlsgefahr!)
```

```
91. Gesamtbewertung / Sonstiges

     Das Ergebnis der Dienstaufsicht ist unbefriedigend. Es muß vordring-
     liche Aufgabe sein, insbesondere die strukturellen Mängel zu besei-
     tigen. Zweckmäßig erscheint, aus den Ergebnissen der Dienstaufsicht
     einen Plan zu erstellen und danach die einzelnen Probleme Schritt
     für Schritt in Angriff nehmen. Soweit erforderlich, sind Herr Brandes
     und Herr Hübner zu jeder Unterstützung bereit.

     Als Termin für die nächste Dienstaufsicht ist der Zeitraum  Ende
     November / Anfang Dezember 1976 vorgesehen.

     Dem VR sind für die nächste Zeit alle Termine von wichtigen Be-
     sprechungen mitzuteilen (VL-Besprechung, BL-Besprechungen und Be-
     sprechungen mit ltd. Angestellten über Beschlüsse der GF-Besprechung).
     Es besteht die Absicht, an diesen Besprechungen verstärkt teilzunehmen.
```

Besuch der Verkaufsstelle 46, Sprockhövel, Hauptstr. 19

```
Besuch der
Vst. 46, Sprockhövel, Hauptstr. 19

   1. Allgemeinbeurteilung

      a) Eindruck Außenfront              3
      b) Abfertigung an den Kassen        4
      c) Zustand Kassenraum               2    (Packtische aber nicht sau-
         (unbesetzte K., K.-Verkleidung)                              ber)
      d) Sauberkeit Fußboden              4
      e) Sauberkeit Regale / Podeste      2
      f) Paletten in den Gängen           4
      g) Vollständigkeit des Sortiments   2    (11 Fehlartikel)
      h) Darbietung Warengruppe           1    (2 Fehlartikel, ein Artikel
         Gebäck, Knabberartikel                ohne Preisauszeichnung, Re-
                                                gal z. T. verstaubt, Neger-
                                                küsse zwischen Knabberar-
                                                tikeln)

      i) Preisauszeichnung                1    (über 3o handschriftliche
                                                Preisschilder)

      j) Umgang mit Kunden                4    (Reklamation Kaffee ord-
                                                nungsgemäß abgewickelt,
         Durchschnittsbeurteilung        2,7   befragte Kunden äußerten
                                                sich lobend)
```

8. <u>Delegationsbereich Vorstelltische</u>
Alle gefüllt, schlechte Preisauszeichnung bei Tonbandkassetten.

9. <u>Defekte Leuchtstoffröhren</u> (~~bei neuen Vst'n: alle 2 m eine L.-Röhre~~)
32 (und das bei einem Aktionsladen).

19. <u>Eingruppierung neuer Artikel</u>

Gold-Fischli: richtig
Erdnußgebäck: richtig
Brombeergelee: richtig

35. <u>Delegationsbereich "Textilien"</u>
Zusammenstehend; Herrensocken fast nicht auffindbar, zwischen
zwei Regalböden, in die der Karton gerade noch eingeschoben werden konnte. 4 Größen Strumpfhosen ohne Auszeichnung, Kinder-
strümpfe z. T. in falschen Behältern. Delegationsbereich wird
nicht zufriedenstellend ausgeführt.

Essen, den 24. 9. 1976

Nachtrag zum Bericht über den Besuch in der ALDI GmbH & Co. KG Essen in der Zeit vom 13.-17. 9. 1976

Nachtrag zum Bericht über den Besuch in der Aldi GmbH & Co. KG Essen
in der Zeit vom 13. – 17. 9. 1976

1. <u>BL-Besprechung vom 22. 1o. 1976</u>

Die Mängel, die sich in der BL-Besprechung vom 13. 9. 76 zeigten,
wurden fast vollständig abgebaut. Die im wesentlichen gut vorbe-
reiteten Tagesordnungspunkte wurden anschaulich und für die Teilnehmer verständlich abgehandelt. Herr [   ] sollte versuchen,
sich rhetorisch zu verbessern, Herr [   ] muß gegen seine Nervosi-
tät angehen.

Essen, den 9. 11. 76

Bezirksleiter-Besprechung ALDI GmbH & Co. KG am 6.5.1977

BL-Besprechung Aldi GmbH & Co. KG Essen am 6. 5. 77

a) Die organisatorische Abwicklung und die Vorbereitung aller Teilnehmer waren gut.

b) Auf die Abhandlung der Tagesordnungspunkte 6. Leitfaden Warenbewegung, 13. Auszüge Stellenbeschreibung und 15. Einarbeitungsplan Verkäuferinnen (warum wurde der gesamte Plan vorgelesen?) hätte verzichtet werden können. Punkt 5. Schaufensterreinigung ist ein typischer Punkt für eine kleine BL-Besprechung.

d) Verzichtet werden sollte auch auf mehrfach erfolgte Hinweise wie:

"Das ist ein Vorschlag von ▮▮▮▮,
wir fragen die oHG / Herrn ▮▮▮▮,
das wird in der GF-Besprechung entschieden."

Diese Hinweise sind für die BL ohne Bedeutung und z. T. sachlich falsch. Auch der Termin der nächsten GF-Besprechung ist den BL nicht mitzuteilen.

g) Anmerkungen zu einzelnen Tagesordnungspunkten:

Zu 1.:

Mitarbeiterbeurteilung

Insgesamt noch zufriedenstellende Durchführung des Rollenspiels durch Herrn ▮▮▮▮ und Herrn ▮▮▮▮. Einzelne Fehler (Einleitung, Diskussion mit dem FL um unwichtige Details, Unklarheit über den Inhalt einzelner Beurteilungspunkte, nur unklare Vorstellung über die optimale Abwicklung des Gesprächs) lassen es ratsam erscheinen, dieses Thema in der BL-Besprechung noch weiter zu vertiefen.

Den übrigen BL hätten die "Anhaltspunkte für die Beurteilung" ebenfalls ausgehändigt werden sollen.

Zu 17.:

Produktinformation

Unzweckmäßig ist es, einer Vst. (Vst. 16) künftig ein zusätzliches zwei-seitiges Produktinformationsschild für das Schaufenster zu geben, weil Herr ██████ einen Hinweis zur Aufteilung der Fensterflächen gegeben habe.

Essen, den 1o. 5. 1977

Bericht über einen Besuch in der ALDI GmbH & Co. KG Essen am 9./10. 12. 1976

Bericht über einen Besuch in der Aldi GmbH & Co. KG Essen am 9./1o. 12. 76

1. Nachprüfung zum letzten Besuch
   a) Firmenschild "Fleisch-Markt" Vst. 36: Die Angelegenheit wurde sorg-fältig bearbeitet. Eine Änderung ist kaum möglich, da wir die Wer-bung über Jahre geduldet haben.   ?
   b) Fuhrparkleiter: Herr Dr. Fedtke plante ein Kritikgespräch und eine evtl. Ablösung von Herrn ██████.
      in dieser ████████████████████ Ur

   c) Fahrkosteneinsparung: Bei den im letzten Besuchsbericht genannten Mitarbeitern mit hohen Fahrkosten konnte in drei Fällen durch Ver-setzungen und andere Regelungen eine Verminderung erzielt werden (██████, ██████ und ████). In den anderen Fällen steht angeblich keine Veränderungsmöglichkeit an (7 FL). Eine Zusatz-prüfung bei sämtlichen Mitarbeitern der Vst'n 23, 38, 39, 44, 48 ergab sehr unterschiedliche Beträge pro Mitarbeiter im Zeitablauf und sehr unterschiedliche Abrechnungszeiträume. Künftig sollte ver-langt werden, daß die Mitarbeiter monatlich abrechnen.

13. Schwerpunktplan aufgrund des letzten Besuches von Herrn ▓▓▓▓

Angefertigt wurde ein Plan mit den Aufgaben des GF, die

a) täglich ausgeführt werden.
b) laufend, aber nicht täglich ausgeführt werden.
c) wöchentlich ausgeführt werden.
d) mehrwöchentlich ausgeführt werden.
e) monatlich ausgeführt werden.
f) mehrmonatlich ausgeführt werden.
g) vierteljährlich ausgeführt werden.
h) halbjährlich ausgeführt werden.
i) jährlich ausgeführt werden.

Ein konkreter Bezug zu dem genannten letzten Besuch liegt offensichtlich nicht vor ; ausgenommen die Bearbeitung der einzelnen Feststellungen aus der Dienstaufsicht, die ja ohnehin immer nach einer Dienstaufsicht erforderlich wird. Gemeint war ein Plan, nach dem vorhandene Mängel abgestellt werden (strukturelle Mängel).

Mit perfektionistischen Total-Systemen sind die Aufgaben eines GF allein nicht zu bewältigen. Gerade hier kommt es darauf an, Schwerpunkte zu setzen. Im konkreten Fall also: wesentliche Mängel nach einem konkreten Plan abstellen.

Auch andere wichtige Aufgaben können mit dem obengenannten perfektionistischen System nicht bewältigt werden, z. B. die Sorge für eine ausreichende Versorgung von Lager und Vst'n mit Grapefruit zum Inseratstermin (siehe dazu andere Punkte).

2o. Entwicklung Bürokosten

Zielvorgabe 2. Halbjahr 1976 = o,21 %
Istkosten Juli - Oktober   = o,24 %

Maßnahmen seit dem letzten Besuch:

a) 1 Mitarbeiterin Personalabteilung wird nicht ersetzt.
b) Hausmeister künftig im Lager geführt (vorher Verwaltung). Angeblich bei allen Gesellschaften unter Lagerkosten geführt.
c) 1 Mitarbeiter Lagerbüro wird nicht ersetzt.
d) 2,5 bis 3,5 andere ausscheidende Mitarbeiter werden ab Januar nicht mehr ersetzt.

7o. Sonstiges: Verteiler BL-Handbuch

Das BL-Handbuch wird in einer Auflage von 8o Stück hergestellt. Nach Verteilerplan sind 26 Stück erforderlich (ohne Reserve für neue BL).

Unter der Annahme, daß 3o Stück ausreichen, wurden 9oo Blätter im Dezember zuviel hergestellt.

72. Gesamtbewertung

Die im letzten Besuchsbericht erwähnten grundsätzlichen Mängel
konnten noch nicht abgestellt werden.

Herr Dr. Fedtke legt offensichtlich noch immer den Schwerpunkt
seiner Tätigkeit darauf, seine Aufgaben möglichst weitgehend
formal richtig zu erledigen. Formal richtiges Arbeiten ist zwar
selbstverständlich und bei konsequenter Durchführung auch lo-
benswert. Diese Arbeit macht jedoch nur einen kleinen Teil der
Aufgaben eines GF aus. Ein Betrieb wie die Aldi KG Essen kann
nicht mit formal unanfechtbaren bürokratischen Maßnahmen oder
Verhaltensweisen geführt werden. Der Ansatzpunkt zu einer guten
Ausführung der Aufgaben eines GF ist im Verhalten eines selbständigen Unternehmers zu suchen. Dieser wird nicht zunächst
darauf bedacht sein, ohne Formalfehler zu arbeiten, sondern er
will zunächst einmal erfolgreich sein.

Erforderlich ist es für einen GF, Wesentliches zu erkennen,
Probleme vorherzusehen, sich selbst und den Mitarbeitern konkrete Ziele und Schwerpunkte zu setzen. Es muß versucht werden,
Engpässe und Mängel in vielen Bereichen des Betriebes zu erkennen, um mit Ideen Verbesserungen durchzusetzen.

Dabei ist es auch erforderlich, daß Herr Dr. Fedtke sich darum
bemüht, das Wesen und die Zielsetzung bestimmter Vorhaben zunächst selbst voll zu erfassen, um sodann nach geeigneten Wegen
der Durchführung bzw. der Weitergabe an die Mitarbeiter zu suchen.

Herr Hübner und Herr Brandes sind jederzeit bereit, Einzelfragen
gesondert intensiv zu behandeln und Herrn Dr. Fedtke in jeder
Hinsicht bei der Erfüllung seiner Aufgaben zu unterstützen.

Essen, den 21. 12. 76

Buße – wie verbucht?

41. Zwei-Taler-Fuchtel – Führungsunkultur

194   Theo Albrechts Ordnungsliebe war sprichwörtlich; verbunden mit seiner Nachdrücklichkeit nach radikaler Kostenvermeidung; im Verbund verschmolzen beide Prinzipien zu einem perfekten Ganzen.

Kleine Zahl x langer Hebel = große Wirkung

195   Er dachte, grübelte und rechnete mit großen Zahlenkolonnen. Wenn in 1.000 Läden in jedem täglich zehn Taler gespart würden – an Licht, Seife, Wasser, Vielerlei –, macht das eine Einsparung von 10.000 Talern je Tag, bei 240 Arbeitstagen pro Jahr 2,4 Mio. Taler jährlich. Würden täglich im gesamten Unternehmen mit 5.000 Mitarbeitern 50 Stunden an Nach-, Doppel- und Korrekturarbeiten eingespart, bedeutete dies bei 240 Arbeitstagen eine Arbeitskraftreserve von 12.000 Stunden. Bezogen auf einen Arbeitstag von acht Stunden ergibt dies 1.500 Arbeitstage und je nach Lohnstufe soundsoviel Mitarbeiter, die man einsparen kann. Diese Rechenspiele faszinierten ihn; es bereitete ihm ersichtliches Vergnügen, sie an andere mit mahnenden Worten, ernsthaft darüber nachzudenken, weiterzureichen. Was man nicht alles mit puristischer Ordnung und stetem Sparkurs erreichen könne, war seine nie verstummende Botschaft. Keineswegs Milchmädchenrechnungen, sofern man konsequent diese Erkenntnisse umsetzte. Das machte den Unterschied bei ALDI, begründete den Erfolg des Unternehmens. Die dritte Dimension[1] prüfte Theo Albrecht wie ein Hausvater gern selbst gelegentlich nach; selbst in Verkaufsstellen, dass nicht unnötig Licht brannte, kein Firmenmaterial verplempert wurde, die Türen nicht offen standen und Wärme entwich; er dem Verkaufstellenpersonal fürsorglich Rat erteilte, sich witterungsfest zu kleiden, und sich vergewisserte, dass die Arbeitsmoral aller mustergültig war. In den Toiletten allerorts durften die Händetrockner keinen „Nachlauf" haben; also: Hände weg – Gerät aus, augenblicklich. Unternehmensweiter Austausch aller Energiekiller; Langfristkalkulation in einem kontinuierlichen Verbesserungsprozess.

Schwachstellenmanagement à la Kegelverein

196   Und um das Streben nach ständiger Verbesserung ging es offenbar auch, als irgendwann im Verwaltungsrat der Spuk mit einer Zwei-Taler-Buße aufkam. Ein kurioser Einfall, eine Schnapsidee wohl, aber doch ernst gemeint. Irgendein Mitglied des hohen Gremiums muss sich an die in Kegel- oder Sportvereinen

---

1 Siehe oben Rn. 1 ff.

gepflegte Tradition einer „Strafgeldzahlung" in die Gemeinschaftskasse erinnert haben, wenn irgendeine – in einem mehr oder weniger sinnigen Strafkatalog sanktionierte – Handlung vorgenommen oder unterlassen wurde. Jedenfalls war diese Methode einer Buße bei ALDI plötzlich „in". Es ging zunächst um bestimmte Unworte, die strafgeldbedroht wurden. Zutiefst verfemte Worte wie „Gammel", „gammelige Ware", „Gammelecke" kosteten zehn Taler für den, der sie benutzte. Wer bei den Geschäftsführertreffen über das „hell" hinaussang,[1] musste ebenfalls einen Zehner berappen. Weniger verpönte Worte wurden mit zwei Talern belegt. Der Verwaltungsrat wählte aus, was frevelhaft war und auf den Index kam. Es roch penetrant nach „opera buffa", amüsierte reichlich und auch wieder nicht.

Führungsspiritualität auf niederem Niveau

Was wie eine Spielerei begann und anfangs alle Merkmale einer Schnapsidee, eines Gags oder einer heiteren Klamotte hatte, die sich selbst verflüchtigen würde, verselbständigte sich ungehemmt als Stilmittel eines makabren „Schwachstellenmanagements". Verfestigte und institutionalisierte sich zu einer fatalen Kontroll- und Strafgeldmasche mit ausuferndem Bußgeldkatalog der erfindungsreichen und sich gegenseitig befeuernden V 2 und V 3, die allen Ernstes die verbale Verbotsliste als probates Führungsinstrument und konfektionierte Fuchtel gegenüber den Geschäftsführern einsetzten – reichlich wahllos, orientierungslos, geistlos. Der Verwaltungsrat fand zunehmend Gefallen an seinem Schikanespielzeug, nutzte es genüsslich, empfahl es gar als Erziehungs- und Ordnungsmittel auf allen Ebenen des Unternehmens bis hin zu den Verkaufsstellen. Zuchtmeisterei aus Überzeugung.

197

---

1 Siehe oben Rn. 131 ff.

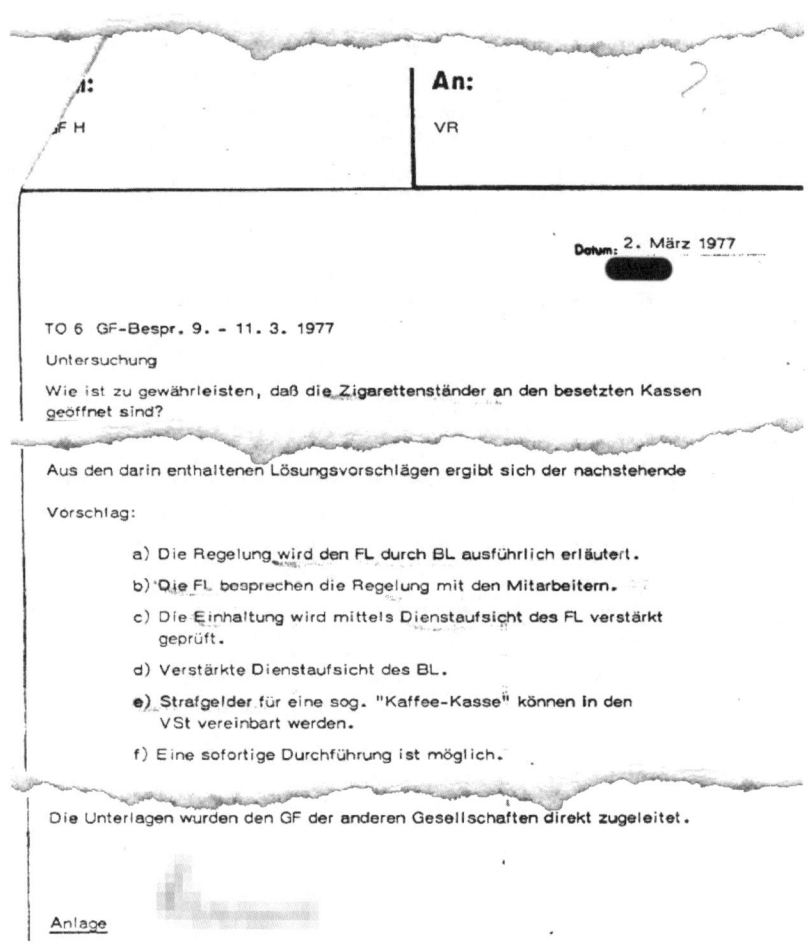

Pantomimisches

198 Mehr und mehr filterten die Geschäftsführer in den Sitzungen oder in Gegenwart des Verwaltungsrats ihre Worte oder redeten gar nicht mehr. Die Zwei-Taler-Fuchtel hemmte – Absicht? Vermehrt kam Mimik und Gestik als Ersatzkommunikation auf. Situative Stummfilmatmosphäre.

Die unten aufgeführten Beispiele von Bußgeldern zeigen Auswüchse, belegen Grenzüberschreitungen zur Narretei, für die sich der „ehrenwerte" Verwaltungsrat nicht zu schade war. Alle Versuche besonnener Geschäftsführer, dem unerträglichen Spuk der Kontrollmatadoren ein Ende zu bereiten und den Verwaltungsrat endlich zum Innehalten zu bewegen, schlugen fehl. Die Zwei-Taler-Verdikte gab's bald am Fließband von einem ordnungsradikalisierten Verwaltungsrat, der plötzlich eine seiner Hauptaufgaben wohl darin sah, Fehltritten der Geschäftsführer auf der Spur zu sein. Die Zwei-Taler-Manie grassierte: Zwei Taler oder deren zehn für angebliche Unordnung, Verschwendung, Formulierungen oder Auffassungen im Alltagsgeschäft; ohne Respekt vor den eigenverantwortlichen Bereichen der regionalen Geschäftsführer. Frivole Führungsunkultur, Narrenfreiheit des Verwaltungsrats. Macht macht manchmal marode.

Zahltag

Verwirkte Strafen wurden zu Beginn der dreitägigen Geschäftsführersitzungen[1] wie Grußadressen verteilt. V 3 eilte um den Konferenztisch und reichte jedem Delinquenten einen Zettel mit dem für ihn aufaddierten Sümmchen über die Schulter. In der Runde wurde wortlos blitzschnell der Zwei-Taler-König ausgeguckt. Dann begann nach verflogenem Pulverdampf die dreitägige Geschäftsführersitzung.[2] Die Stimmung auf einem verdrucksetem Tiefpunkt, bei den einen Galgenhumor, den anderen lästiger Schluckauf. Schöne Aussichten für eine 72-Stunden-Mammutsitzung: zuhören und abnicken, kein falsches Wort riskieren, der Fuchtel ausweichen. Drei Tage Demotivationsorgie manchmal bis zur Erstarrung. Absicht?

199

Kostproben aus der Fuchtel-Hitliste

Zuletzt ein paar Leckerbissen dieser munteren Taler-Straforgien; die Beispiele ließen sich beliebig vermehren:

200

1. Das Filialrundschreiben vom 24.6.1976 hätte auf eine Seite „gequetscht" werden sollen. Verschwendung von rund 50 Blatt Papier bei der Summe aller Filialen im Bereich Essen.[3] Geschäftsführervergehen. Zwei-Taler-Buße. Bußgeldabzeichnung: V 2 und V 3.

---

1 Siehe oben Rn. 131 ff.
2 Siehe oben Rn. 28 ff.
3 Siehe oben Rn. 1 ff.

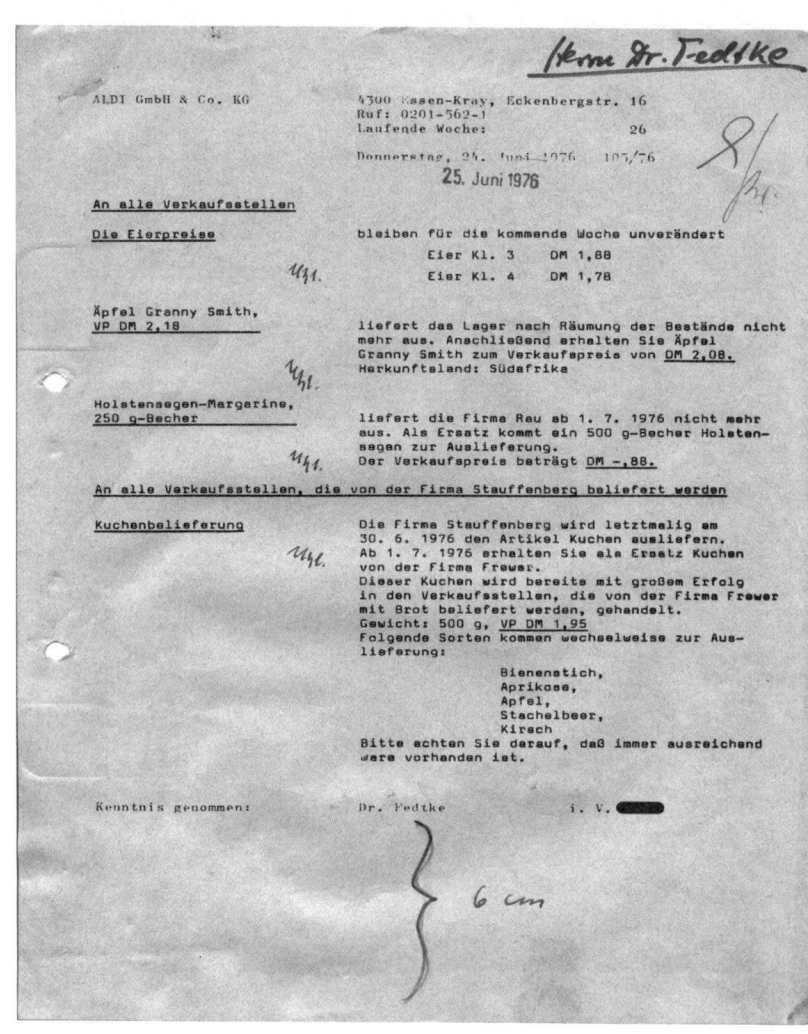

ALDI GmbH & Co. KG

4300 Essen-Kray, Eckenbergstr. 16
Ruf: 0201-562-1
Laufende Woche: 26

Donnerstag, 24. Juni 1976   105/76
25. Juni 1976

An alle Verkaufsstellen

Die Eierpreise

bleiben für die kommende Woche unverändert

Eier Kl. 3   DM 1,88
Eier Kl. 4   DM 1,78

Äpfel Granny Smith,
VP DM 2,18

liefert das Lager nach Räumung der Bestände nicht
mehr aus. Anschließend erhalten Sie Äpfel
Granny Smith zum Verkaufspreis von DM 2,08.
Herkunftsland: Südafrika

Holstensegen-Margarine,
250 g-Becher

liefert die Firma Rau ab 1. 7. 1976 nicht mehr
aus. Als Ersatz kommt ein 500 g-Becher Holsten-
segen zur Auslieferung.
Der Verkaufspreis beträgt DM -,88.

An alle Verkaufsstellen, die von der Firma Stauffenberg beliefert werden

Kuchenbelieferung

Die Firma Stauffenberg wird letztmalig am
30. 6. 1976 den Artikel Kuchen ausliefern.
Ab 1. 7. 1976 erhalten Sie als Ersatz Kuchen
von der Firma Frewer.
Dieser Kuchen wird bereits mit großem Erfolg
in den Verkaufsstellen, die von der Firma Frewer
mit Brot beliefert werden, gehandelt.
Gewicht: 500 g, VP DM 1,95
Folgende Sorten kommen wechselweise zur Auslieferung:

Bienenstich,
Aprikose,
Apfel,
Stachelbeer,
Kirsch

Bitte achten Sie darauf, daß immer ausreichend
Ware vorhanden ist.

Kenntnis genommen: Dr. Fedtke   i. V.

6 cm

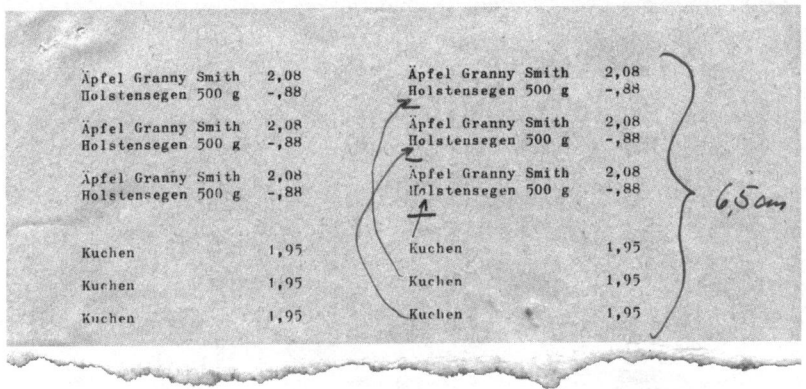

2. Anzeige in der WAZ: Beanstandet wurde das „bzw.", obwohl sachlich völlig zutreffend. Alleinzuständigkeit für die Anzeige des Personal- und Verwaltungsleiters. Der Verwaltungsrat ordnet zwei Taler für den Geschäftsführer an. Entscheidung über Bußgeld: V 2.

3. Mitteilung vom 15. 3. 1977 des Geschäftsführers Berlin an den Verwaltungsrat über einen Zeitungsartikel in einem Berliner Blatt; zwei Taler für falsche alphabetische Reihenfolge der Namen von V 2 und V 3 in der Adressierung. Bußgeldanordnung V 3.

4. Sammelmeldung einer Filiale an Geschäftsführer, Verkaufsleiter, Objektanmieter, OHG: Filialleitung schreibt versehentlich „Einbruch", eine „falsche" Sekretärin unterschreibt; je zwei Taler für beides; zuständig für Meldung ist Filialleitung; Geschäftsführer muss zahlen: Sippenhaft; Anordnung der Buße: V 1, V 2, V 3, die geballte Zwei-Taler-Autorität.

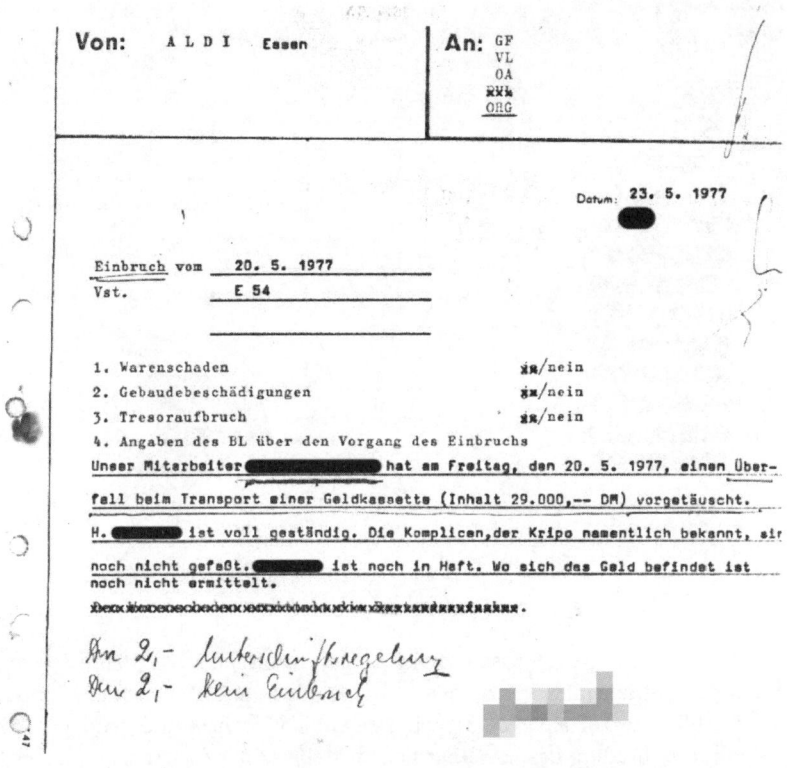

Von: A L D I   Essen   **An:** GF
                                    VL
                                    OA
                                    RKk
                                    ORG

Datum: **23. 5. 1977**

Einbruch vom   **20. 5. 1977**
Vst.   **E 54**

1. Warenschaden   ja/nein
2. Gebaudebeschädigungen   ja/nein
3. Tresoraufbruch   ja/nein
4. Angaben des BL über den Vorgang des Einbruchs

Unser Miterbeiter ████████████ hat am Freitag, den 20. 5. 1977, einen Über-
fall beim Transport einer Geldkassette (Inhalt 29.000,-- DM) vorgetäuscht.

H. ████████ ist voll geständig. Die Komplicen,der Kripo namentlich bekannt, sir
noch nicht gefaßt.████████ ist noch in Haft. Wo sich das Geld befindet ist
noch nicht ermittelt.

~~Xxxx xxxxxxxxxxxxxxxxx xxxxxxxxxxxxxxxxxxxx xxxxxxxxxxxxxxxx~~.

Dm 2,- Unterschriftsregelung
Dm 2,- kein Einbruch

5. Mitteilung Qualitätsvergleich vom 10.5.1977; zwei Taler für „zu viele Ko-
pien"; warum, blieb offen; Anordnung der Buße: V 2.

6. Jahresdank 1976 ALDI Essen sowie Neujahrswünsche 1977; Verdikt: Einreihung des Betriebsratsvorsitzenden in die Dankes- und Wunschriege, unpassende stilisierte Sozialpartnerästhetik; eigentlich Höchststrafe zehn Taler für die Berücksichtigung des Sozialpartners anstelle seiner Ausgrenzung; aber da der Verantwortliche Geschäftsführer „sicher nicht zahlen will", zwei Taler; Weihnachtsbonus für ihn. Bußgeldanordnung V 2.

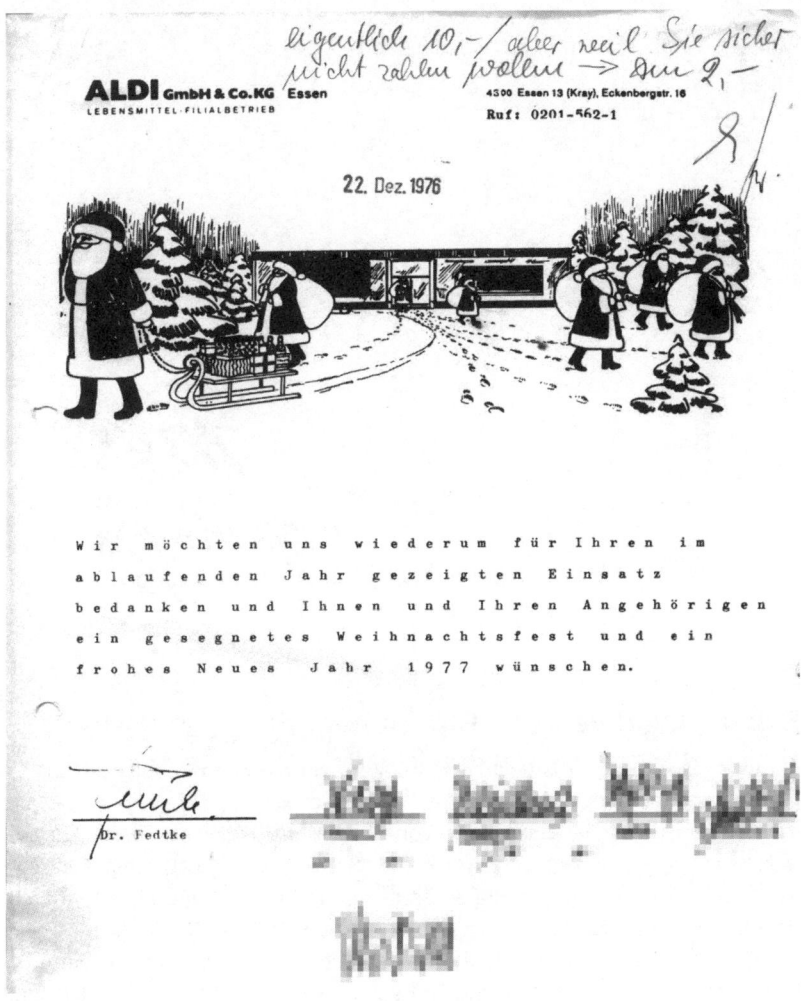

ALDI GmbH & Co. KG **Essen**
LEBENSMITTEL-FILIALBETRIEB

4300 Essen 13 (Kray), Eckenbergstr. 16
Ruf: 0201-562-1

eigentlich 10,- / aber weil Sie sicher nicht zahlen wollen → nur 2,-

22. Dez. 1976

Wir möchten uns wiederum für Ihren im
ablaufenden Jahr gezeigten Einsatz
bedanken und Ihnen und Ihren Angehörigen
ein gesegnetes Weihnachtsfest und ein
frohes Neues Jahr 1977 wünschen.

Dr. Fedtke

Der Autor erlaubte sich einmal das Vergnügen, einen Einspruch „form- und fristlos" einzulegen; forderte eine Gutschrift von zwei Talern. Antwort: „nein, zurück an …" befand V 3: Einspruch abgelehnt. Kein weiteres Rechtsmittel. Rechtsweg erschöpft.

Einspruch abgelehnt

Eulenspiegeleien von Top-Managern

201 Man vergesse nicht, dass hochbezahlte Manager die Zeit mit solchen Kinker-
litzchen verplemperten, was man auch drastischer formulieren könnte. Doch
der Ordnungs- und Perfektionssinn von Theo Albrecht heiligte dieses kuriose
Mittel; bei dem ihm eigenen Wertebewusstsein und selbstgestellten moralischen Ansprüchen ein auffälliges Paradoxon und kein Ruhmesblatt für qualifizierte Mitarbeiterführung durch sein Verwaltungsratsgremium. Hätte es sich
bei der Zwei-Taler-Fuchtel, deren Sanktionsrepertoire auf Willkür beruhte,
nicht um ein methodisches Vorgehen gehandelt, man hätte alles mit einem
müden Schmunzeln abtun können. Doch saßen Kontrollfreaks auf dem
„Olymp", wo der Verwaltungsrat sich selbst sah, vor Bergen von Papier und
spähten Zwei-Taler-Fälle ihrer Geschäftsführer aus, sammelten ihre „Funde"
und rechneten die Gesamtsumme für die nächste Geschäftsführersitzung aus.
Top-Manager eines hoch renditeträchtigen milliardenschweren Unternehmens. Man fasst es nicht! Selbst ein mutig energischer Einspruch wurde ord-
nungsgemäß „bearbeitet, beschieden" und zurückgesandt; handschriftlich,
wohl um die Arbeitszeit der Sekretärin einzusparen und wahrscheinlich auch,

um keinen Schreibmaschinenstrom zu verschwenden. Kabarettreifer Stoff. Macht macht manchmal meschugge.

ALDI-Nord wurde seine Ordnungsgeister, die es rief, nicht mehr los. Der Verwaltungsrat merkte es nicht: Missglückter Spagat zwischen propagiertem Führungs- und vormundschaftlichem Kontrollmanagement. Von dem überflüssigen und kostspieligen Verwaltungsaufwand nicht zu reden.[1]

Die gepeinigten und reglementierten Geschäftsführer solidarisierten sich nach besten Kräften gegen den heimtückischen Zwei-Taler-Unfug; bildeten schweigend eine vom Schicksal zusammengeführte Selbsthilfegruppe, aktivierten die wirkungsvollste Abwehrwaffe, den Humor. Amüsierten sich über die Erbsen zählenden Verwaltungsräte, feixten, wer beim nächsten Mal der Zwei-Taler-König sein würde.

Nicht immer wieder der Autor.

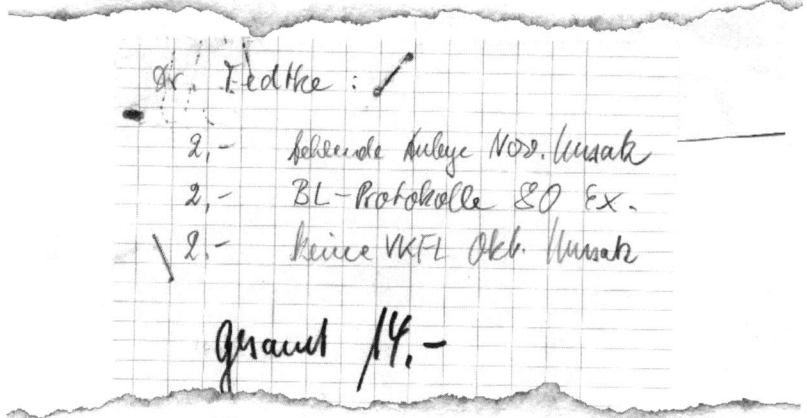

fabelhafte Zukunft?

42. Quo vadis, ALDI?

202 Über die Zukunft der ALDI-Konzerne Nord und Süd wird spekuliert. In alle Richtungen. Stichworte und Gedankengänge sind:

▶ Zeitgemäßheit des spezifischen Discountkonzepts

▶ Marktsättigung im Inland

▶ Internationale Wachstumsperspektiven und Außengrenzen weltweit

▶ Fortführung des Ursprungskonzeptes mit einer Sortimentsbeschränkung

▶ Innovative Warensegmente

▶ Filialstellenzuschnitt und -ambiente

▶ Neuzeitliche Performance nach Kundengeschmack

▶ Respekt vor Ökologie und Umwelt

▶ Nachfolgemanagement nach Ableben der Gründer

▶ Erhalt des Kerns des Firmenvermögens und der Unternehmensphysiognomie

▶ Übernahme durch Andere – Take over – Spekulatives

▶ Maßnahmen gegen fortgesetzte Piraterie

▶ Grenzwertigkeiten der Sortierung im Non-Food-Bereich

Spaziergang durch die ALDI-Landschaft

203 Stellen wir keine theorielastigen Mutmaßungen an, sondern machen als Kunden einen Spaziergang durch die ALDI-Landschaft, mit offenen Augen und Ohren: Besuchen wir Verkaufsstellen in Nord und Süd, im Essen-Mühlheimer Raum in kürzester Zeit möglich, zu Fahrrad oder zu Fuß, unmittelbar am ALDI-Äquator.

Wir erleben, notieren und resümieren: Das Discountsystem ist zeitgemäß und zukunftsträchtig; ist inzwischen zeitlos modern. ALDI-Läden verdienen in der Ausgestaltung als Pavillons positive Noten, sind gut besucht, an manchen Tagen brechend voll; Beleg ungebrochener Kundentreue. Vor allem beim allwöchentlich zweimaligen Sonderverkauf wirklicher Preisschnäppchen, etwa im Computer- und Elektrosektor, zeigt sich die starke Anziehungskraft des Sortiments. ALDI ist krisenfest, lebensstandard- und wohlstandsindifferent, gerade in wirtschaftlichen Krisenphasen eine Option für zunehmend preisbewusstere Konsumenten. Das Unternehmen bewegt sich im stabilen Umfragehoch. Eine Marktsättigung im Inland ist nicht erkennbar, die Außengrenzen des

ALDI-Imperiums liegen auf verschiedenen Kontinenten.[1] ALDI muss sich nicht neu erfinden, weder hier noch anderswo auf der Welt. Darf nur nicht gegen feste traditionelle Geschäfts- und Marktregeln vor Ort verstoßen.[2]

Sortiment – Tradition auf dem Prüfstand

Beim Sortiment begrenzt die Ladengröße das Wachstumspotential; der ALDI-Standardpavillon lässt keine exzessive Aufblähung im Sortiment zu; wahrlich kluge Voraussicht der Traditionalisten und Systembewahrer. Wer mit dem Zählticker durch den Laden geht, wird erkennen: Bei 900 Artikeln reicht der Stellplatz kaum mehr aus; auch wenn man über den Kühltruhen in die zweite Etage aufbaut und einige Non-Food-Sachen übereinander auf Augenhöhe platzieren würde. Dem Kunden würde die Fülle ungemütlich, müsste er sich mühsam an Blumenwagen, Kleiderständern, Fahrradaufbauten und Sonderpaletten mit Sonnenschirmen, Türabtretern, Mikrowellen und Liegestühlen vorbeizwängen, um an seinen Wochenbedarf Brot, Butter, Nudeln, Wurst, Käse, Milch, Fleisch, Fisch, Gemüse und Diverses zu gelangen. Verrat an dem Credo der klugen Beschränkung im Warenangebot ist nicht zu befürchten. Das bedeutet nicht, im Austausch gegen Überkommenes oder weniger Wichtiges nicht neue Zielgruppen zu bedienen. Biodiversität, innovative Geschmacksrichtungen, gesundheitsbewusste Produkte sowie Nahrungsergänzungsmittel haben bei ALDI schon Fuß gefasst. Die Spuren früherer lässlicher Sünden zur Einkaufswellness sind beseitigt. Der Versuchung beim Non-Food, das trotz unglaublich niedriger Verkaufspreise stolze Margen abwirft, kann ALDI nicht widerstehen. ALDI bezieht maßgeblich aus Niedriglohnländern, allen voran China. Das stellt das Unternehmen auch vor die Verpflichtung, Ökologie und Umwelt in fernen Ländern zu achten sowie unsoziale Billigstlohnstruktur nicht zu akzeptieren; die gute Marge rechtfertigt nicht alles.

204

ALDI-Läden eignen sich nicht für ein Vollsortiment. Die Kostenschere wirkte systemzerstörend; mehr als 1.000 Artikel wären nicht nur ein Stellplatzproblem. Die Betriebswirtschaft lehrt, dass Betreuungskosten der Waren überproportional steigen, je größer das umlaufende Sortiment anwächst. Der massenhaft schnelle Umschlag einer begrenzten Zahl von Produkten ist eines der Erfolgsgeheimnisse des Discounts, nicht die breite Fülle des Angebots. So hatten es sich die ALDI-Brüder 1946 ausgedacht[3] und mit Konsequenz dynamisch in

---

1 Siehe oben Rn. 177 ff.
2 Siehe oben Rn. 177 ff.
3 Siehe oben Rn. 8 ff.

Szene gesetzt. Die konsequente Umsetzung dieses Erfolgsrezeptes bedeutet aber auch, sich in der Sortimentszusammensetzung neuzeitlichen Kundenerwartungen anzupassen und weitere Marktsegmente – und sei es im Austausch gegen alte – ins Visier zu nehmen, ohne einen gefährlichen Spagat für die Sortimentsklarheit zu vollführen.[1]

Belle Epoque als Vorbild

205 Ob die Nachfahren der Gründer das Konzept beibehalten, wird sich zeigen. Ihre unternehmerische Zukunft ist durch die Familienstiftungen abgesichert, feindlichen Übernahmen ist vorgebeugt; die gesellschaftsstrukturellen Gegebenheiten verhindern das. Take-overs wären nur auf freiwilliger Basis machbar. Eine Verschleuderung von Vermögen der Gruppen ist durch die Stiftungen beider Konzerne ausgeschlossen. Die Nachfolger können aber keine Wiedergänger der prägenden Pionierzeit sein; müssen gewisse moderne Markterwartungen beachten, dennoch nicht Modegags nachgeben. Sie werden ALDI nicht entzaubern wollen; nicht nur, weil es inzwischen kultischen Rang hat, sondern eine Institution in der Discountlandschaft ist. „Beim ALDI" einzukaufen, ist für mancheinen ein Genussevent, die Marke „ALDI" Discount-Lautmalerei, Oase für den Geldbeutel; sie übt mit kühler Authentik magische Anziehungskraft aus. Diesen qualitativen Nimbus gilt es zu wahren und kontinuierlich zu mehren; nicht nostalgisch im eigenen Mythos zu versinken. ALDI-Modern hat eine Fangemeinde, steht in erster Reihe der Bekanntheitsskala im Handel.

Entscheidend wird sein, den ehrwürdigen Doppelklang der Beliebtheitsindikatoren zu pflegen: billigster Preis bei bester Qualität. Dieser Wohlklang lockt Kunden in die Läden. Verlässlichkeit des so gefestigten Warenangebotes bringt Wertschöpfung. Im Grunde alles banale Prämissen, verbunden mit den Elementen drei, vier und fünf der unternehmerischen Grunddimensionen.[2]

Kritischer Ausguck

206 Im Übrigen ist der unverblümt weiter piraterierende Wettbewerb, mitnichten immer Qualitätswettbewerb, im Auge zu behalten; im Wettrüsten sind bestehende Vorteile zu sichern. Die dicke Daunen-Kapitaldecke ermöglicht es, beackertes Terrain zu verteidigen und gut gebettet in die Zukunft zu schauen. In Auslandsbereichen, in denen der Wettbewerb eher Fuß fasste, ist nachzusatteln und durch exklusive Sortimentsgestaltung Überzeugungsarbeit zu leisten,

---

1 Siehe oben Rn. 51 ff.
2 Siehe oben Rn. 1 ff.

so dass der aufmerksame Kunde schnell erkennen kann, wer das Original und wer die Kopie ist.

Vermächtnisträger

Bei ALDI-Nord sind zwei Söhne in die Leitung nachgerückt. Die Führung von ALDI-Süd befindet sich in Händen der Enkelgeneration. Alle hatten lange Einarbeitungs- bzw. Eingewöhnungsphasen in der Unternehmensspitze durchzustehen. Die Gründer-Brüder, moralische Institutionen, werden es ihnen väter- und großväterlich ans Nachfolgeherz gelegt haben: Keine systemgefährdenden Änderungen, gegenüber Verlockungen der Sortimentserweiterung standhaft bleiben, Traditionsvorsprünge pflegen. ALDI blüht in guten und schlechten Zeiten, auch ohne Premiumsegmente. Keinesfalls den Lebensmitteldiscount vernachlässigen, nicht zu einem Feinkostladen mit Trüffeln, Flusskrebsen, Gänseleber und Kokusnussmilch, nicht zu einem Textil- und Möbeleinrichtungshaus, Computershop, Kunsthandwerks- oder Trödelladen mutieren. Sollte ALDI eines Tages nicht mehr ALDI sein, liegt es an dem Bruch mit dem Prinzip der sinnvollen Artikelbeschränkung mit dem Fokus auf den schnell rotierenden Food-Bereich; Ursachenforschung wäre einfach.

207

ALDI – ein Hauch von Flohmarkt?

Gehen wir weiter auf unserem Zukunftsspaziergang und machen mit wohlwollendem Rundblick Momentaufnahmen: ALDI-Alt-Kunden fragen sich, ob vieles von dem nicht allzu trendy und teils verzichtbar ist, was heute angeboten wird: Kindermalstifte, Büropapier, Taschenmesser, Dynamolampen, Blutdruckmesser, Radzierblenden, Seidenschals, Wellnessanzüge, künstliche Orchideen, Grablichter, Fahrradzubehör, Lifestyle-Geräte und allerlei Flitterwerk, z. B. ein Mikrofaser-Staubwedel – ein Zungenbrecher; die Liste ließe sich beliebig verlängern. Im Kühlbereich erinnern Fisch- und Fleischangebote zunehmend an die Auslagen in einem Feinkostladen. Selbst Gourmets kommen immer mehr auf ihre Kosten; noble Chips in gleich drei Sorten.

208

Zwischen SB-Laufsteg und Rumpelkammer

Hochproblematisch sind die meterlangen Textilcontainer. Chaos als Dauerzustand; aufgerissene Verpackungen, getrennte Teile bei Kombinationen, An-

209

probiergedränge, Minimodenschauen, heilloses Durcheinander, gestresste Mitarbeiter;[1] wie auf einem Flohmarkt. In einem Lebensmitteldiscount-Laden wohlgemerkt! Ein gewisser Bruch mit der Logik des Urknalls.[2] Was ALDI früher durch klare, begrenzte und übersichtliche Warendarbietung peinlichst vermied, nämlich sich den Kunden wie ein Wühl-, Rumpel- und Ramschladen zu präsentieren, ist heutzutage durch das schwer zu ordnende Textilsortiment bittere Realität geworden. Hier helfen nur weise Beschränkung der Auswahl und absolut reißfeste Verpackungen, dem Wirrwarr Herr zu werden und nicht in eine Legitimationskrise zu steuern. Der Textilbereich bedarf der Neuordnung und Typisierung; keine wahllose Vielfalt quer durch den Kleiderschrank der guten Marge wegen. Sonst kommt es noch so weit, dass Brautkleider, Trachten, Abendgarderobe, Straßenanzüge und Smokings angeboten werden; als einmalige Aktion bestimmt ein Riesenerfolg, wenn bei ALDI rollende Kleiderständer mit Windjacken, Bademänteln, Skianzügen und anderem Textil schon Tagesgeschäft sind. ALDI zählt im Textilmarkt zu den Top Ten in Deutschland. Der kategorisierte und konsistente ALDI-Look wäre nur eine Frage der Zeit.

Futuristisches

210 Das wäre es doch: Sie mit einem ALDI-Abendkleid aus Samt und Seide und er in Frack und Fliege – made in China – festlich auf dem Hügel in Bayreuth auftretend; Programm Isolde und Tristan; mit ALDI-Eintrittskarten, „einmaliger Verkauf", in geripptem ALDI-farbenen Umhang die Dame, ALDI-Kosmetik gepflegt der Herr. Im Komplettarrangement beide mit ALDI-Seh- und Hörhilfen ausstaffiert. ALDI-Charme total.

ALDI, quo vadis?

---

1 Siehe oben Rn. 51 ff., 72 ff.
2 Siehe oben Rn. 8 ff.

STICHWORTVERZEICHNIS

Die Ziffern verweisen auf die Randnummern.

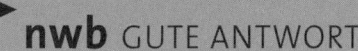

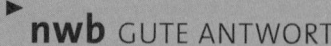